Lars und Annette Freudenthal

Hütten-Geheimtipps Schwarzwald

Unbekannte Wege zu malerisch gelegenen Berggasthäusern und Vesperstuben

J. BERG

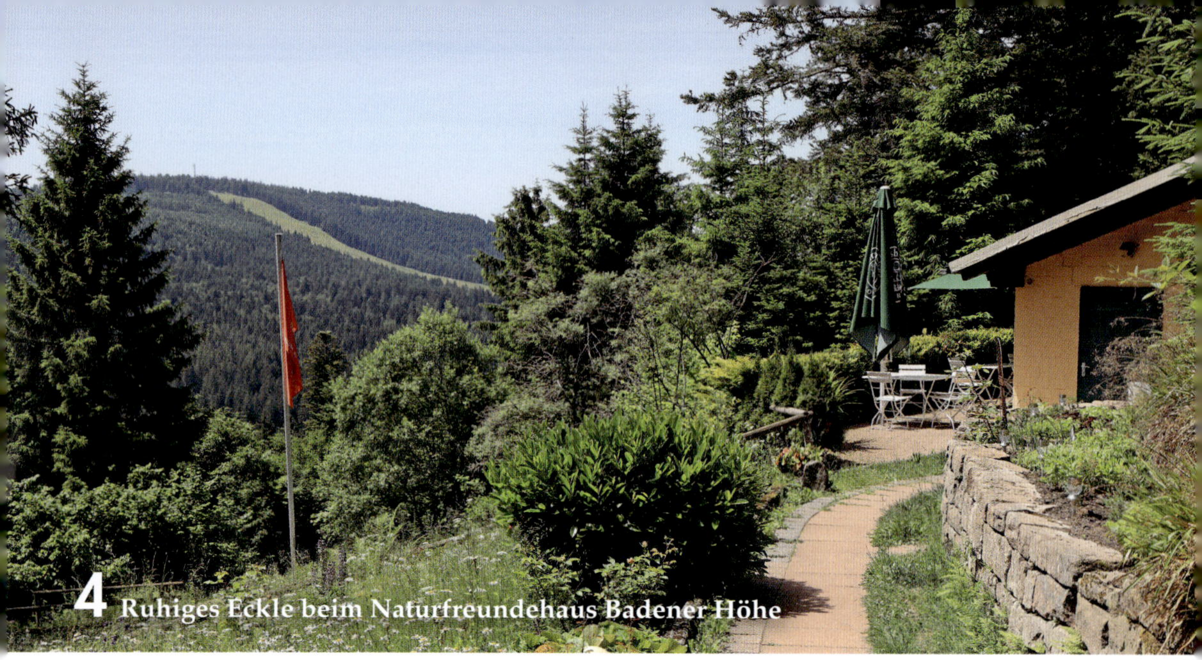

4 Ruhiges Eckle beim Naturfreundehaus Badener Höhe

Inhalt

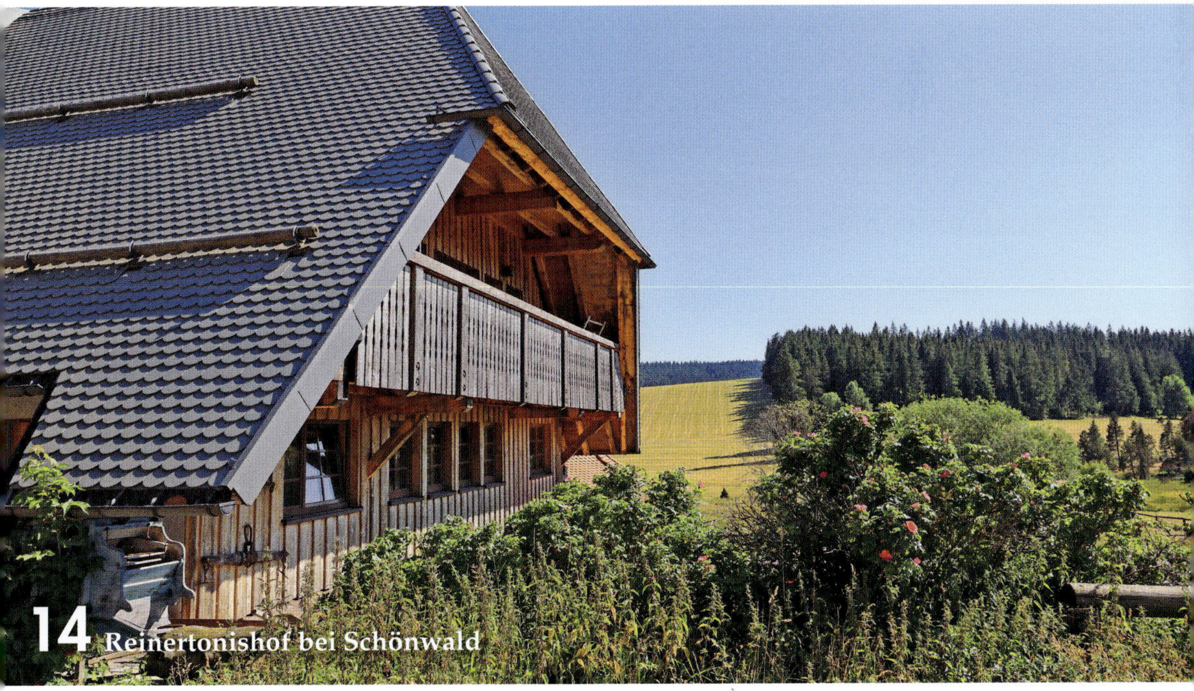

14 Reinertonishof bei Schönwald

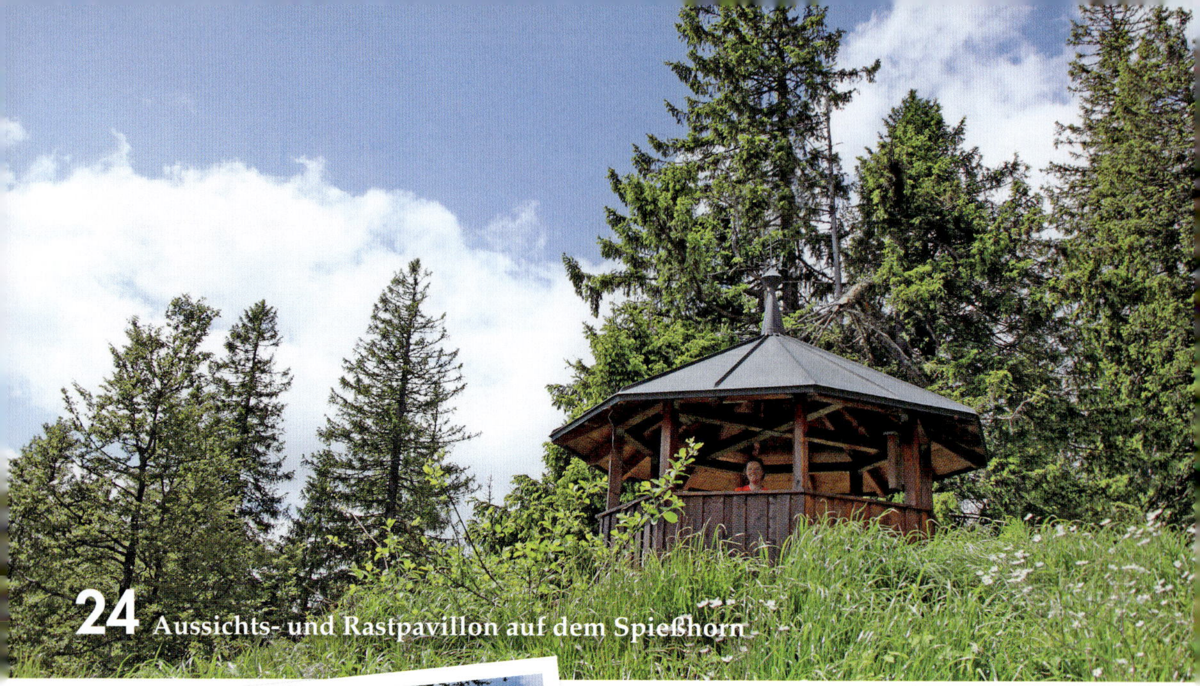
24 Aussichts- und Rastpavillon auf dem Spießhorn

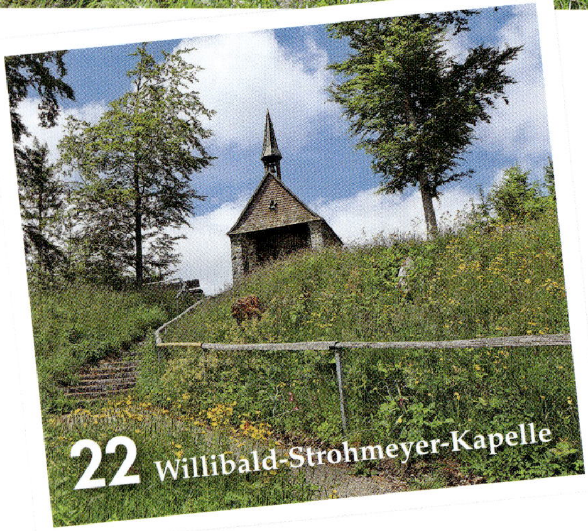
22 Willibald-Strohmeyer-Kapelle

Tourenüberblick

Tour			km	Hm	Zeit							
1	●	Schlossberghütte Bad Teinach	7,2 km	400 Hm	2.30 Std.	•	•	•	•		•	•
2	●	Grünhütte	11,6 km	170 Hm	3.30 Std.	•	•		•	•		•
3	●	Scherrhof	9 km	170 Hm	3.30 Std.	•	•				•	
4	●	Badener Höhe	11,2 km	300 Hm	3.30 Std.	•	•	•			•	•
5	●	Ochsenstall	8,1 km	270 Hm	2.30–3 Std.	•	•	•	(•)	•		•
6	●	Schankhütte Baiersbronn	8,2 km	330 Hm	2.30 Std.	•	•	•			•	•
7	●	Loßburg und Tannen-Stub	11,5 km	330 Hm	3.30–4 Std.	•	•	•	•		•	•
8	●	Schmalzerhisli	14,5 km	510 Hm	4.30 Std.	•		•		•	•	•
9	●	Schirrmaierhütte	7,5 km	230 Hm	2.15 Std.	•	•			•		•
10	●	Funis Vesperstube	14,5 km	500 Hm	4.30 Std.	•	•	•	•	•		•
11	●	Sommerecke, Bergstüble und Gedächtnishaus	10,7 km	370 Hm	3–3.30 Std.	•	•	•	(•)	•		•
12	●	Fischerhütte Biederbach	12 km	470 Hm	3.30–4 Std.	•	•	•	•	•		•
13	●	Gartenstüble Dobelberg	12,5 km	430 Hm	4 Std.	•					•	•
14	●	Reinertonishof	8,2 km	170 Hm	2.45 Std.	•	•	•	•	•		•
15	●	Stöcklewaldturm	12 km	200 Hm	3.30 Std.	•	•	•		•		•
16	●	Gummenhütte am Kandel	6,3 km	250 Hm	2–2.30 Std.	•	•	•			•	•
17	●	Hintereckhütte	4,5 km	350 Hm	2.45 Std.	•					•	(•)
18	●	Hütten-Quartett Breitnau	14 km	350 Hm	4.15 Std.	•	•	•		•		•
19	●	Rappenecker Hütte	12,8 km	600 Hm	4.30 Std.	•	•	•			•	(•)
20	●	Höfener Hütte	11,7 km	700 Hm	4–5 Std.	•				•		•
21	●	Hinterwaldkopf-Hütte	12,7 km	500 Hm	4 Std.	•	(•)	•			•	(•)
22	●	Fischerhütte am Nonnenmattweiher	10,2 km	450 Hm	3.30 Std.	•	•	•		•	•	•
23	●	Knöpflesbrunnen	11,6 km	400 Hm	3.45 Std.	•	•	•		•	•	•
24	●	Krunkelbachhütte	15,6 km	685 Hm	6 Std.	•				•		•
25	●	Gugelturm	9,9 km	220 Hm	3.15 Std.	•	•	•		•		(•)

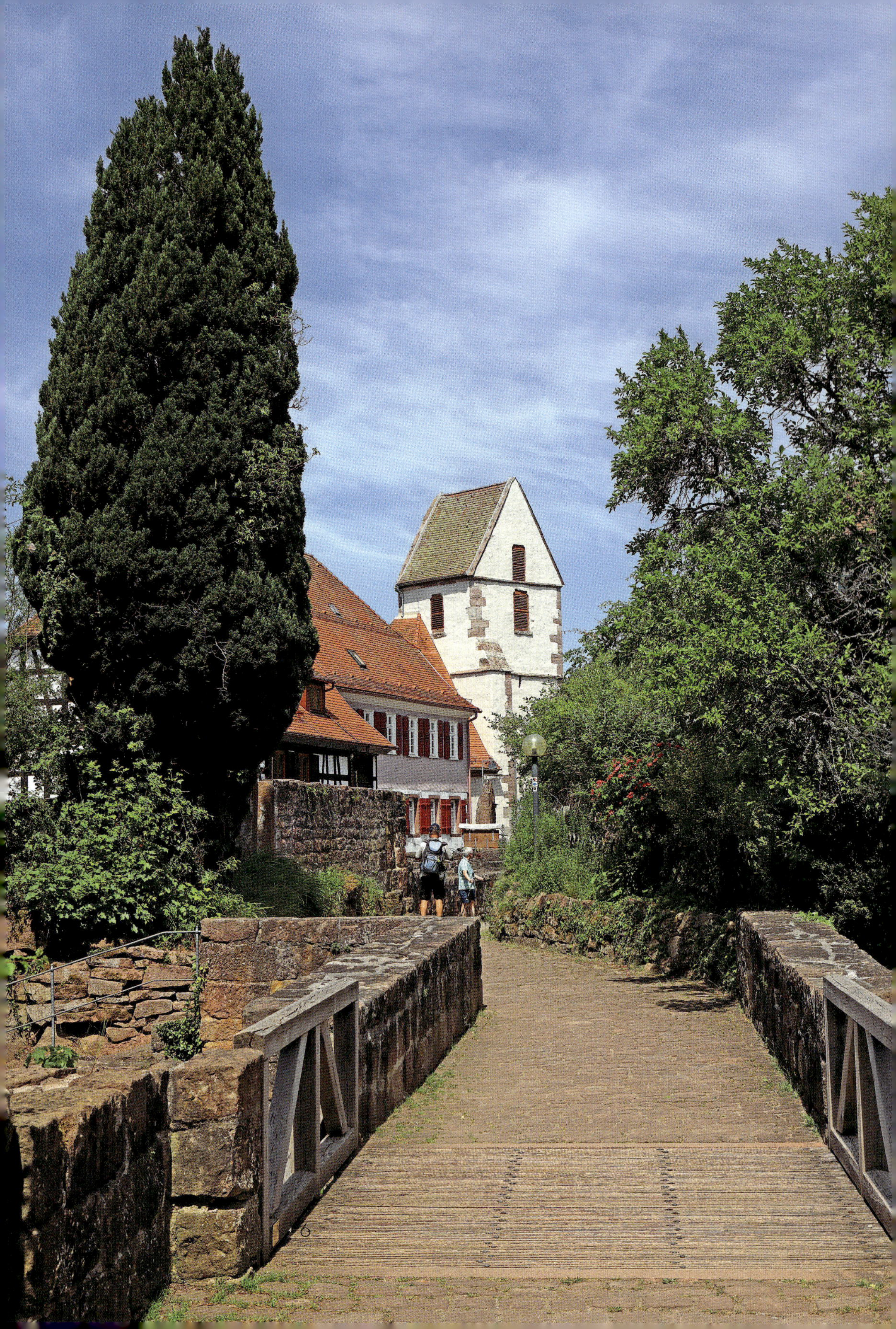

Vorwort

Der Schwarzwald ist bekannt für seine reich gegliederte Kulturlandschaft, sein vorbildliches Netz an Wanderwegen sowie auch seine herzliche Gastlichkeit. Wo alle drei zusammentreffen, können wir uns als Wanderer auf herrlich gelegene Berghütten, rustikale Vesperstuben und Ausflugslokale freuen. Insbesondere rund um Oberried finden wir einige Hütten, die durch ihre Abgeschiedenheit und ihre Aussicht begeistern. So liegt uns bei der Höfener Hütte das Dreisamtal zu Füßen, während die Runde zur Rappenecker Hütte mit Eindrücken von den Vogesen über den Jura bis hin zu den Schweizer Alpen einhergeht.

Linke Seite: Zugang von der Burg Zavelstein zum historischen Ortskern (Tour 1)

Über schöne Aussichten können wir uns auch im Mittleren Schwarzwald freuen. Vom Stöcklewaldturm etwa blicken wir über etliche Kuppen des Schwarzwalds hinweg zur Traufkante der Schwäbischen Alb, während sich bei der Gummenhütte am Kandel die Urner Alpen in der Ferne zeigen. Zugleich legen all diese Hütten großen Wert auf Regionalität. Vor Ort gebackene Brote und Kuchen verstehen sich genauso von selbst wie Käse, Schinken und Wurstwaren von den umliegenden Höfen und Gemeinden.

Willkommen beim Naturfreundehaus Badener Höhe (Tour 4)

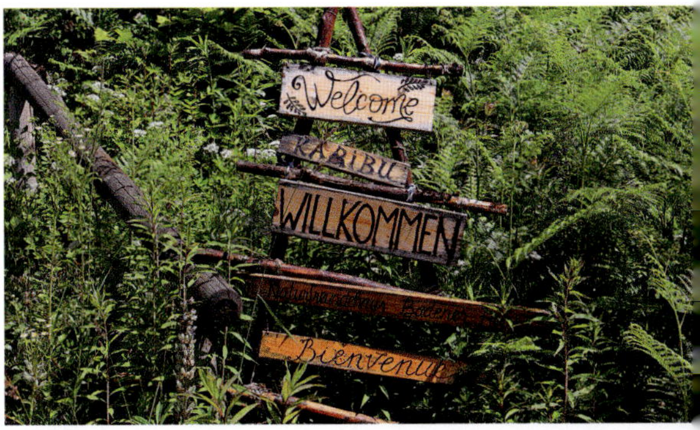

Daneben finden wir im Schwarzwald auch einige Ausflugslokale, die kulinarisch herausragen. Zu diesen zählen wir die Schlossberghütte bei Bad Teinach, die Schleckermäuler mit einem erstaunlich leichten Wurstsalat, aber auch herzhaften Käsespätzle verwöhnt. Ebenso sind die Tannen-Stub – hier bekommt man einen perfekten *Latte macchiato* –, das Gartenstüble im Elztal oder die Grünhütte zwischen dem Kaltenbronn und Bad Wildbar immer einen Ausflug wert.

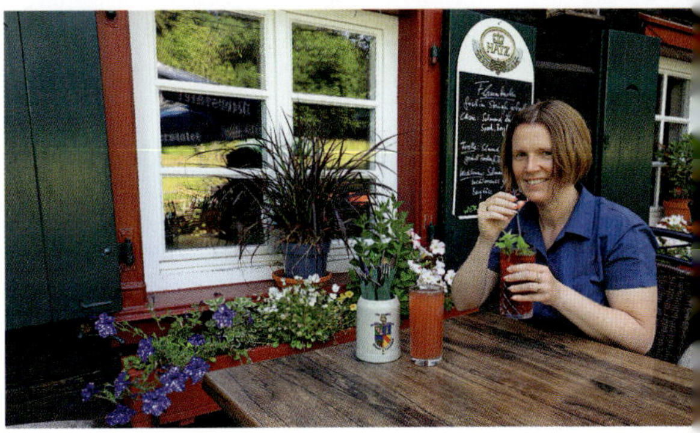

Erfrischende Pause beim Scherrhof (Tour 3)

Viel Freude und einen guten Appetit wünschen Ihnen

Annette und Lars Freudenthal

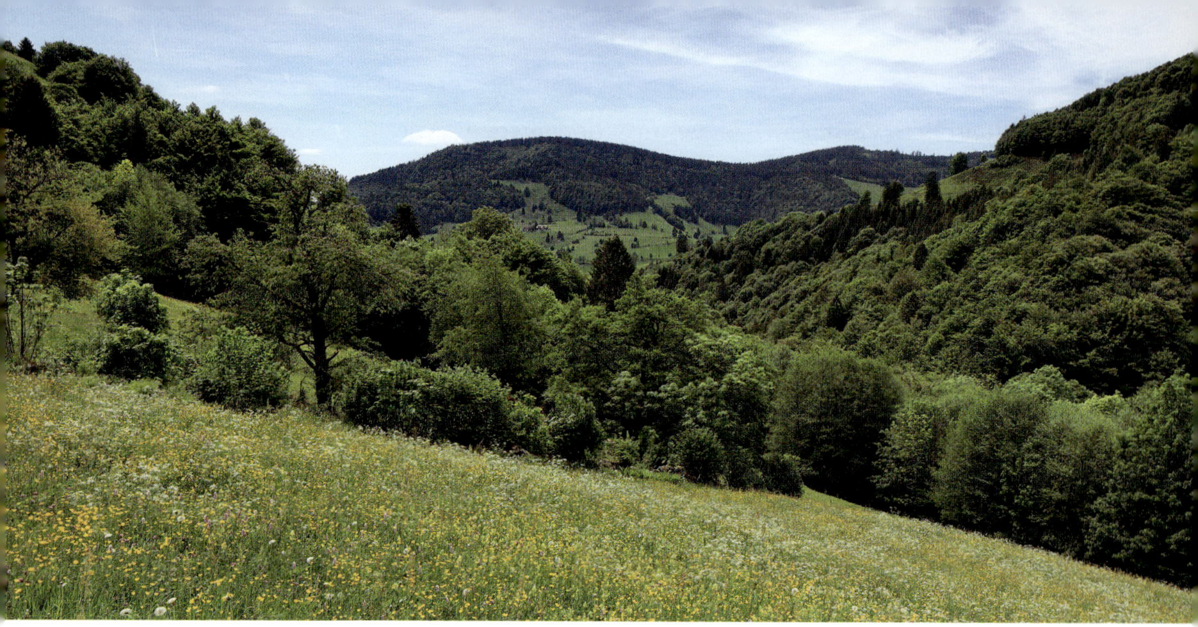

Wiesen und Weidfelder bei Wieden (Tour 23)

Gut gerüstet besser ans Ziel

Als Mittelgebirge wird der Schwarzwald gerne unterschätzt. Doch auch hier gilt: Feste Wander- oder Trekkingschuhe sind ein Muss für sicheres Wandern. Halbschuhe, Turnschuhe oder ähnliche Treter bieten zu wenig Halt, wirken sich negativ auf die Fußgesundheit aus und sind oft der Auslöser von vermeidbaren Unfällen. Wanderstöcke hingegen begünstigen eine aufrechte Körperhaltung und schonen die Gelenke. Ebenfalls von Vorteil ist bequeme Wanderkleidung aus Funktionsmaterial, das schnell trocknet und sich leicht trägt. Auf Abstand sollte man hingegen beim Rucksack gehen. Und zwar auf Abstand zum Rücken. Dies ermöglichen spezielle Bauweisen, die das Gewicht optimal verteilen und eine bessere Luftzirkulation erlauben. Dadurch bleiben Wanderhemden auch an warmen Sommertagen länger trocken und man hat ein besseres Gefühl auf der Haut.

Verantwortung und Selbsteinschätzung

Alle in diesem Wanderführer beschriebenen Touren orientieren sich am Wegenetz des Schwarzwaldvereins. Dieses haben wir durch wenige kurze, lokal beschilderte Wege ergänzt. Denn während wir als Wanderer von den Wegweisern und der Pflege der offiziellen Wanderwege profitieren, findet das Wild abseits der Wanderstrecken wichtige Rückzugsräume, in denen sich nur selten Menschen verirren. Als verantwortungsbewusste Wanderer rennen wir nicht blindlings durch die Landschaft (oder darüber hinweg), sondern nehmen auch auf andere, Schwächere Rücksicht.

Da die Tourismusverbände im Schwarzwald stets neue Themenwege und Wandersteige sowie auch sogenannte Premiumwanderwege und Genießerpfade kreieren, kann die vorgefundene Beschilderung von der Beschreibung im Buch abweichen. Dies kann auch Einfluss auf die Farbe der zwischen den Wegweisern angebrachten Rauten haben. In so einem Fall ist es meistens besser, der neuen Wegmarkierung zu folgen, da sie einen sicher ans Ziel führt. Auf der anderen Seite können Felsstürze und Hangrutsche sowie umgestürzte Bäume und Wegabbrüche eine Umleitung erfordern. Wer sich alleine ins Gelände begibt, sollte sich dessen bewusst sein und im Zweifelsfall lieber umkehren. Das liegt zwar nicht in der Natur des Menschen, aber da wir nicht immer zusammen im Schwarzwald unterwegs sind, können wir Ihnen versichern: Das machen auch Wanderbuchautoren so.

Am Dobelberg bildet das Gartenstüble eine Oase der Ruhe (Tour 13).

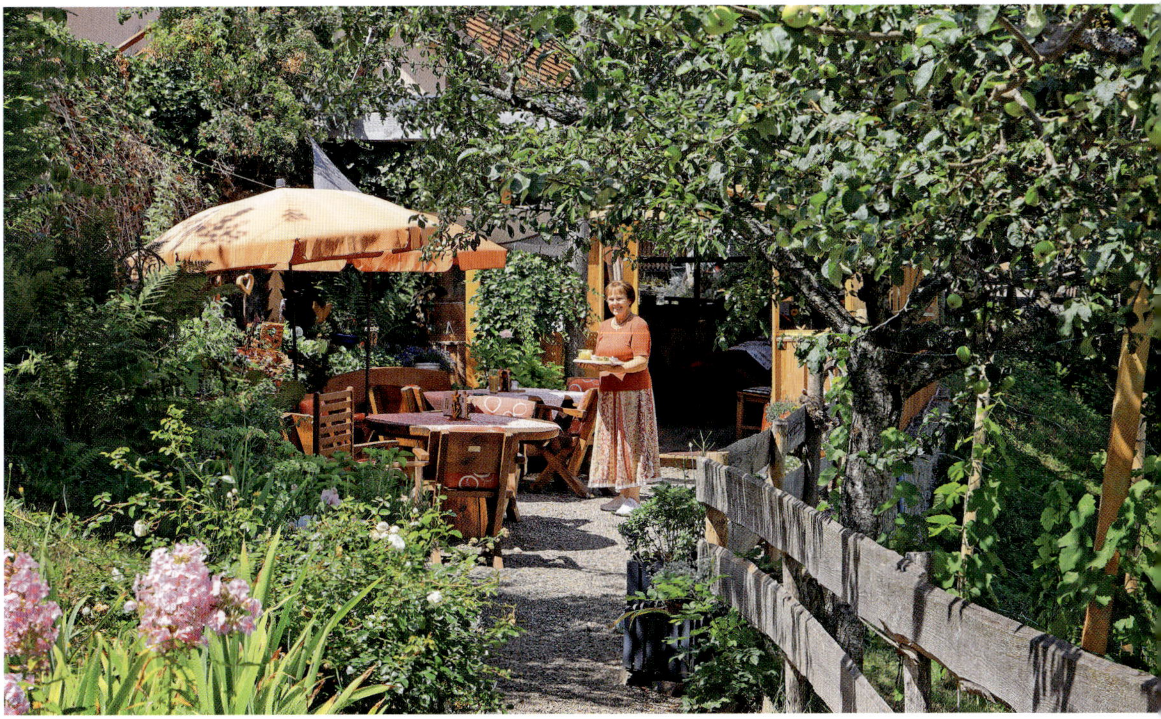

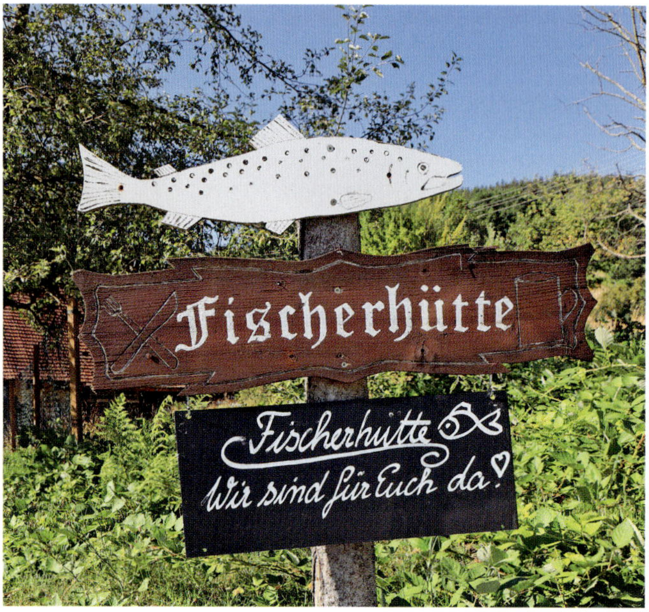

Wegweiser zur Fischerhütte Biederbach (Tour 12)

Interessante Internetadressen

www.naturparkschwarzwald.de

Informationsportal des Naturparks Schwarzwald Mitte/Nord

www.naturpark-suedschwarzwald.de

Umfassende Informationen zu den Aufgaben und Besonderheiten des größten Naturparks in Deutschland

www.schwarzwaldverein.de

Gemeinsamer Auftritt der Ortsgruppen des Schwarzwaldvereins

www.schwarzwald-tourismus.info

Offizielle Seite der Schwarzwald Tourismus GmbH mit Tipps und Infos zu über 250 Ferienorten

www.wanderfuehrer-schwarzwald.de

Unsere eigene Seite mit allen bisher erschienenen Wanderführern über den Schwarzwald, die Schwäbische Alb und das Allgäu sowie auch das Elsass mit den Vogesen

Ein Ziel der *Hütten-Geheimtipps im Schwarzwald* ist es, am Ende der einzelnen Touren zufrieden auf die vergangenen Stunden und das Geleistete zurückzublicken. Dies gelingt am besten, wenn man sich – und seine Mitwanderer – richtig einschätzt. Die längeren Touren wie die Runde hoch zur Höfener Hütte, der Bernauer-Hochtal-Steig oder die Wanderung über den Schauinsland zur Rappenecker Hütte sollten daher erst in Angriff genommen werden, wenn schon eine gewisse Grundkondition und Erfahrung im Gelände vorhanden ist. Hierzu zählt auch, das Wetter richtig einschätzen zu können. Denn gerade an heißen Sommertagen bilden sich im Süd- und Hochschwarzwald gerne Gewitterwolken, die oft schon nachmittags mit Platzregen und Hagel sowie Blitz und Donner niedergehen. Ein leichter Regenschutz sollte deshalb immer dabei sein. Ebenfalls hilfreich ist es, die Entwicklung von Regenwolken im Internet, etwa auf www.wetteronline.de oder www.niederschlagsradar.de, zu beobachten. Im Zweifelsfall sollte man sich nicht davor scheuen, eine Tour – falls möglich – abzubrechen, beziehungsweise nach dem Unwetter fortzusetzen.

Wandern im Winter

In den vergangenen Wintern war es auch im Schwarzwald durchaus möglich, Ski zu fahren. Die Tage, an denen eine ausreichend starke

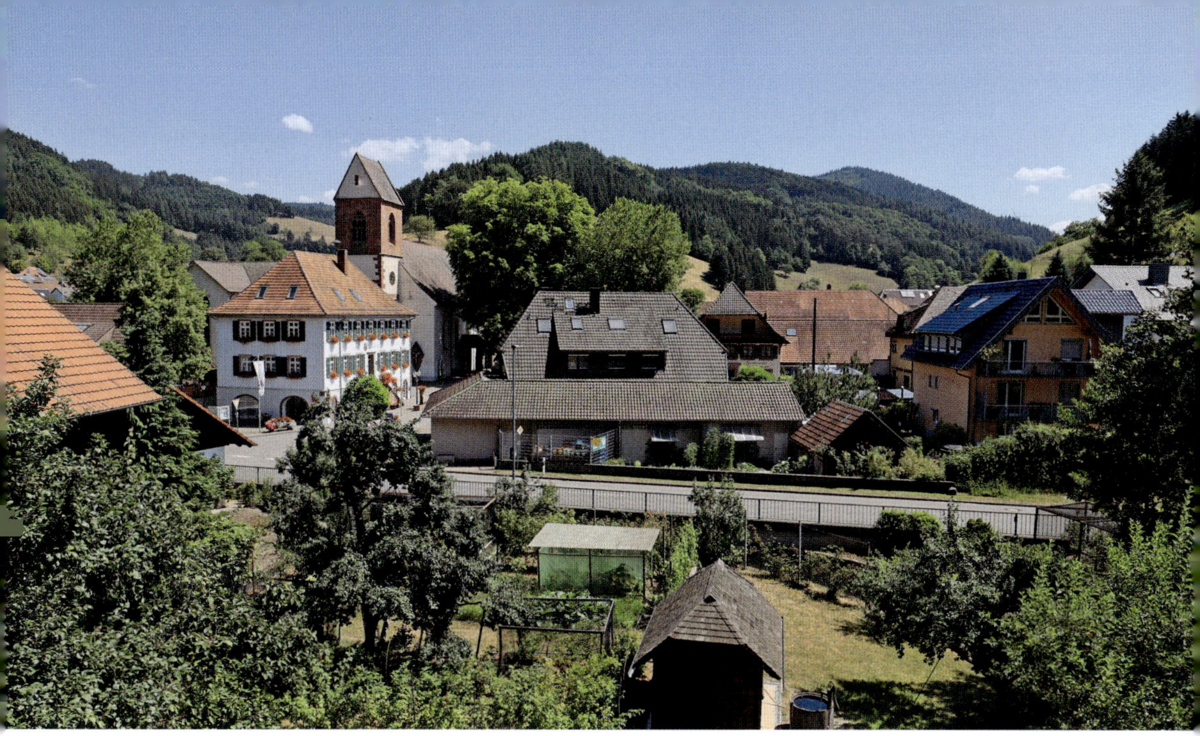

Pittoresker Blick zum Rathaus und der Kirche von Mühlenbach (Tour 10)

Schneedecke zum winterlichen Vergnügen einlädt, werden aber zusehends seltener. Bei manch einem traditionellen Wintersportort fiel in den letzten Jahren gar eine komplette Saison wortwörtlich ins Wasser. Da wir davon ausgehen, dass sich diese Entwicklung in den nächsten Jahren fortsetzen wird, beinhaltet dieses Buch auch mehrere Wanderungen, die selbst bei einer dünnen Schneedecke noch gut zu begehen sind. So sind die Grünhütte (Tour 2) über die Winterwanderwege auf dem Kaltenbronn und der Reinertonishof (Tour 14) bei Schönwald sowie – in Varianten – die Tannen-Stub (Tour 7) bei Loßburg und auch die Schlossberghütte (Tour 1) bei Bad Teinach das ganze Jahr über gut zu erreichen.

Pause mit Genuss

Zu einer schönen Wanderung gehört natürlich auch eine Einkehr oder eine längere Rast. Das gilt bei diesem Titel mehr als bei jedem anderen. Freuen wir uns also auf die Einkehr in den hier vorgestellten Hütten, Vesperstuben und Berggasthäusern. Gönnen wir uns herzhafte Vesperteller, knackigfrische Salate und hausgemachte Kuchen und Torten. Hier können wir uns mit Gleichgesinnten austauschen und gerne nebenbei die *Hütten-Geheimtipps im Schwarzwald* weiterempfehlen.

Unsere Favoriten

Schlossberghütte Bad Teinach, Tour 1

Gartenstüble Dobelberg, Tour 13

Reinertonishof, Tour 14

Hinterwaldkopf-Hütte, Tour 21

Von Wieden zum Knöpflesbrunnen, Tour 23

Daneben führen unsere Wanderungen zu zahlreichen herrlich gelegenen Plätzen. Für diese decken wir uns morgens bei einer Bäckerei ein oder plündern die heimische Vorratskammer. In dem Fall können wir uns auf selbst belegte Brötchen und Kuchen, vielleicht auch Knabbereien freuen, die genau unserem Geschmack entsprechen. Denken Sie auch daran, ausreichend zu trinken einzupacken. Bei kühler oder feuchter Witterung sind außerdem leichte isolierende Sitzunterlagen von Vorteil.

Anfahrt

Viele Wanderziele sind im Schwarzwald mit öffentlichen Verkehrsmitteln zu erreichen. Mit der KONUS-Gästekarte (**Ko**stenlose **Nu**tzung des ÖPNV im **S**chwarzwald) haben Sie freie Fahrt in allen neun Verkehrsverbünden der Ferienregion. Wer mit dem Auto anreist und ein Navi nutzt, kann die im Infokasten der einzelnen Touren angegebenen Koordinaten eingeben. Diese führen

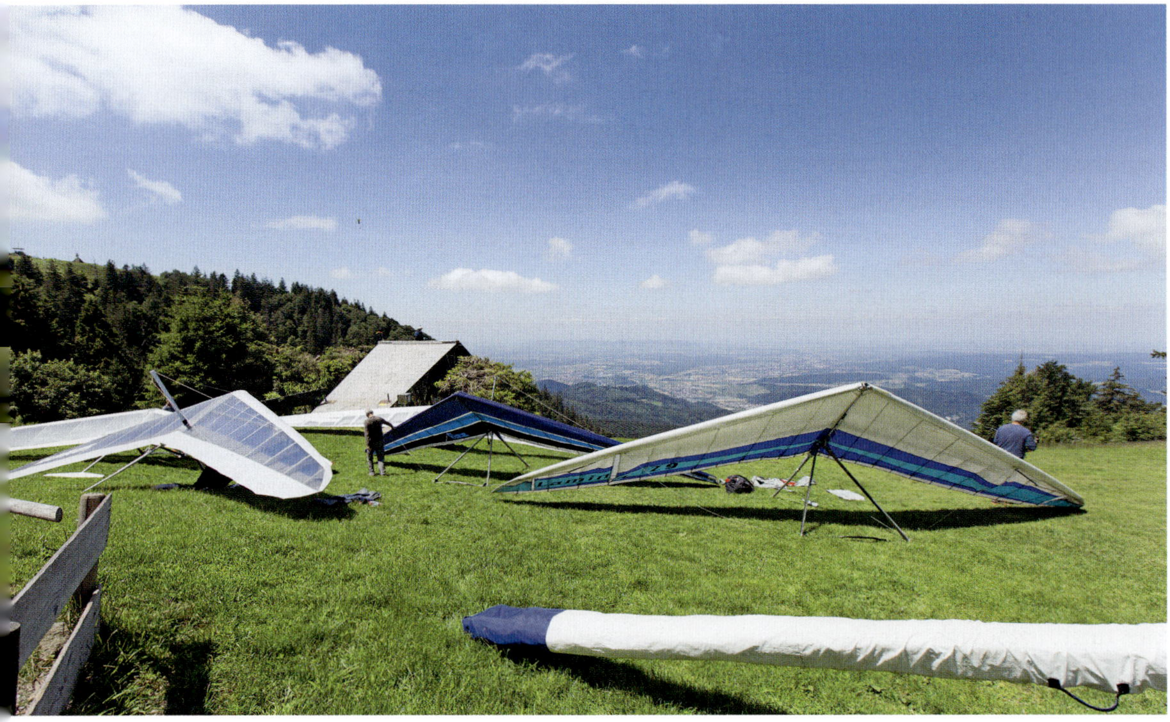

Auf dem Kandel sollen einst Hexen ihr Unwesen getrieben haben. Heute starten hier Drachen (Tour 16).

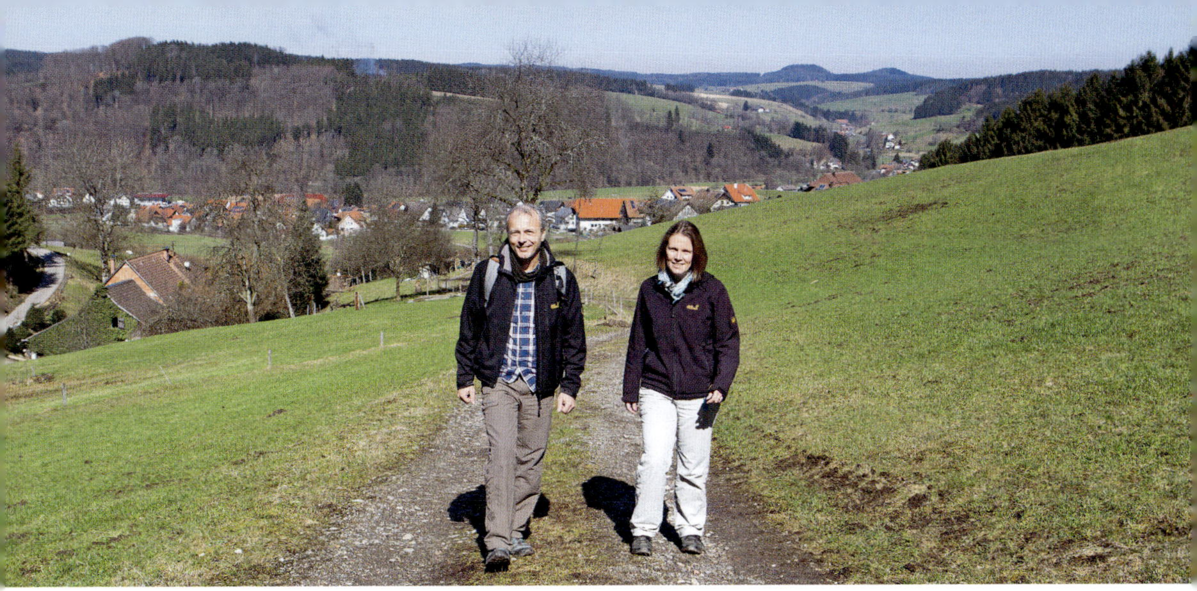

ihn punktgenau zum Ausgangspunkt der Wanderung beziehungsweise zur nächstgelegenen Parkmöglichkeit.

Die Autoren auf der Goldener-Kopf-Tour (Tour 12)

Gehzeiten und Höhenangaben

Die genannten Zeiten sind die durchschnittliche reine Gehzeit. Weil es bei vielen der Wanderungen einiges zu entdecken gibt, beinhaltet diese Gehzeit auch die Zeit, in der man sich umsieht und die Landschaft auf sich wirken lässt. Pausen oder die zur Tour gehörende Einkehr sind darin jedoch nicht enthalten. Rechnen Sie bitte auch etwas Zeit für unvorhergesehene Änderungen ein, sodass Sie bei zusätzlichen Abstechern, bei kürzerem Verlaufen oder einem gesperrten Weg (z. B. wegen Holzfällarbeiten) rechtzeitig zurück am Ausgangspunkt sind.

Unsere Höhenangaben beinhalten die tatsächlich zu leistenden Höhenmeter. Lediglich kleine Kuppen und Senken mit nur geringem Höhenunterschied haben wir ausgelassen. So stehen Sie nicht plötzlich vor einem großen Zwischenanstieg, der nirgends erwähnt wird.

Schwierigkeitsgrade

- **Leicht:** eher kurze Runden, die keine oder kaum Trittsicherheit erfordern und nur wenige Steigungen beinhalten
- **Mittel:** Touren mit längeren Auf- und Abstiegen und/oder längere Runden, die eine gewisse Kondition und Trittsicherheit erfordern
- **Schwer:** Die einzig wirklich schwere Wanderung in diesem Buch ist die Runde zur Hintereckhütte. Hier setzen der kräftige An- und Abstieg eine gute Kondition am Berg und Trittsicherheit voraus. Geübte Wanderer werden diese Tour sicherlich gut meistern.

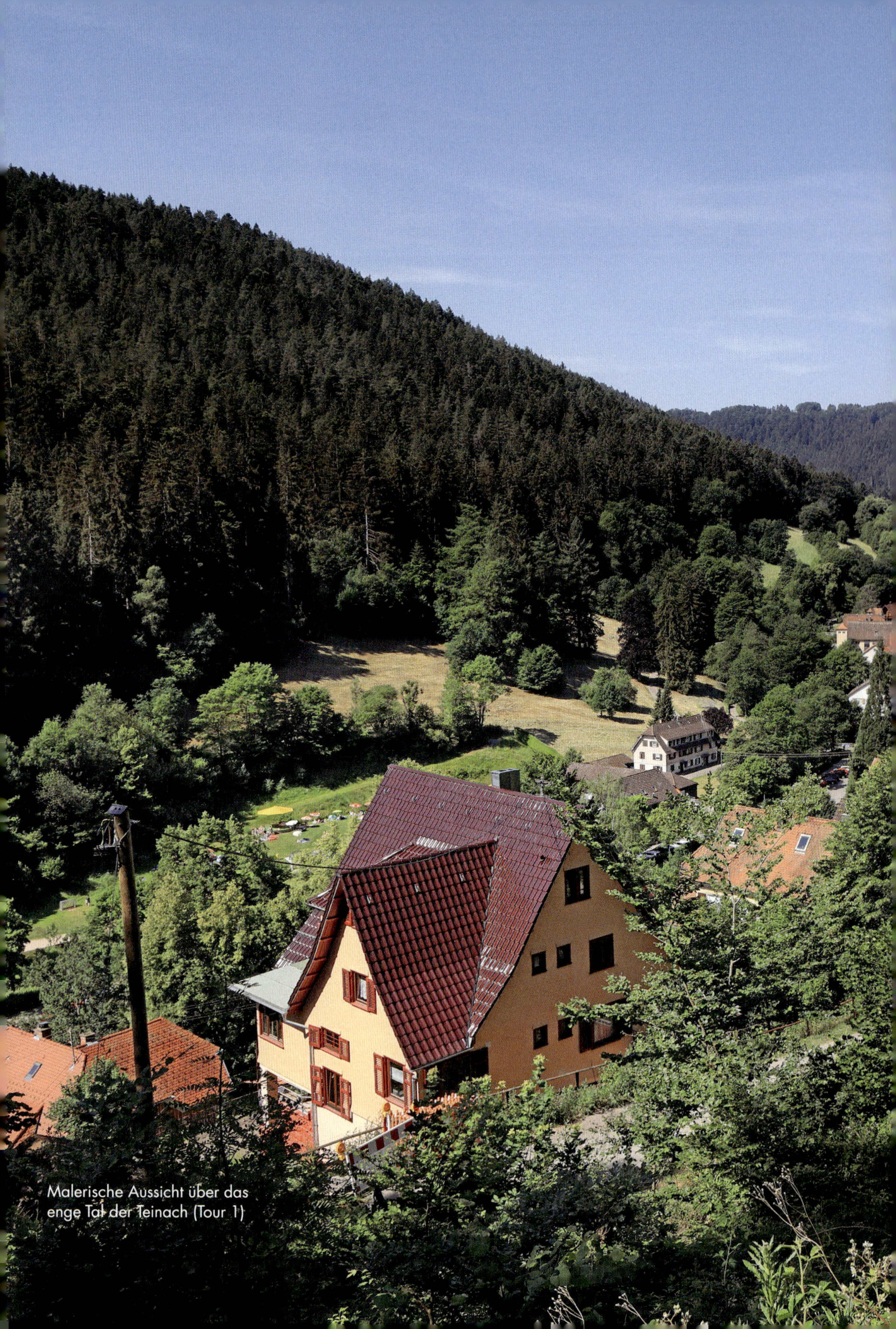

Malerische Aussicht über das
enge Tal der Teinach (Tour 1)

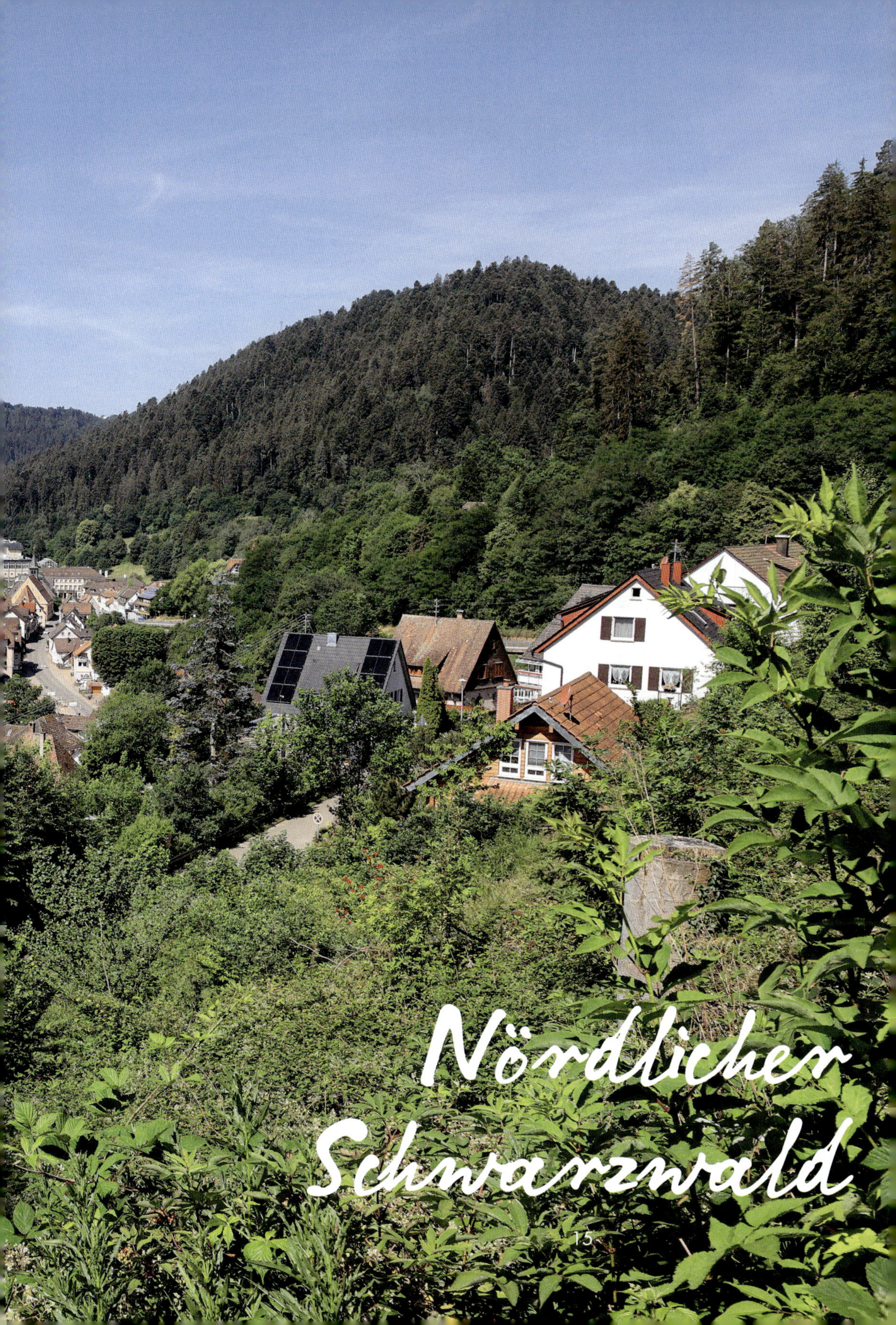

Nördlicher Schwarzwald

1 Königlicher Auftakt

Zur Schlossberghütte von Bad Teinach

Mittel	7,2 km	400 Hm	2.30 Std.

Tourencharakter
Die abwechslungsreiche Wanderung nutzt sowohl Waldpfade als auch -wege und schwach befahrene Wirtschaftsstraßen. Die Höhenmeter verteilen sich gut, wobei die Steigungen auch mal grob behauene Natursteintreppen beinhalten.

Ausgangs-/Endpunkt
Freibad in Bad Teinach
GPS 48.6890, 8.6932

Anfahrt
Bus & Bahn: Ab dem Bahnhof Bad Teinach–Neubulach bestehen Verbindungen zur Haltestelle Bad Teinach Kurhaus.
Auto: Von der B463 Nagold–Pforzheim beim Bahnhof von Bad Teinach-Neubulach abfahren und der Beschilderung nach Teinach bis zum Freibad am Ortseingang folgen

Einkehr
Schlossberghütte, Mi–So ab 11 Uhr, Tel. 07053/290, www.hotel-therme-teinach.de/de/schlossberghuette

Karte
Karte des Schwarzwaldvereins 1:25 000, W226 Pforzheim

Informationen
Teinachtal-Touristik, Tel. 07053/9205040, www.teinachtal.de

Bad Teinach ist durch seine mineralhaltigen Brunnen und Quellen bekannt. Die Bedeutung des Wassers unterstreicht die Gemeinde mit dem Genießerpfad »Der Teinacher«. Unsere Runde kürzt den Premiumweg mehrmals ab und schafft somit mehr Zeit für den Genuss.

Stadt im Zeichen des Wassers Schon bei unserem Startpunkt wird deutlich, dass sich in Bad Teinach alles ums Wasser dreht. So lädt jenseits des Flusses Teinach das Freibad zum Sonnetanken und Planschen ein. Weiter flussaufwärts bildet der Kurgarten mit dem Brunnenhaus, der Kurgartenquelle und der Therme Bad Teinach eine Wohlfühloase für Körper und Geist. Diese werden wir gegen Ende der Tour kennenlernen. So eingestimmt folgen wir ab dem **Freibad-Parkplatz** der gelben Raute über die

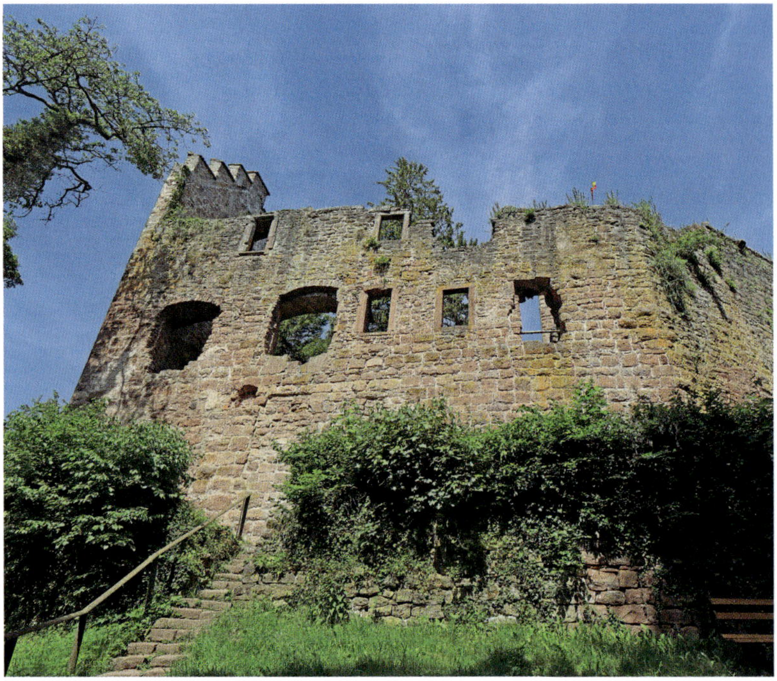

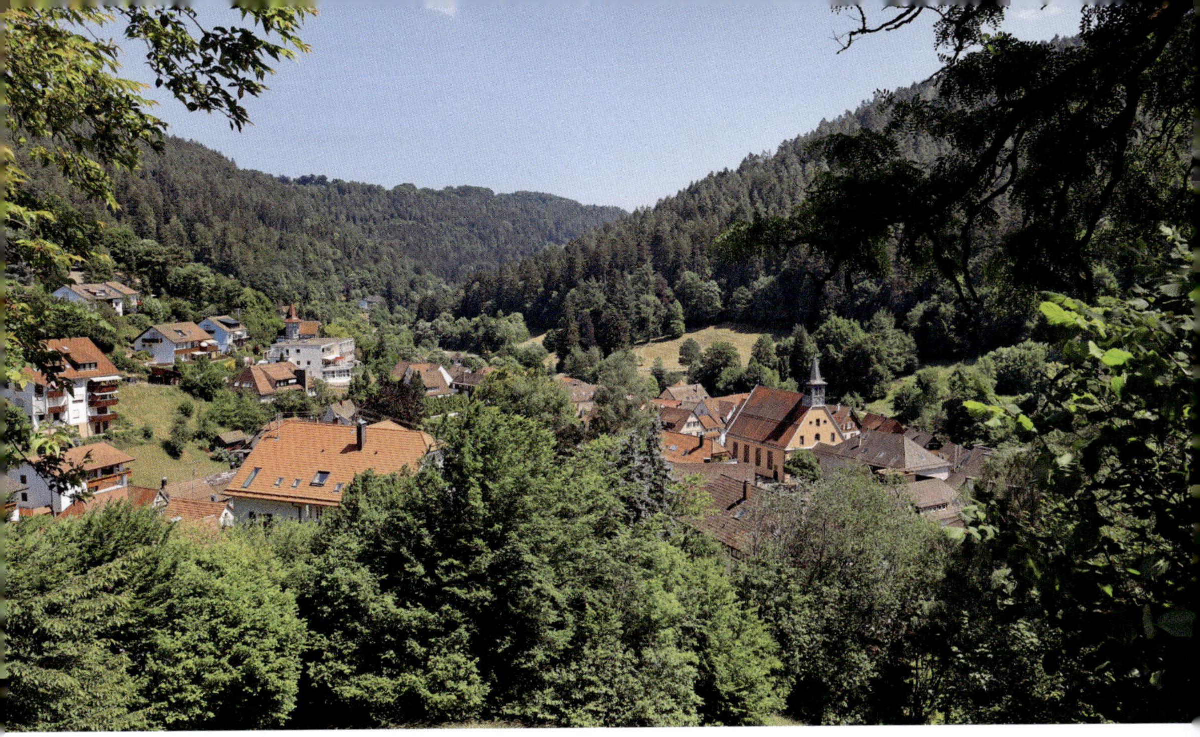

Badstraße zur Poststraße. Rechts wechselt der Wanderweg bald in den Sommenhardter Weg. Wo wir auf den Genießerpfad »Der Teinacher« treffen, fehlen uns noch wenige Schritte geradeaus zur **Adolfshöhe**. Benannt ist sie nach dem früheren Badbesitzer Adolf Bronn, dessen Stiftung ihm zu Ehren 1895 einen Pavillon aus Sandstein errichten ließ.

Ausblick von der Wilhelmshöhe auf Bad Teinach

Linke Seite: Die Südfassade der Burgruine Zavelstein

Aufstieg zur Burg Zavelstein Während der Genießerpfad den Pavillon durchquert, gehen wir ein paar Schritte zurück und biegen direkt oberhalb links auf den Weg zur Schlossberghütte ab. Damit treffen wir wieder auf den Genießerpfad, dem wir nach einer reizvollen Sicht über das Teinachtal zurück in den Wald folgen. Mehrere Kehren entschärfen den Aufstieg, und wir gelangen damit moderat in die Höhe. Dann senkt sich der Pfad nochmals nach Süden bis zum Wegweiser Burgweg, wo wir rechts in den Ostweg einbiegen. Nach weiteren, kurzen Kehren taucht vor uns die **Burg Zavelstein** auf. Für den Besuch der Ruine und den erhaltenen Bergfried können wir gerne etwas mehr Zeit einplanen.

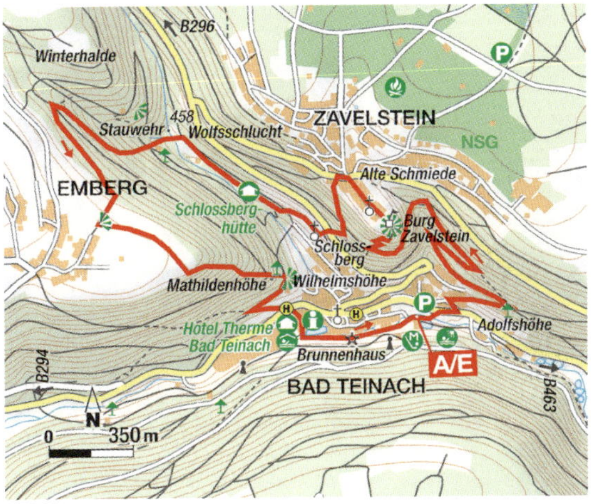

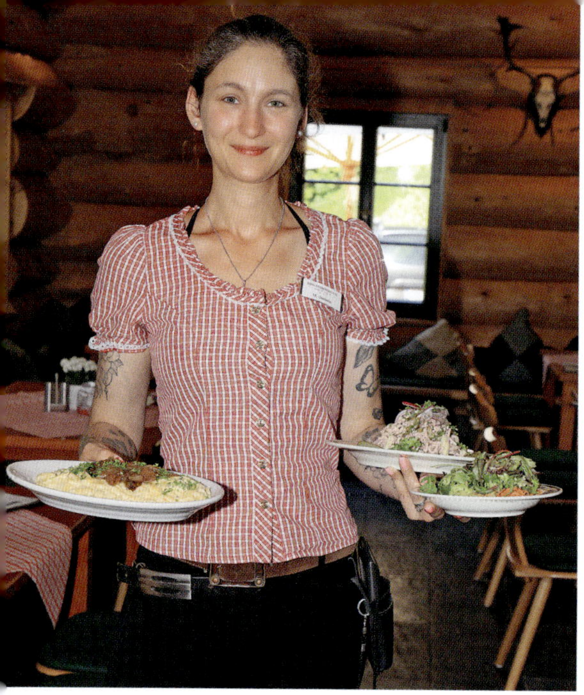

In der Schlossberghütte können wir uns über Käsespätzle, Wurstsalat und vieles mehr freuen.

Abstieg zur Schlossberghütte Nach der Burgbesichtigung kommen wir am Rathausbrunnen und Kirchbrunnen vorbei zur **Alten Schmiede**. Die Werkstatt beherbergt allerlei historische Arbeitsgeräte sowie einen funktionstüchtigen Schmelzofen. Zu besonderen Anlässen findet ein Schauschmieden statt. Das Gebäude ist tagsüber frei zugänglich, zu seinem Erhalt wird jedoch um eine Spende gebeten. Am Ende der pittoresken Straße orientieren wir uns links zum Marktplatz, biegen dann aber mit dem Genießerpfad sogleich nochmals links ab und nutzen den abschüssigen Pfad am Hotel Berlins Kronelamm vorbei. Im weiteren Verlauf führt uns dieser hinunter zum Wegweiser **Schlossberg**. Wir halten uns rechts, sodass wir die Landstraße zur **Weihreute** queren. Erneut rechts sind es noch wenige Minuten bis zur **Schlossberghütte**.

Schlemmen in der Schlossberghütte Die im Blockhausstil errichtete Hütte gehört zum Hotel Therme und punktet mit ihrem

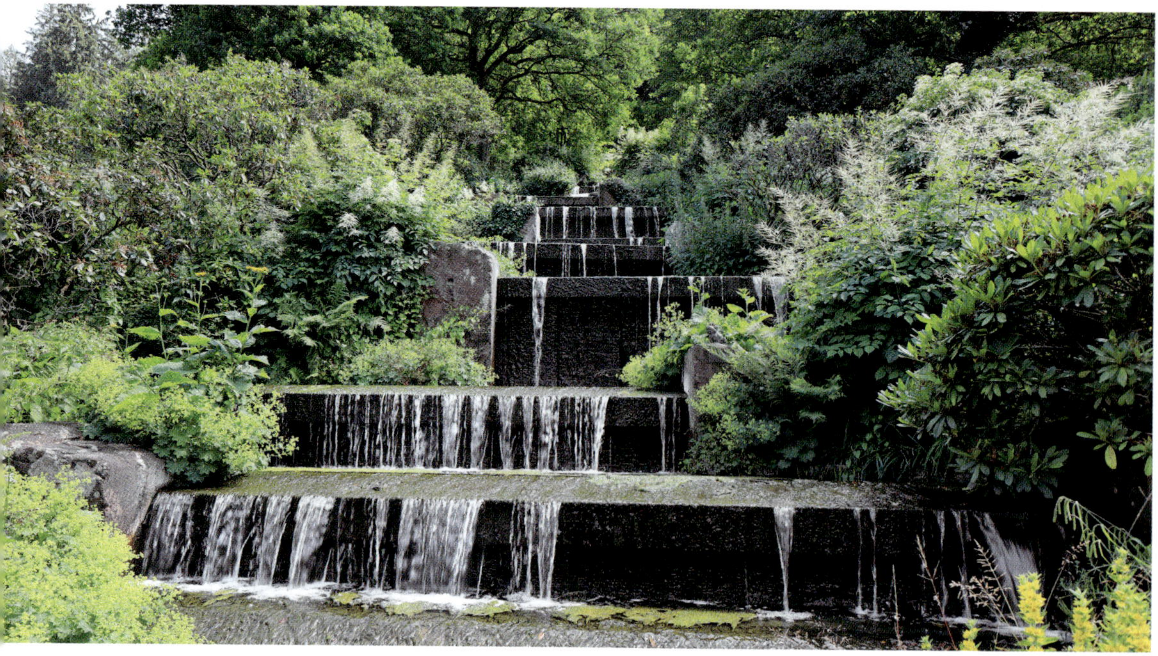

Künstlicher Wasserfall im Kurgarten von Bad Teinach

urigen und zugleich modernen Ambiente. Bereits beim Bau im Jahr 2015 wurde auf Regionalität und Nachhaltigkeit Wert gelegt. Sichtbar wird dies durch die hier verbauten Weißtannenstämme aus dem Teinacher Stadtwald. Als Wanderer können wir uns auf regionale Spezialitäten wie das Hüttenvesper, verschiedene Suppen und Salate sowie eine wechselnde Auswahl an Kuchen und Torten freuen. Oder wir gönnen uns den Wurstsalat mit Emmentaler und die Schwäbischen Käsespätzle nach Schlossberghüttenart mit geschmelzten Zwiebeln. Lecker!

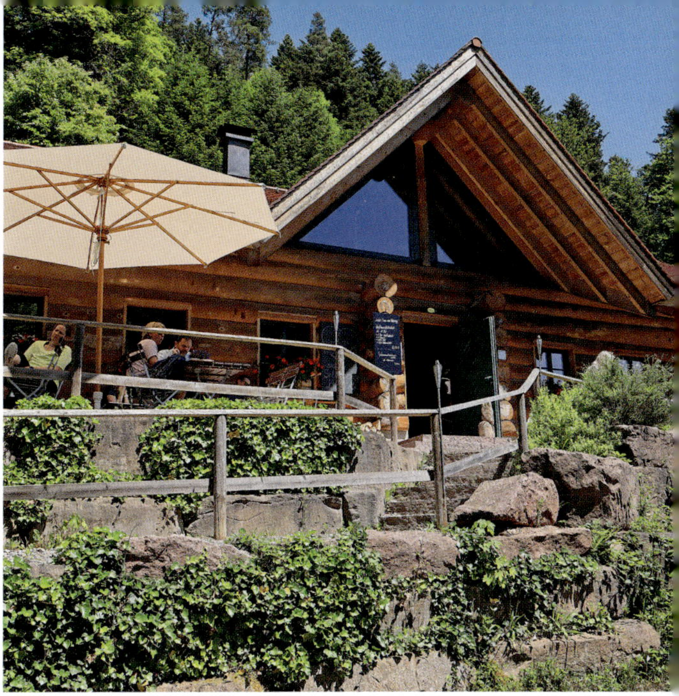

In der Schlossberghütte wurden heimische Weißtannenstämme verbaut.

Mathildenanlage und Wilhelmshöhe Anders als auf dem Genießerpfad wandern wir anschließend zunächst dem Rötenbach entgegen, eh wir bei der **Wolfsschlucht** zum Wegweiser **Stauwehr** abbiegen. Ab dort nehmen wir die direkte Verbindung durch die Schlucht bergan zur **Winterhalde**, wo wir erneut auf den Genießerpfad treffen. Diesem folgen wir nun an den oberen Waldrand sowie über die offene Hochfläche zum **Emberg Burgblick**. Links gelangen wir entlang einer Feldhecke zurück in den Wald und über die Mathildenhöhe und Mathildenstaffel hinunter zum Pavillon beim Aussichtspunkt **Wilhelmshöhe**.

Zavelsteiner Brunnentour

Die Zavelsteiner Brunnentour stellt mit 19 Stationen die Geschichte und Besonderheiten der Wasserversorgung im Ort dar. Um alle Zavelsteiner Brunnen zu sehen, ist man etwa eine Stunde unterwegs. Als Startpunkt gibt die Teinachtal-Touristik den Parkplatz oberhalb vom Marktplatz bzw. die Bushaltestelle Feuersee an.

Teinacher und Kurgarten Der letzte Abschnitt führt uns entlang der Mathildenanlage zur Station **Teinacher**. Vor Ort sollte eine mit Getränken gefüllte Holzflasche stehen. Ab der Station nimmt der Teinacher einen weiteren Umweg flussaufwärts bis zum Neuen Damm. Wir indes biegen sogleich nach Bad Teinach zum **Hotel Therme** ab. Der Fußweg führt zwischen den Gebäuden hindurch zum Kurgarten. Von dort erfolgt der Rückweg zum Freibad wahlweise mit der blauen Raute oder – schöner – entlang der Teinach.

2 Wälder und Moore rund um den Hornberg

Ab Kaltenbronn zur Grünhütte

Leicht | 11,6 km | 170 Hm | 3.30 Std.

Tourencharakter
Die Runde nutzt weitgehend barrierefreie Wege und führt im Bereich des Wildseemoors über einen Holzsteg.

Ausgangs-/Endpunkt
Parkplatz F beim Infozentrum Kaltenbronn
GPS 48.7075, 8.4301

Anfahrt
Bus & Bahn: Ab Gernsbach bestehen Busverbindungen zur Haltestelle Kaltenbronn.
Auto: Von Gernsbach über die B 462 und L76b Richtung Bad Wildbad oder über die L351 zwischen Bad Wildbad und Enzklösterle bei Sprollenmühle auf die L76b Richtung Baden-Baden bis Kaltenbronn Parkplatz F

Einkehr
Waldgaststätte Grünhütte, Di–So ab 10 Uhr, Tel. 07081/8627, www.gruenhuette.de

Karte
Karte des Schwarzwaldvereins 1:25 000, W225 Baden-Baden

Informationen
Infozentrum Kaltenbronn, Tel. 07224/655197, www.infozentrum-kaltenbronn.de

Zwischen Gernsbach, Enzklösterle und Bad Wildbad bildet Kaltenbronn ein beliebtes Erholungsgebiet. Ab dem Infozentrum ist der Wildsee auf leichten Wegen gut zu erreichen. Weiter östlich befindet sich die Grünhütte, ein traumhaft gelegenes Ausflugslokal.

Im Lebensraum vom Auerwild Ab dem **Parkplatz F** erfolgen die ersten Schritte weg von der Straße in den Wald und an zwei ebenfalls als Parkfläche ausgewiesenen Seitenstreifen vorbei. Einen Steinwurf weiter öffnet sich die Sicht wieder. Rechts fällt der Schlittenhang zum Infozentrum Kaltenbronn ab. Eine direkte Verbindung dorthin besteht beim Wegweiser **Schlittenhang**. An diesen schließt sich das **Wildgehege** an. Wenden wir uns nach links, so blicken wir in den als Mittelweg genutzten Postweg. Auf diesem werden wir später zurückkehren. Für den

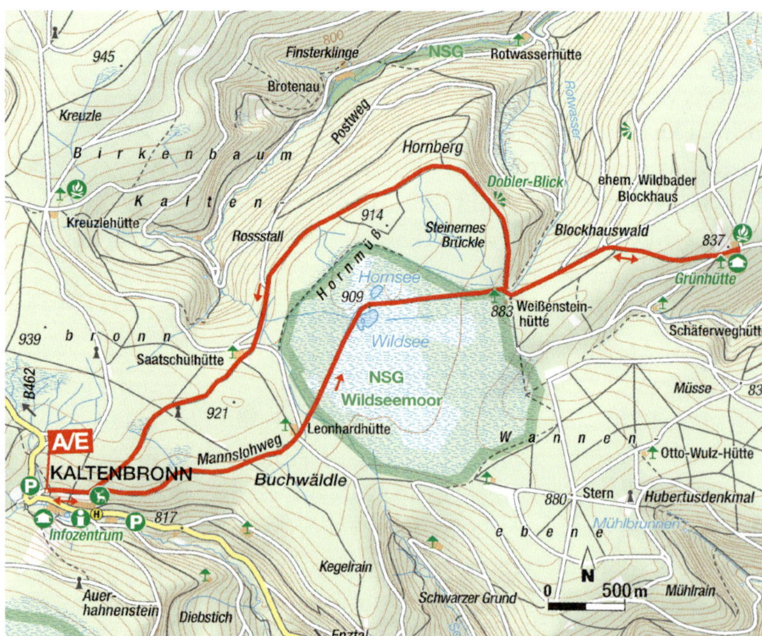

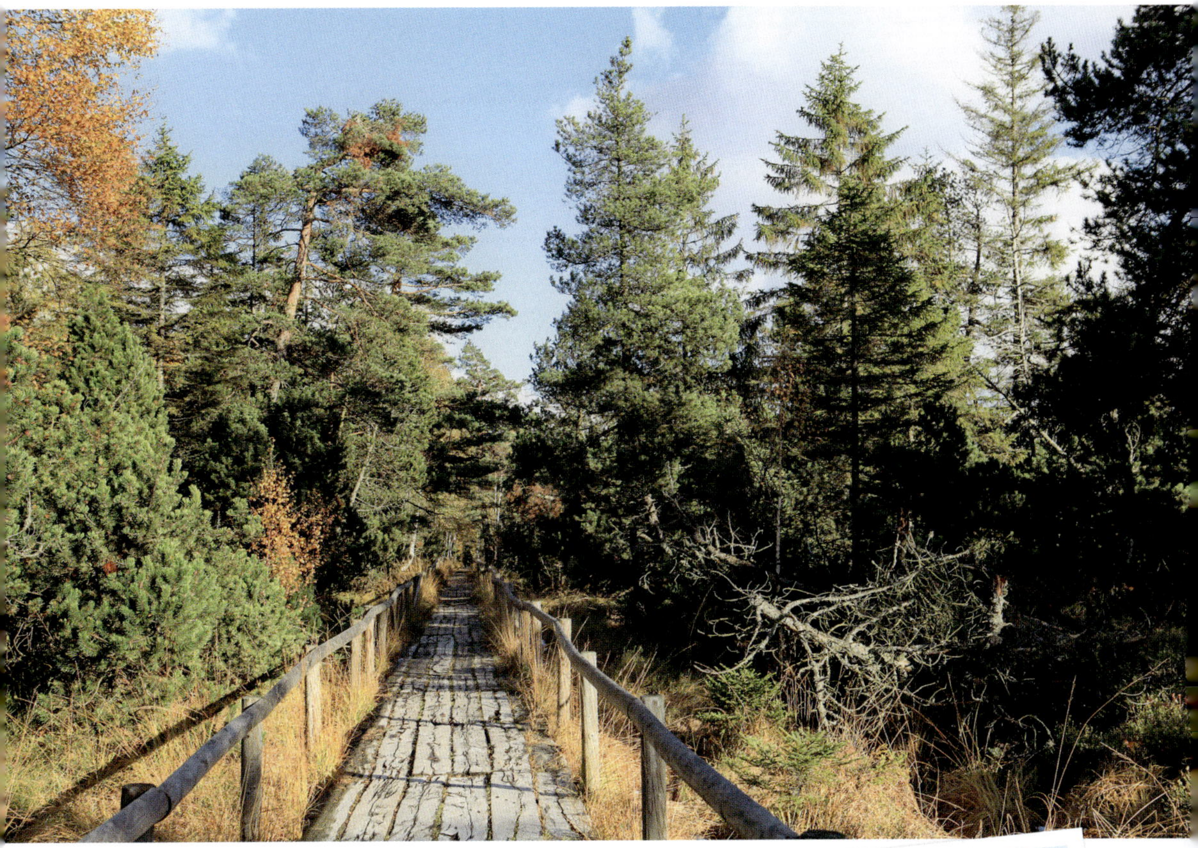

Hinweg folgen wir indes dem Schotterweg geradeaus in den Wald. Dort erklären zwei Tafeln, warum der Kaltenbronn nie ernsthaft für den Ackerbau in Betracht gezogen wurde und welch hohe Ansprüche die früher häufig anzutreffenden Auerhühner an ihren Lebensraum stellen.

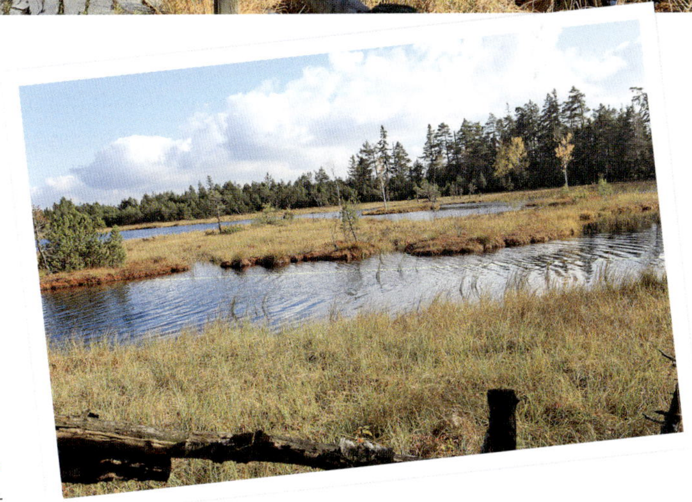

Herbstidylle beim Wildsee

Ganz oben: Bohlenweg ins Moor auf dem Kaltenbronn

Über die Leonhardhütte ins Wildseemoor Anschließend passiert der Weg eine niedrige Natursteinmauer. Es handelt sich hierbei um eine alte **Laderampe**, die es einst erleichterte, das in den Wäldern geschlagene Holz auf die Fuhrwagen zu hieven. An der nächsten

Tafel mit Infos über den Wandel vom Wald vorbei gelangen wir zur **Leonhardhütte**. Unmittelbar danach wechseln wir beim **Abzweig Moorweg** auf einen Holzsteg in den Bannwald hinein. Zunächst wird dieser von Fichten, Kiefern und Zwergsträuchern geprägt. Dann wird es feuchter, der Wald lückiger und der Anteil an Wollgräsern größer. Schließlich laden direkt beim **Wildsee** wenige Bänke zur Rast ein.

Transportkosten als Naturschützer Bereits seit dem Ende der letzten Eiszeit kann sich die Natur auf dem Kaltenbronn weitgehend ungestört entfalten. Ein erster großer Eingriff drohte 1730, als Flößer vom württembergischen Herzog beauftragt wurden, die Dicke und den Brennwert des Torfs zu ermitteln. Zunächst erschien der Brennwert zu gering und der Transport zu schwierig. Als die Wälder auf dem Kaltenbronn ein halbes Jahrhundert später gefällt waren, begannen die Menschen dennoch mit der Entwässerung des Moors, um den Torf möglichst trocken stechen zu können. Zum Glück blieben die Transportkosten hoch, sodass der Abbau des Torfs bald wieder gestoppt wurde. Später schlug eine versuchte Wiederaufforstung der Moorflächen fehl. Zuletzt verhinderte der Widerstand der Bevölkerung erneut gefasste Abbaupläne.

Winter auf dem Kaltenbronn

Zusammen mit dem Hohloh bildet der Kaltenbronn ein kleines Skigebiet mit mehreren Liften und Loipen. Eine Besonderheit ist das Bergaufrodeln. Dabei werden eigens dafür umgebaute Schlitten in den Schlepplift eingehängt und zur Bergstation gezogen. Gegenüber dem Skihang lädt der klassische Schlittenhang zur winterlichen Gaudi ein.

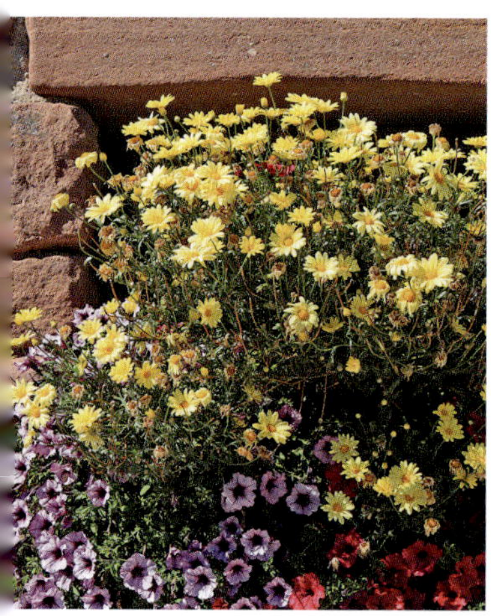

Blumenschmuck bei der Grünhütte

Von der Stierhütte ... Auf der Nordseite des Wildsees knickt der Weg nach rechts ab. Wir passieren den Hornsee und biegen am Ende des Wegs rechts auf den Mittelweg ein. Der Fernwanderweg führt uns in der folgenden Linkskurve an der **Weißensteinhütte** vorbei zum Wegweiser Blockhauswald sowie ab dort halb rechts hinunter zur **Grünhütte**. Die Waldgaststätte blickt auf eine über 250 Jahre lange Geschichte zurück. Das ursprünglich Stierhütte genannte Gebäude diente Hirten und Waldarbeitern als Stützpunkt. Dabei gerieten die Hütte und ihre Bewohner immer wieder in die Schlagzeilen. 1788 verurteilte das Herzogliche Oberamt die Grünhütter Viehhirtin zu vier Tagen bei Wasser und Brot. Im Dezember 1882 mangelte es den Bewohnern an

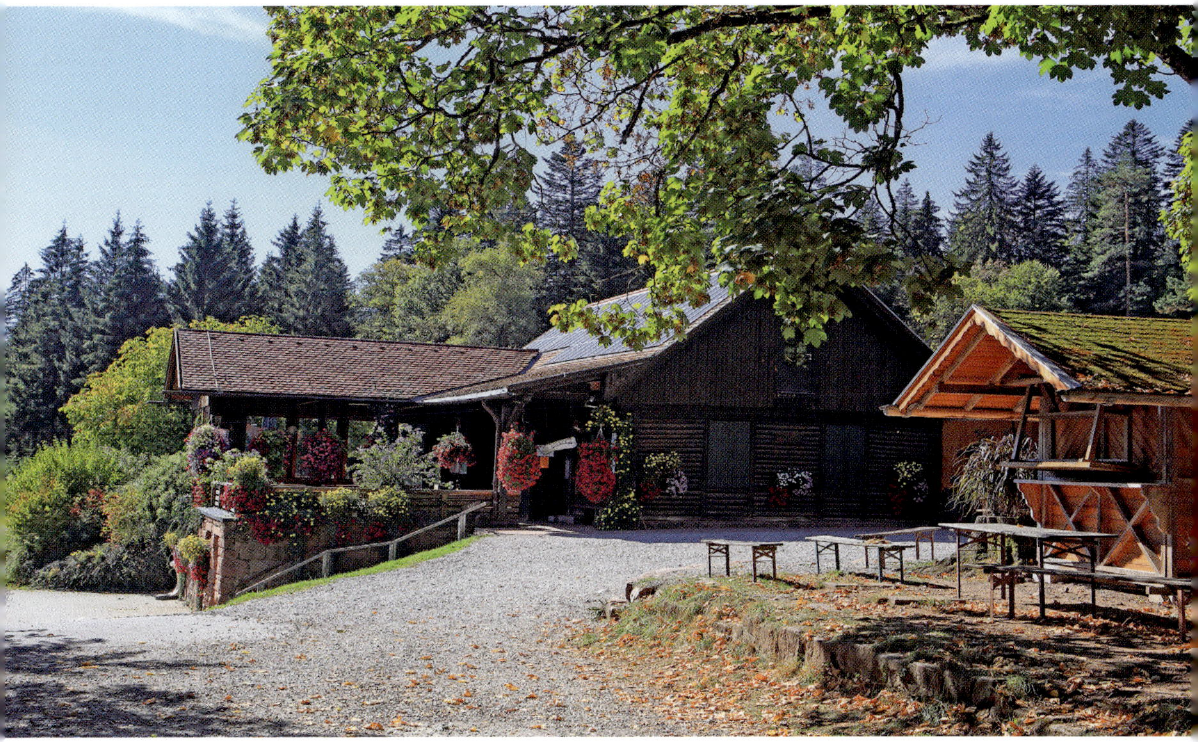

Rund um die Grünhütte lädt die großzügig gestaltete Außenterrasse zum Verweilen ein.

einem Weihnachtsbraten, weshalb sie loszogen, eine Hirschkuh zu wildern. Und im Dezember 1944 schleppte der Förster Hermann Mutterer einen verunglückten australischen Piloten zur Grünhütte.

… zur Grünhütte 1965 erfolgte der Umbau vom Forsthaus zur Wandergaststätte. Nach einem bescheidenen Neustart profitierten die Pächter ab dem Ende der 1970er-Jahre vom Skilanglauf. Neben der Sommersaison etablierte sich damit auch eine Wintersaison. Mit Ausnahme der Betriebsferien können wir uns somit auf ein ganzjährig geöffnetes Ausflugsziel freuen. Zu den Spezialitäten der Küche zählen Maultaschen, Heidelbeerkuchen und Pfannkuchen sowie verschiedene Pilzgerichte. Gut gestärkt erfolgt der Rückweg in entgegengesetzter Richtung. Nach der Weißensteinhütte lassen wir diesmal den Abzweig zum Wildsee aus, sodass wir zum **Dobler-Blick** mit der Kaltenbronner Jägerschaukel kommen. Nach dem Ausblick folgen wir dem Mittelweg weiter über die **Saatschulhütte** bis zurück zum Wildgehege und unserem Ausgangspunkt beim **Parkplatz F**.

3 Rund um den Eierkuchenberg

Von der Roten Lache zum Scherrhof

Leicht | 9 km | 170 Hm | 3.30 Std.

Tourencharakter
Die technisch einfache Runde verläuft fast durchgehend auf bequemen Waldwegen und Pfaden und beinhaltet nur mäßige Steigungen.

Ausgangs-/Endpunkt
Wanderparkplatz Rote Lache an der L79
GPS 48.7074, 8.3204

Anfahrt
Bus & Bahn: –
Auto: Von der B500 in Lichtental (Baden-Baden) nach Gernsbach oder von der B462 bei Gernsbach nach Baden-Baden abbiegen. Der L78 bis zum Forellenhof folgen, dort nach Forbach abbiegen und der L79 bis zum Parkplatz Rote Lache folgen

Einkehr
Waldgasthaus Scherrhof, Mi–So ab 12 Uhr, Tel. 0176/80229508, www.waldgasthaus-scherrhof.de

Karte
Karte des Schwarzwaldvereins 1:25000, W225 Baden-Baden

Informationen
Tourist-Information Baden-Baden, Tel. 07221/275200, www.baden-baden.de

Die Rote Lache trennt als Bergsattel das Murgtal vom Oostal. In früheren Jahrhunderten verlief hier ein Handelsweg, der Baden-Baden mit Forbach verband. Durch die besser ausgebaute L78 verlor diese Verbindung an Bedeutung. Wir können uns also auf eine ruhige Runde freuen.

Den Überblick behalten Bei unserer Ankunft auf der **Roten Lache** haben wir selbst über die Vielzahl an Wegweisern gestaunt, die sich teils nur wenige Schritte voneinander entfernt um den Wanderparkplatz herum verteilen. Die meisten davon können wir zum Glück ignorieren. Um auf den rechten Weg zu gelangen, reicht es, die Passstraße zum Hotel Rote Lache hin zu überqueren. Bei den folgenden beiden Gabelungen halten wir uns erst links, dann – beim Wegweiser Rote Lache Süd – rechts. Nach einem Abschnitt am Waldrand queren wir

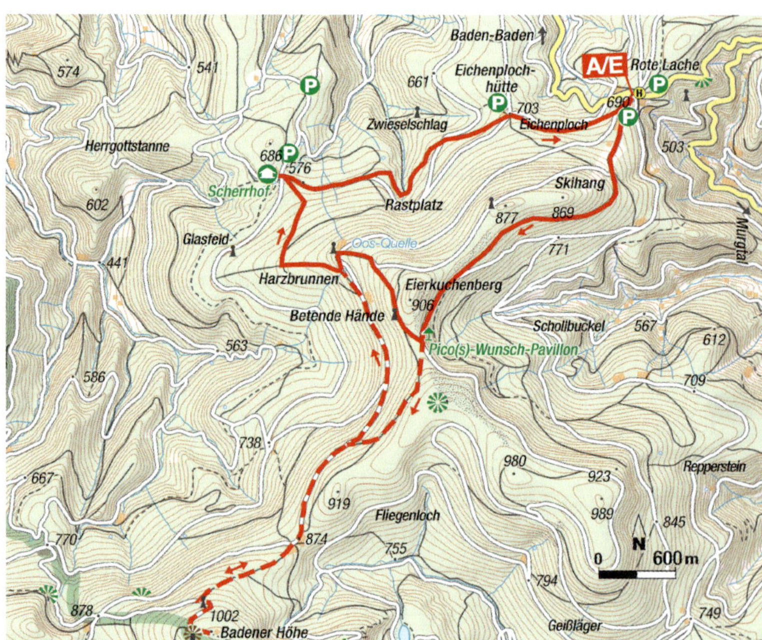

den **Skihang**, um dann der gelben Raute durch den Wald zum Wegweiser **Eierkuchenberg** zu folgen. Vor Ort war bei unserer Begehung nur ein Schild angebracht, das links auf den Ludwig-Henrich-Weg nach Romiss und Schwarzenbach deutet. Diesen Pfad lassen wir aus. Wir bleiben auf dem Forstweg, der weiter bergan zu **Pico(s)-Wunsch-Pavillon** führt.

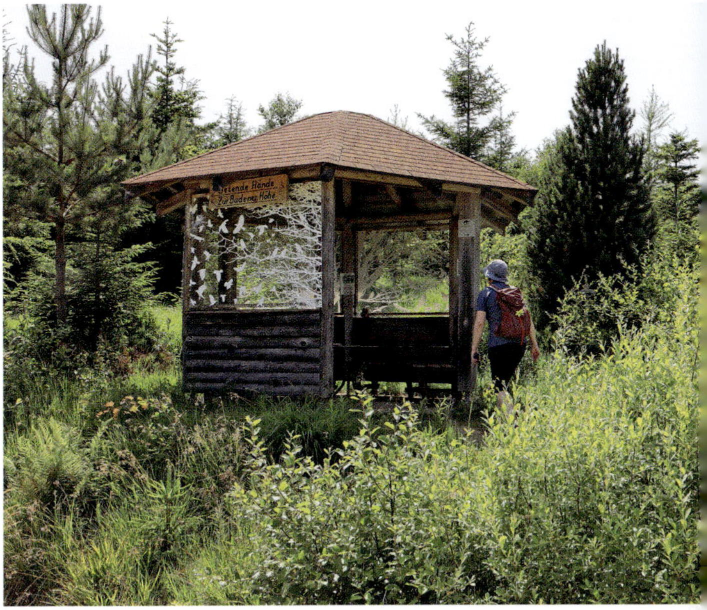

Pico(s)-Wunsch-Pavillon

Abstecher zur Badener Höhe

Einen Katzensprung weiter öffnet sich die Sicht malerisch über den von Grinden und Zwergsträuchern charakterisierten Höhenzug zur Badener Höhe mit dem Friedrichsturm. Wer dies für einen Abstecher nutzen möchte, wechselt halb rechts auf den mit Gras bewachsenen Weg. Nach rund 400 Metern mündet dieser in einen Wirtschaftsweg. Rechts ab trifft man bald auf den mit blauer Raute markierten Wanderweg zwischen der Roten Lache und der Badener Höhe. Von dort ginge es in entgegengesetzter Richtung zurück zum Harzbrunnen auf unserem Wanderweg. Mit dem Abstecher zum höchsten Punkt auf der Gemarkung von Baden-Baden verlängert sich die Tour um gut fünf Kilometer und 150 Höhenmeter.

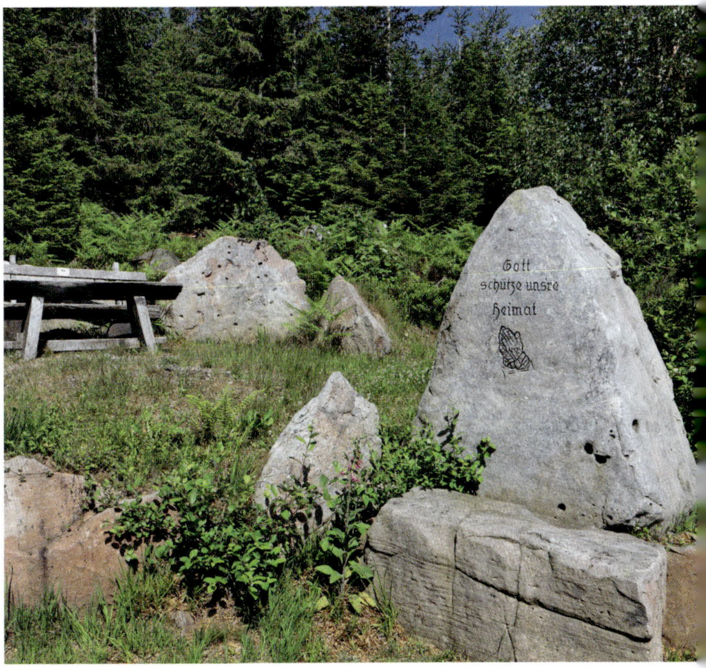

Rastplatz Betende Hände

Betende Hände und Oosursprung

Ansonsten nehmen wir beim Pavillon den ersten Weg rechts. Wir wandern damit südlich um den Eierkuchenberg herum und kommen als Nächstes zum Rastplatz **Betende Hände**. Günstige Witterung vorausgesetzt, werden wir hier gerne verweilen und den Blick über das

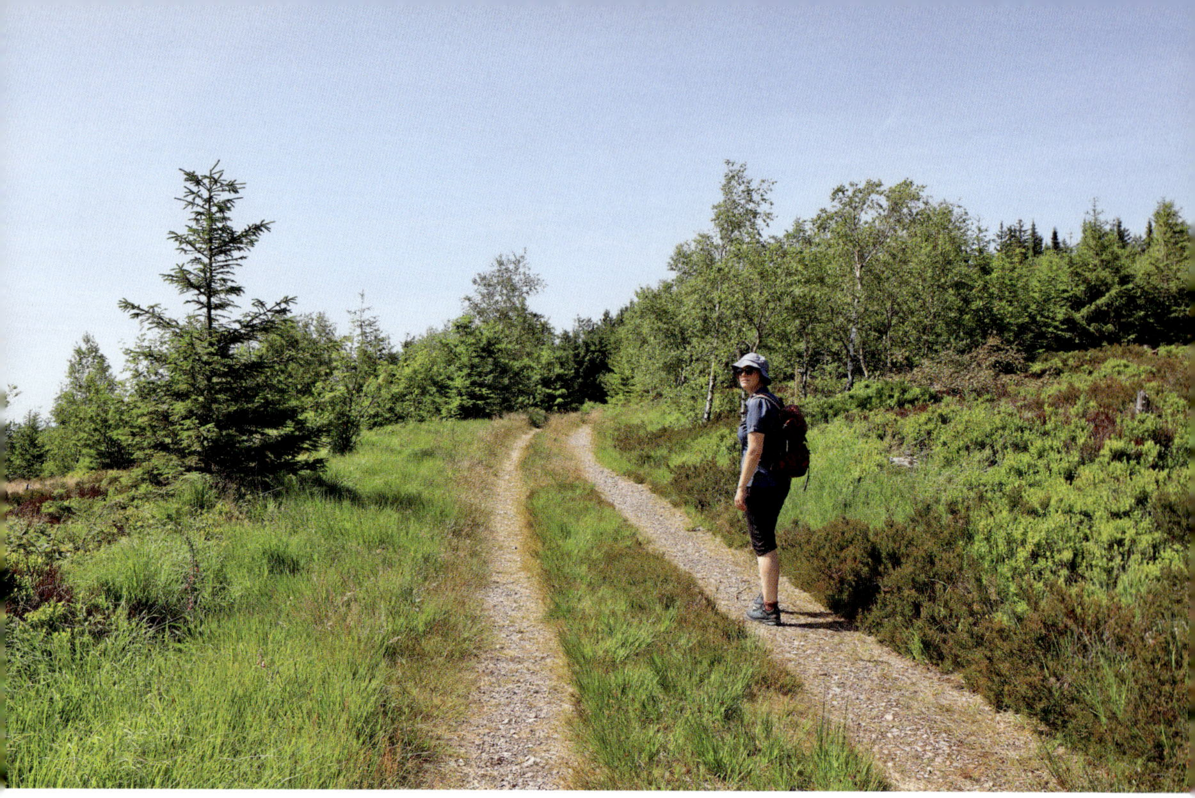

Höhenweg am Eierkuchenberg

Rheintal hinweg zum Elsass und den Vogesen schweifen lassen. Von dort geht es über die Westseite des Eierkuchenbergs hinunter zum Gedenkstein Otto Mahlers, wo wir ebenfalls auf den mit blauer Raute markierten Weg treffen. Unterhalb des Steins ermöglichen die Bäume eine eingeschränkte Sicht auf den an seinem Sendeturm gut zu erkennenden Fremersberg. Etwas weiter rechts entspringt der Scherrbach. Er gilt als Ursprung der Oos. Die Quelle ist vom Weg aus zu hören, allerdings unzugänglich am Hang gelegen. Wir verpassen nichts, wenn wir gleich links zum **Harzbrunnen** abbiegen. Bei der reich schüttenden Quelle des Harzbachs biegen wir auf den ebenfalls mit blauer Raute gekennzeichneten Weg ab und erreichen nach 1300 Metern den Scherrhof.

Wintersport im Wandel

1970 ließ die damals noch unabhängige Gemeinde Bermersbach einen Skilift am Nordosthang des Rubergs bauen. Erklärtes Ziel war es, den Tourismus zu stärken. Nach mehreren schneearmen Wintern wurde der Betrieb 1997 eingestellt und der Lift wieder abgebaut. Seitdem darf der gerodete Hang im Winter zum Schlittenfahren genutzt werden.

Ausflugslokal im Wechsel der Geschichte Die wechselvolle Historie des **Scherrhofs** reicht bis ins frühe 19. Jahrhundert zurück. 1802 errichtete Johann Freysterber ein Blockhaus als Unterkunft für Waldarbeiter. 1872 kaufte die Stadt Baden-Baden das Anwesen und quartierte hier italienische Wasserleitungsarbeiter ein. In den 1880er-Jahren gelangte die Hütte wieder in Privatbesitz, erhielt später eine Schanklizenz und wurde mehrfach vergrößert. Zwischen 1945 und 1948 wurde der Scherrhof von den Franzosen beschlagnahmt. Nach der Wiedereröffnung im Jahr 1955 und weiteren Wechseln hat sich der Scherrhof zu einem beliebten Ausflugslokal in einer ausgesprochen ruhigen Umgebung entwickelt. Während es sich bei sommerlichen Temperaturen herrlich im Biergarten aushalten lässt, verströmt der Kachelofen an kühlen Tagen eine wohlige Wärme in der historischen Gaststube.

Badische Küche mit mediterranem Flair In der Speisekarte finden sich heute neben saisonal wechselnden badischen Spezialitäten auch einige mediterrane Gerichte. Die hausgemachten Kuchen stehen nachmittags zur Teatime bereit. Speziell an heißen Tagen können wir außerdem den Summer Mint Splash aus Hibiskus, Minze, Limette und Soda empfehlen. Der spätere Rückweg erfolgt dann ab dem Wegweiser Scherrhof mit der gelben Raute immer nahe der Zufahrt sowie an mehreren Trinkwasserbrunnen und der **Eichenplochhütte** vorbei bis zurück zur Roten Lache.

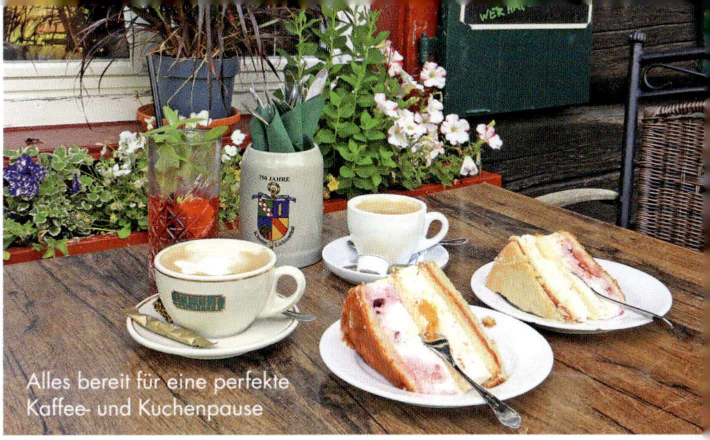

Alles bereit für eine perfekte Kaffee- und Kuchenpause

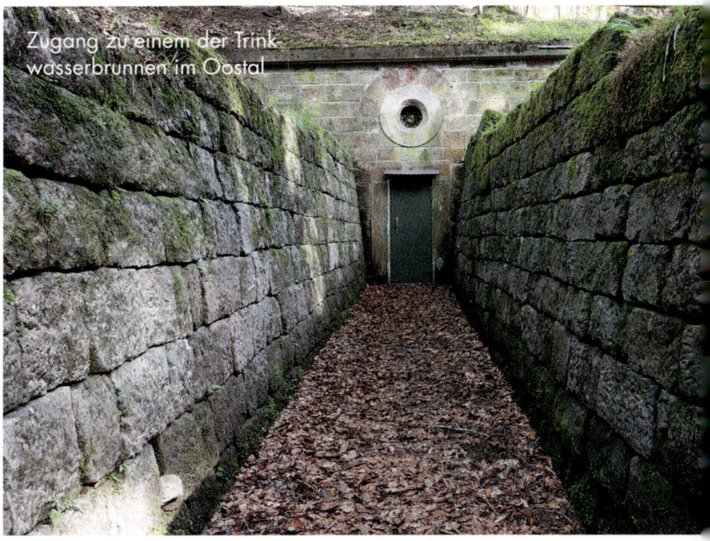

Zugang zu einem der Trinkwasserbrunnen im Oostal

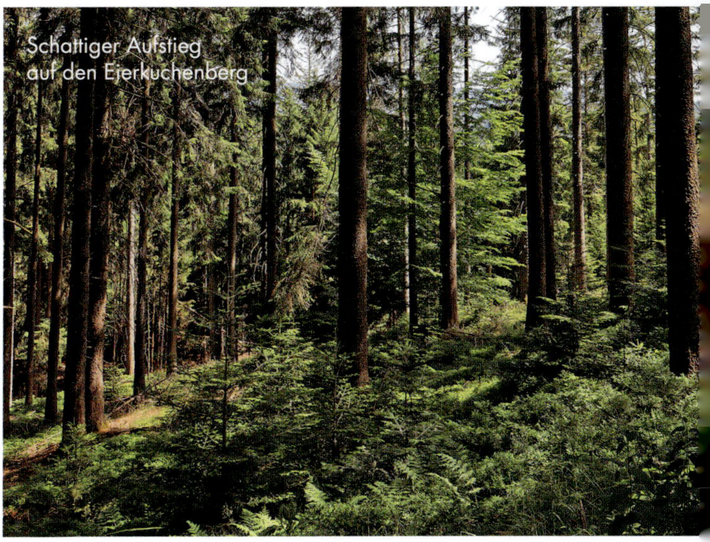

Schattiger Aufstieg auf den Eierkuchenberg

4 Auf die Badener Höhe

Aufstieg über den Herrenwieser Sattel

Mittel | 11,2 km | 300 Hm | 3.30 Std.

Tourencharakter
Der Abschnitt auf dem Wildnispfad birgt einige Hindernisse, kann aber umgangen werden. Danach technisch eher einfache Wanderung, die auf dem Herrenwieser Sattel um gut 3 km abgekürzt werden kann

Ausgangs-/Endpunkt
Parkplatz Kapelle Sand an der B 500
GPS 48.6575, 8.2384

Anfahrt
Bus & Bahn: Ab Bühl ZOB/Bahnhof, Mummelsee und dem Murgtal bestehen Busverbindungen zur Haltestelle Kapelle Sand.
Auto: Der Parkplatz befindet sich direkt an der B 500/Schwarzwaldhochstraße bei der Kreuzung mit der L 83.

Einkehr
Naturfreundehaus Badener Höhe, Di–So ab 12 Uhr, Tel. 07226/238, www.naturfreunde-karlsruhe.de/haeuser/badener-hoehe; Bergwaldhütte Sand, Fr–So ab 12 Uhr, Tel. 07226/237, www.bergwaldhuette.info

Karte
Karte des Schwarzwaldvereins 1:25 000, W225 Baden-Baden

Informationen
Tourist-Information Baden-Baden, Tel. 07221/27 52 00, www.baden-baden.de

Baden-Baden genießt durch seine römischen Bäder, das Kurhaus, aber auch sein Casino Weltruhm. Rundherum laden der Battert, der Fremersberg und der Merkurberg zur Naherholung ein. Unsere Tour startet weiter südlich und führt auf den höchsten Punkt der Stadt.

Verlorener Platz Als Ausgangspunkt haben wir die Haltestelle bei der **Kapelle Sand** gewählt. An der Kapelle Zum guten Hirten vorbei nutzen wir die Fußgängerampel und queren die Straße zum Kurhaus Sand. Bereits hier lohnt es sich, kurz innezuhalten. Der einst stolze Bau geht auf eine 1845 errichtete Schutzhütte zurück, die 1874 zum Gasthaus umgebaut und in der Folgezeit

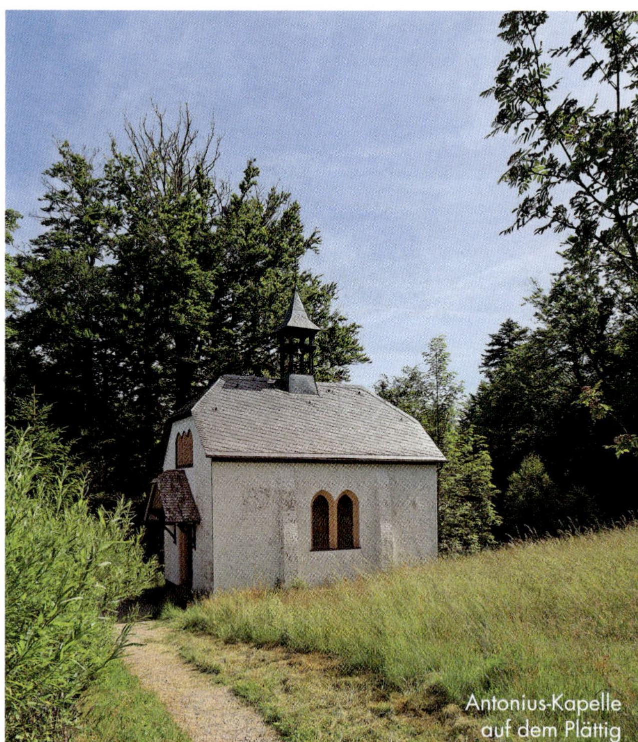

Antonius-Kapelle auf dem Plättig

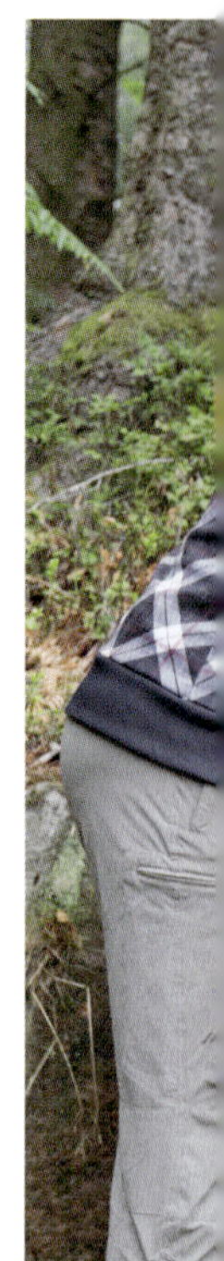

mehrfach erweitert wurde. Die erste Blütezeit endete mit Ausbruch des Ersten Weltkriegs. Erst nach mehreren Wechseln und einer Zwangsversteigerung gelang es den Hoteliers Ferdinand Huse und Max Wiedemann in den 1930er-Jahren, an die glorreiche Ära anzuknüpfen. Die zweite dauerte bis in die 1990er-Jahre an. Dann aber erfolgte der erneute Niedergang, bis der Gewerbeeintrag schließlich 2005 gelöscht wurde. Heute zählt das einst mondäne Gebäude zu den Lost Places im Schwarzwald.

Über der Schwarzwaldhochstraße Wir folgen der roten Westwegraute rechts am Kurhaus vorbei. Wem es nur um die Einkehr beim Naturfreundehaus geht, kann dem Fernwanderweg direkt dorthin folgen. Für eine abwechslungsreiche Wanderung biegen

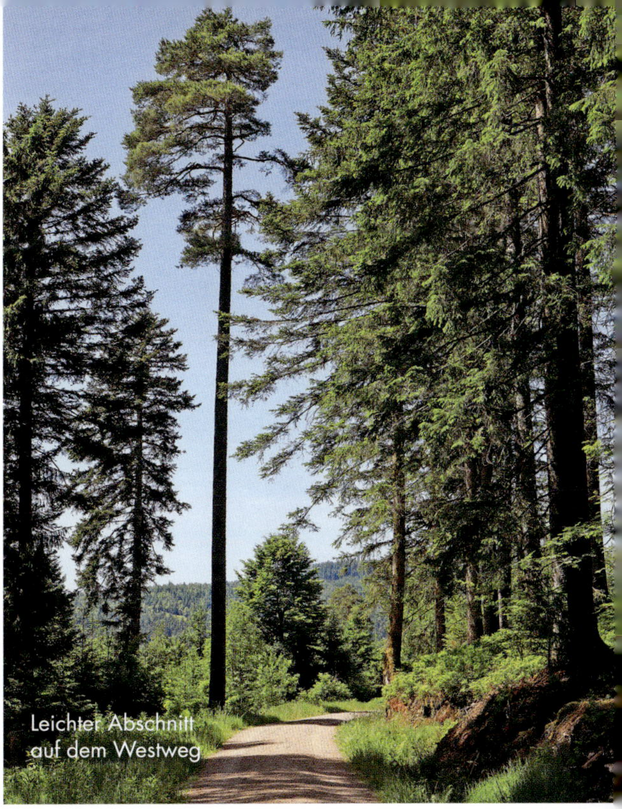

Leichter Abschnitt auf dem Westweg

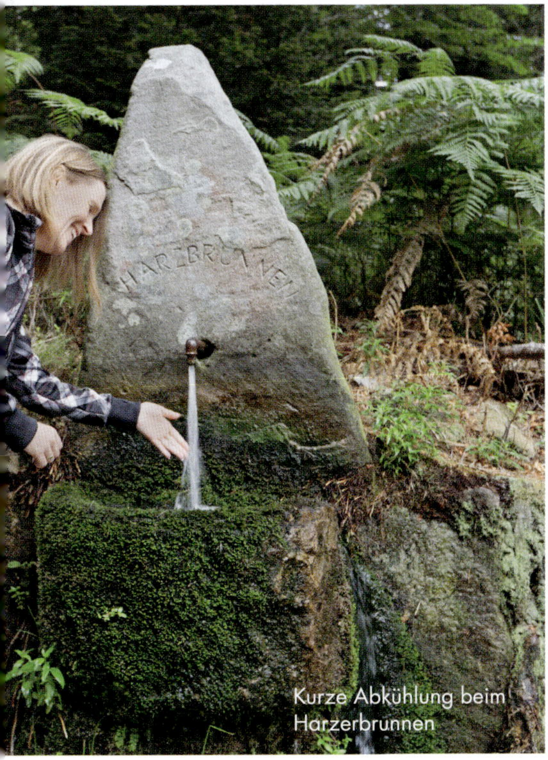

Kurze Abkühlung beim Harzerbrunnen

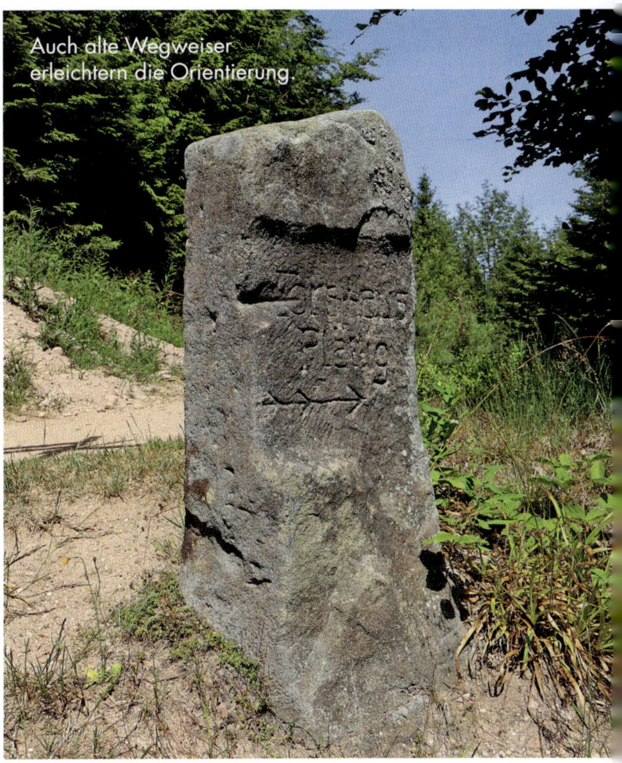

Auch alte Wegweiser erleichtern die Orientierung.

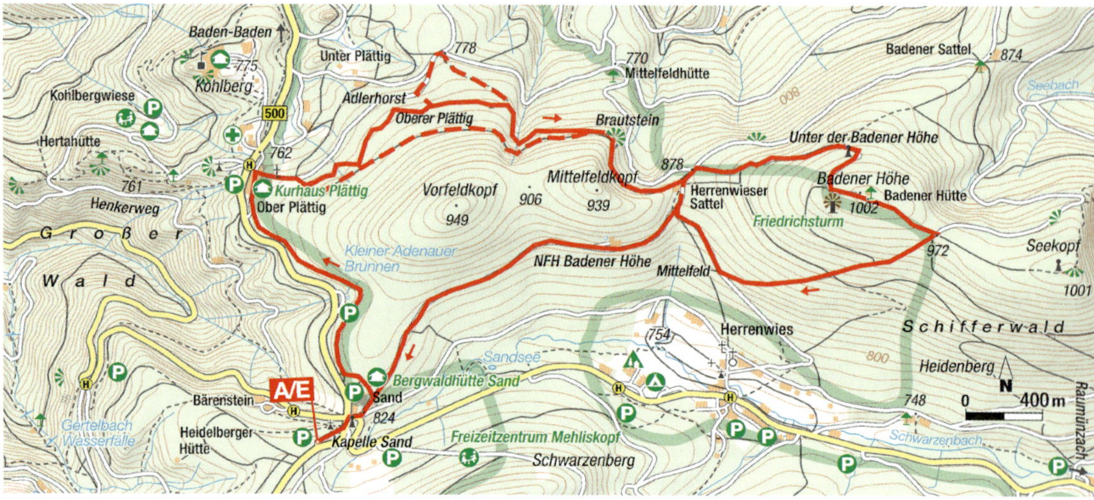

Rechte Seite oben: Friedrichsturm

Rechte Seite unten: Bergwaldhütte nahe Sand

Naturfreundehaus Badener Höhe

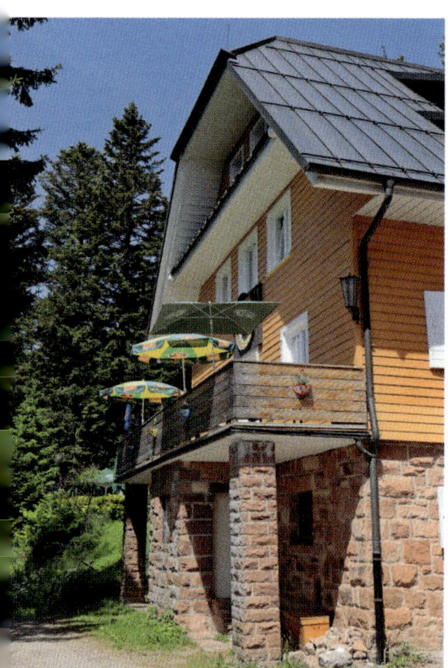

wir indes beim Wegweiser **Vorfeld** links ab (blaue Raute). Der erste Abschnitt der Runde verläuft damit nahe der Schwarzwaldhochstraße auf einem bequem zu gehenden Forstweg bis zum ebenfalls seit Jahren geschlossenen **Kurhaus Plättig**. Direkt danach biegen wir auf dem Oberen Plättig rechts ab, sehen links unseres Wegs die Antonius-Kapelle und kommen zum Wegweiser **Am Wildnispfad**.

Adlerhorst, Brautstein und Herrenwieser Sattel

Einen Steinwurf weiter haben wir die Wahl: Wer leichtes Terrain bevorzugt, nimmt am besten den direkten Weg über die Vorfeldstraße zum Brautstein. Ansonsten geht es auf dem Wildnispfad über Stock und Stein, vor allem aber über einige umgestürzte Bäume hinweg zum **Adlerhorst**, einem außergewöhnlichen Rastplatz. Auch im weiteren Verlauf wird der Wildnispfad seinem Namen gerecht. So war bei unserer Begehung ein Abschnitt gesperrt. Bis der Pfad wieder gerichtet ist, erfolgt die Umgehung über den Wegweiser Am Kreuzweg bis zum Familienrastplatz am Wildnispfad. Ab dort gelangen wir über den Brautsteinweg zum **Brautstein**, einem Sandstein mit markanter Vertiefung. 600 Meter weiter ist der **Herrenwieser Sattel** erreicht.

Auf die Badener Höhe

Auf dem Sattel treffen wir wieder auf den Westweg. Rechts wäre auf diesem das Naturfreundehaus in wenigen Minuten erreicht. Wer diese Option wählt, spart rund 150 Höhenmeter ein. Für die komplette Tour folgen wir dem Westweg in die andere Richtung und nehmen den relativ steilen Aufstieg über den Wegweiser Unter der Badener Höhe bis hoch auf die **Badener Höhe**. Mit 1002,5 Metern bildet sie den höchsten Punkt des Baden-Badener Stadtgebiets. Gekrönt wird der abgeflachte Gipfel durch den am 5. Oktober 1891 eingeweihten **Friedrichsturm**. 1974 wurde die Badener Höhe um eine Schutzhütte erweitert. Gleich daneben laden einige Bänke und Tische dazu ein, zu verweilen und die Aussicht zu genießen.

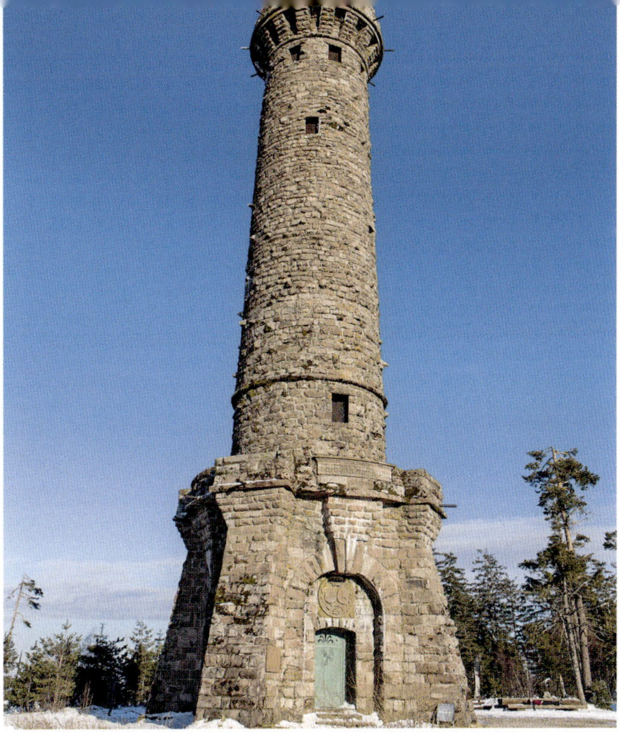

Zeit zum Einkehren Anschließend bleiben wir noch gut 400 Meter auf dem Westweg, um dann rechts auf den deutlich abfallenden Weg abzubiegen (gelbe Raute). Sowie wir auf die Bärensteinstraße treffen, biegen wir erneut rechts ab, sodass es wieder bergan zum südlichen Ende des Herrenwieser Sattels geht. Links stoßen wir wieder auf den Westweg zum **Naturfreundehaus Badener Höhe**. Dieses befindet sich etwas oberhalb des Fernwanderwegs und ersetzt das 1912 in den Fluten der Schwarzenbach-Talsperre versunkene Naturfreundehaus Schwarzenbach. Bei lokaler Küche mit einfachen Gerichten lässt es sich auf dem Balkon bestens aushalten. Der spätere Rückweg zur Kapelle Sand erfolgt auf dem Westweg. Kurz bevor sich die Runde beim Wegweiser Vorfeld schließt, bietet uns der Westweg mit der Bergwaldhütte Sand eine weitere schöne Möglichkeit, den Ausflug gemütlich ausklingen zu lassen.

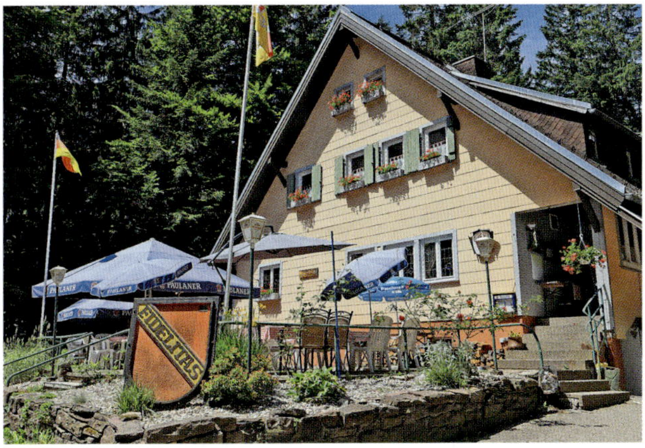

MerkurBergbahn

Die MerkurBergbahn ist eine der steilsten Standseilbahnen in Deutschland. Die Bahn verkehrt täglich von 10 bis 22 Uhr zwischen der Talstation in der Markgrafenstraße von Baden-Baden und der Bergstation mit dem Ausflugslokal Merkurstüble (www.stadtwerke-baden-baden.de).

5 Biberkessel und Ochsenstall

Ab dem Seibelseckle über die Hornisgrinde

Mittel | 8,1 km | 270 Hm | 2.30–3 Std.

Tourencharakter
Nach dem ersten, etwas steileren Anstieg zum Dreifürstenstein bequem zu wandernde Runde auf attraktiven Pfaden sowie auch Forstwegen

Ausgangs-/Endpunkt
Parkplatz Seibelseckle an der B 500
GPS 48.5960, 8.2176

Anfahrt
Bus & Bahn: Ab dem Endbahnhof der Achertalbahn in Ottenhöfen und dem Stadtbahnhof Freudenstadt bestehen Busverbindungen zur Haltestelle Mummelsee Seibelseckle, Seebach.
Auto: Über die B 500 Baden-Baden–Freudenstadt bis zum Wanderparkplatz am Seibelseckle, direkt an der Schwarzwaldhochstraße, fahren

Einkehr
Wanderheim Ochsenstall, täglich ab 11 Uhr, Tel. 07226/920911, www.wanderheim-ochsenstall.de

Karte
Karte des Schwarzwaldvereins 1:25 000, W235 Freudenstadt

Informationen
Tourist-Information Seebach, Tel. 07842/948320, www.achertal.de

Durch den Mummelsee ist die Hornisgrinde ein beliebtes Ausflugsziel. Umso überraschter waren wir selbst, als wir nach dem Start beim Seibelseckle den Dreifürstenstein für uns allein hatten. Gleiches gilt für den Wanderweg oberhalb des Biberkessels.

Aufstieg zum Dreifürstenstein Beim **Seibelseckle** geht es zu wie in einem Taubenschlag. Anstelle des Federviehs sind es allerdings Motorradfahrer, welche mit der Rasthütte ein für sie ideales Ausflugsziel gefunden haben. Ein Geheimtipp sieht anders aus. Besser also, wir steuern sogleich den Weg direkt oberhalb der Hütte an. Nach wenigen Metern auf dem Westweg treffen wir beim **Ecklesbrunnen** auf den Mummelsee-Hornisgrindepfad. Auf ihm erfolgt der steile Aufstieg über den **Schwabenwegbrunnen** hoch zum Dreifürstenstein. Wer einen etwas leich-

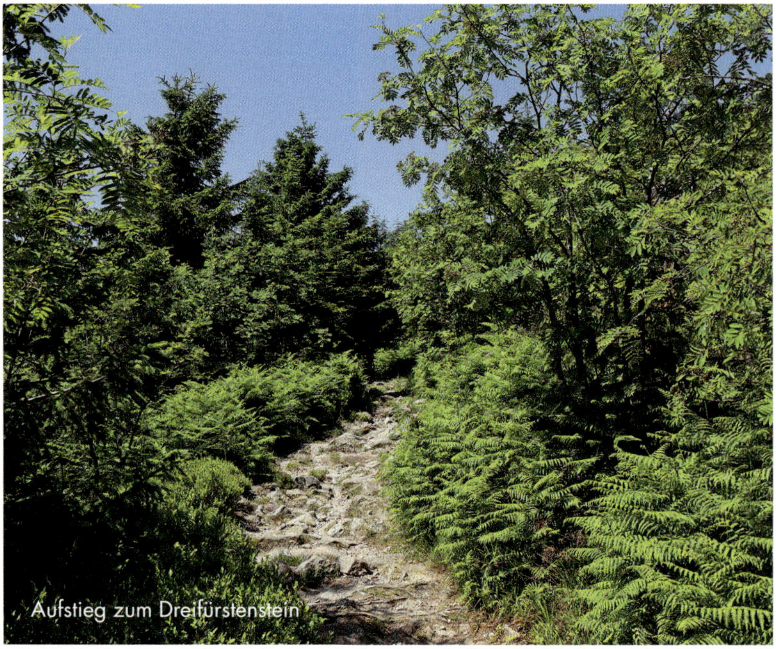
Aufstieg zum Dreifürstenstein

teren Aufstieg bevorzugt, kann alternativ den längeren Weg über das Kieneck (dort dann links) nehmen. Beim Wegweiser Dreifürstensteinwegle treffen beide Varianten wieder zusammen und ist der **Dreifürstenstein** bald erreicht. Dahinter verbirgt sich eine markante Buntsandsteinplatte, die ab 1722 als Grenzstein zwischen Baden, Württemberg und Straßburg diente. Mit 1151 Metern über Normalnull befindet sich hier zudem der höchste Punkt Württembergs.

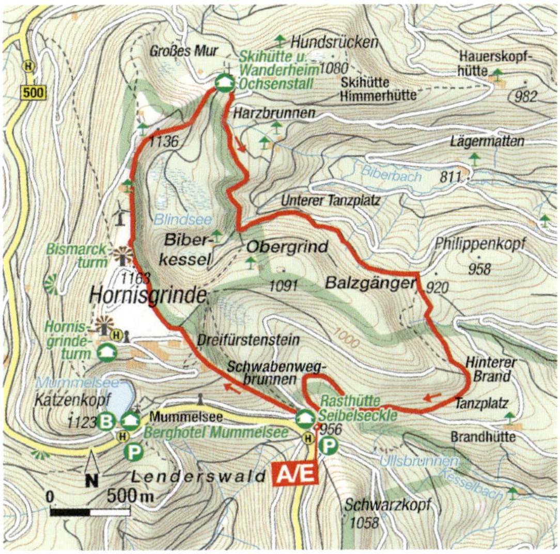

Varianten zum Bismarckturm Am Dreifürstenstein vorbei besteht die Option zu einer Runde über die Hornisgrinde. Wer diese wählt, gelangt an der alten Segelflughalle vorbei zum Hornisgrindeturm. Südlich des Aussichtsturms lädt seit Ende 2018 die Grinde-Hütte zum Verweilen ein. Sie ist über den hier barrierefreien Westweg mit dem Bismarckturm verbunden. Für die ruhigere Variante laufen wir von der Buntsandsteinplatte ein paar Schritte zurück zum letzten Wegweiser. Damit geht es auf dem Mummelsee-Hornisgrindepfad über den

Weitreichende Sicht über den Nordschwarzwald zur Schwäbischen Alb

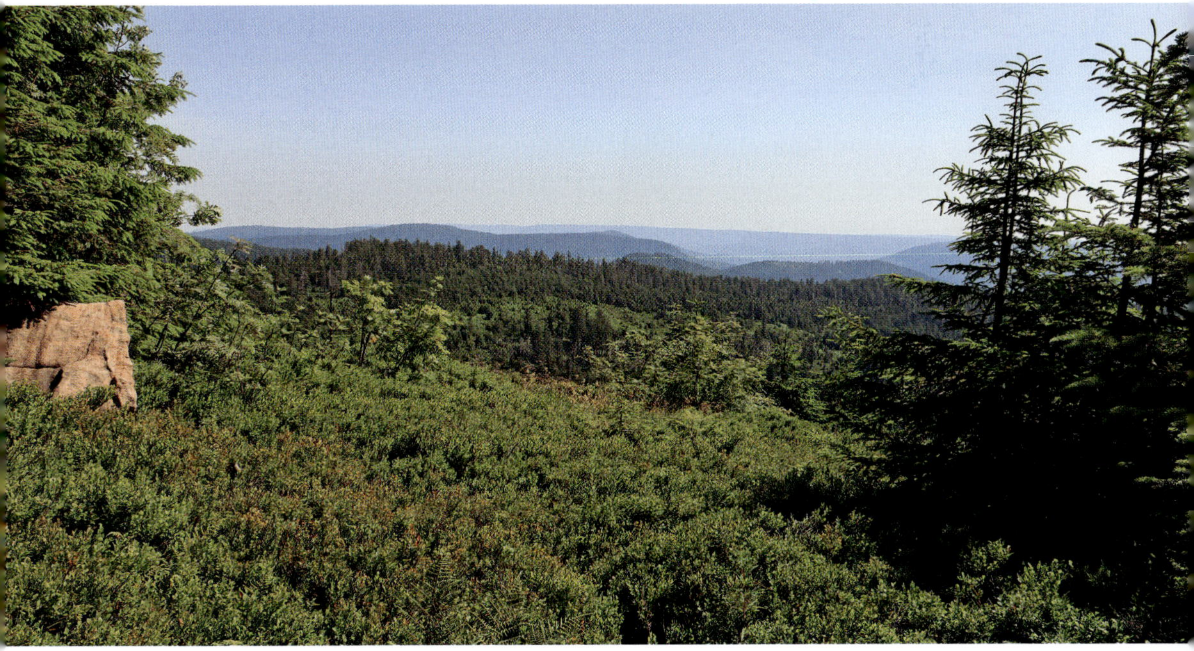

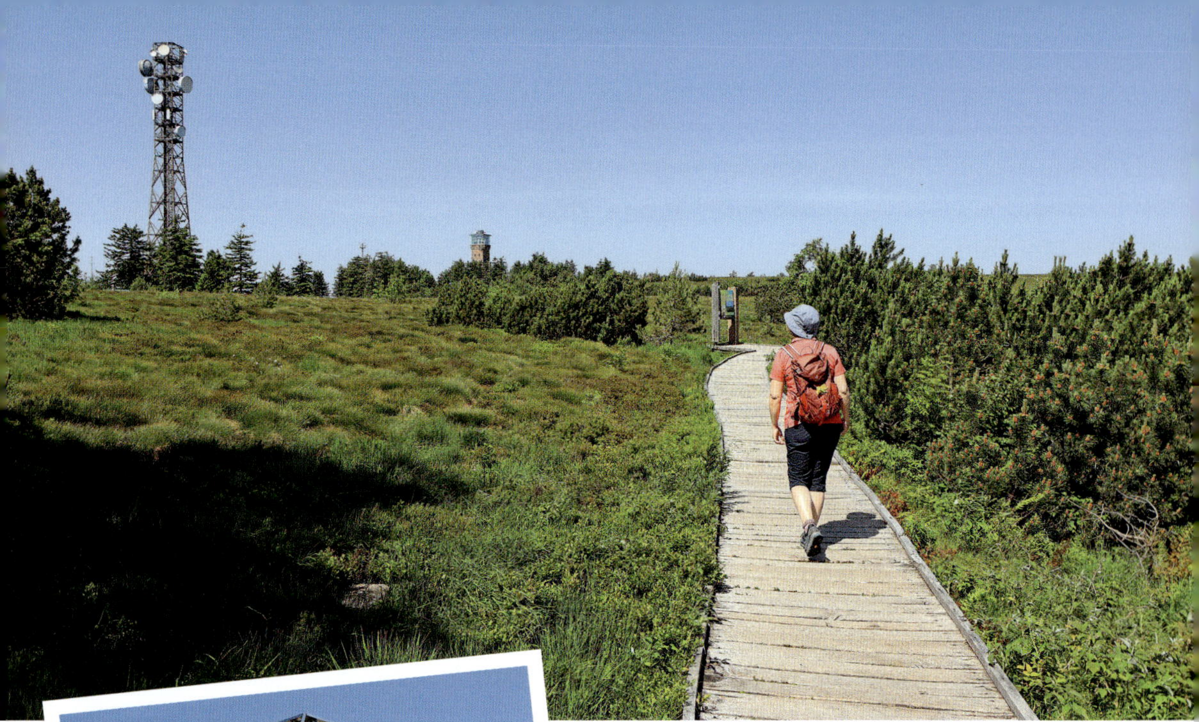

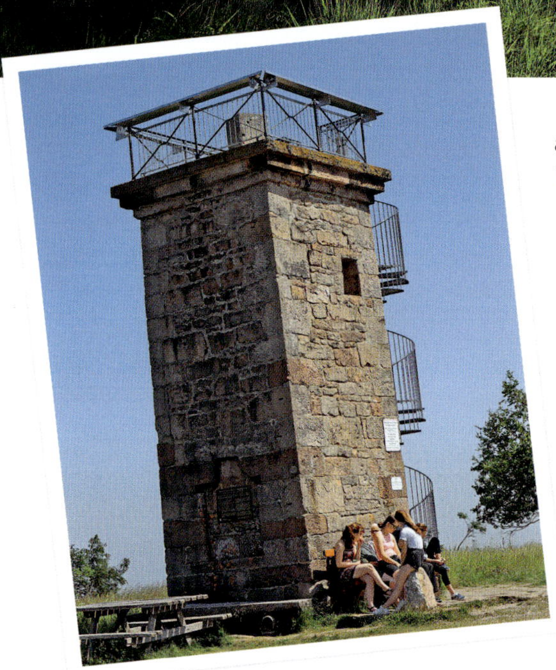

als Bohlenweg angelegten Ruthard-Hambrecht-Weg zum **Bismarckturm**. Er steht auf dem höchsten Punkt der Hornisgrinde, weshalb er uns trotz seiner geringen Höhe einen schönen Blick über das Hochmoor bietet. Beschriftete Metallplatten helfen, die umliegenden Berge in der Umgebung zu bestimmen.

Auf dem Westweg Bei dem Turm wechseln wir vom Mummelsee-Hornisgrindepfad zurück auf den Westweg und passieren als Nächstes den Windpark. Die Bezeichnung stammt aus der Zeit, als noch drei Windkraftanlagen auf der Hornisgrinde standen. Diese wurden im Jahr 2015 durch eine einzelne Windenergieanlage ersetzt, die rund zehnmal so viel elektrischen Strom produziert wie ihre drei Vorgänger zusammen. Weiter nördlich führt uns der Westweg am SWR-Sender vorbei. Wir folgen der roten Raute über einen von Blaubeeren, Heide und Farnen gesäumten Pfad nahe der Geländekante zum Biberkessel. Nach Norden nimmt das Gefälle zu, bis wir schließlich steil bergab durch den Wald hinunter zum **Wanderheim Ochsenstall** wandern.

Der Bismarckturm ist aus einer Vermessungspyramide hervorgegangen.

Ganz oben: Auf dem Ruthard-Hambrecht-Weg durchs Hochmoor

Vom Ochsenstall zum Wanderheim

Bis zum Bau der Grinde-Hütte war das Ski- und Wanderheim die höchstgelegene bewirtschaftete Hütte im Nordschwarzwald. Wann sie errichtet wurde, ist nicht überliefert. Wohl aber erinnert ihr Name an die Zeit, als sich hier ein Unterstand für Holzrückerochsen befand. In der Forstwirtschaft wurden die kräftigen Tiere eingesetzt, um schwere Lasten über unebenes Gelände zu ziehen. Der Abtransport der gefällten Baumstämme erfolgte dabei vorzugsweise während der Wintermonate, wenn der Boden tief gefroren war oder eine dicke Schneedecke den Tieren die Arbeit erleichterte. 1956 erfolgte der Umbau des Stalls zum Gasthof mit mehreren Übernachtungsmöglichkeiten. Die Küche bietet heute durchweg einfache Speisen in Selbstbedienung. An kühlen Tagen finden wir in der geräumigen Gaststube einen warmen Platz.

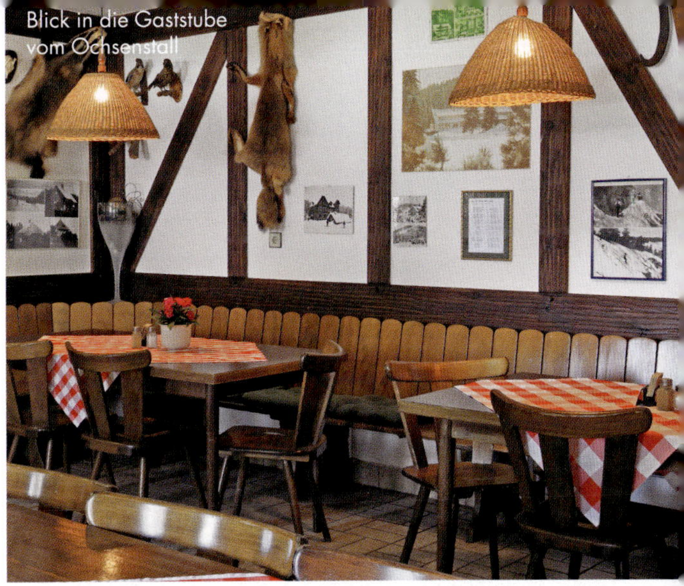

Blick in die Gaststube vom Ochsenstall

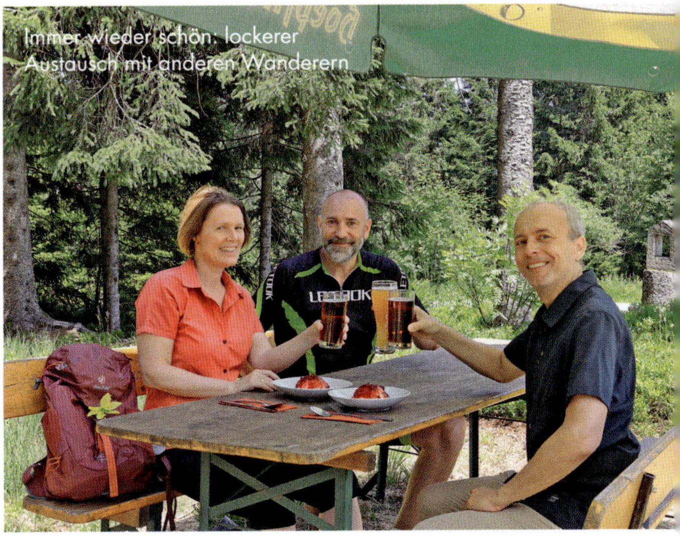

Immer wieder schön: lockerer Austausch mit anderen Wanderern

Harzbrunnen und Balzgänger Der spätere Rückweg erfolgt zunächst mit der blauen Raute bis zum Wegweiser am Abzweig Ochsenstall, dann mit der gelben Raute in Richtung Balzgänger. Im Anschluss an die reich sprudelnde **Harzbrunnenquelle** führt der Wanderweg östlich um den Biberkessel herum bis über den Biberbach. Dort schwenkt der Weg nach Osten. Wir folgen der gelben Raute noch bis zum Wegweiser **Balzgänger**, dann der Beschilderung des Seensteigs über Hinterer Brand und Untergrinden zurück zu unserem Ausgangspunkt am Seibelseckle.

Ruthard-Hambrecht-Weg

Den Bohlenweg über das Hochmoor auf der Hornisgrinde verdanken wir Ruthard Hambrecht. Sein Engagement für die landschaftsbezogene Erholung führte 1972 dazu, dass ein Militärzaun der ab 1945 hier stationierten französischen Luftstreitkräfte versetzt wurde. Westlich des Wegs sind vereinzelt noch die Fundamente der Zaunpfosten zu erkennen.

6 Im Land der Sterneköche

Über den Rußenkopf zur Schankhütte

Mittel | 8,2 km | 330 Hm | 2.30 Std.

Tourencharakter
Kurzweilige und waldreiche Runde, die außerhalb von Baiersbronn alle Arten an Waldwegen nutzt. Wem es nur um die Schankhütte geht, kann diese auch bequem über die Wege entlang der Murgtalbahn erreichen.

Ausgangs-/Endpunkt
Bahnhof Baiersbronn
GPS 48.5042, 8.3722

Anfahrt
Bus & Bahn: Mit der Murgtalbahn bis zum Bahnhof Baiersbronn
Auto: Über die B462 Rastatt–Freudenstadt nach Baiersbronn bis zum Bahnübergang fahren. Parkmöglichkeiten gibt es beiderseits der Gleise sowie alternativ bei der Dorfsägmühle (GPS 48.5101, 8.3728).

Einkehr
Schankhütte, Mi, Sa, So und Feiertage ab 11 Uhr, Tel. 07442/3587, www.cafe-rundblick.de/schank-huette

Karte
Karte des Schwarzwaldvereins 1:25000, W235 Freudenstadt

Informationen
Baiersbronn Touristik, Tel. 07442/84140, www.baiersbronn.de

Baiersbronn ist für seine Küche bekannt. Mit dem Hotel Bareiss, dem Gourmetrestaurant Schlossberg und der Schwarzwaldstube in Tonbach genießt die Gemeinde kulinarischen Weltruhm. Sie alle sind Kunden der Bäckerei Rundblick, welche die Schankhütte betreibt.

Hauffs Märchenmuseum und Brunnenteich Ab dem **Bahnhof Baiersbronn** mit dem Wander-Informationszentrum erfolgt der erste Abschnitt mit der gelben Raute zur evangelischen Marienkirche. Wir nutzen also den Zebrastreifen zum Park und halten uns am Fuß der Treppe links. Oberhalb des Parks kreuzen wir die Straße Im Lehen und passieren das Rathaus zur Kirche und zum **Hauffs Märchenmuseum**. Rechts am Museum vorbei haben wir die Wahl. Für eine kurze Runde ginge es geradeaus durch die Alte Reichenbacher Straße direkt zur Masthütte. Deutlich mehr vom Tag haben wir, wenn wir rechts abbiegen und der gelben Raute durch die Straße Am Steinberg und den Panoramaweg an den oberen Ortsrand zum **Brunnenteich** folgen.

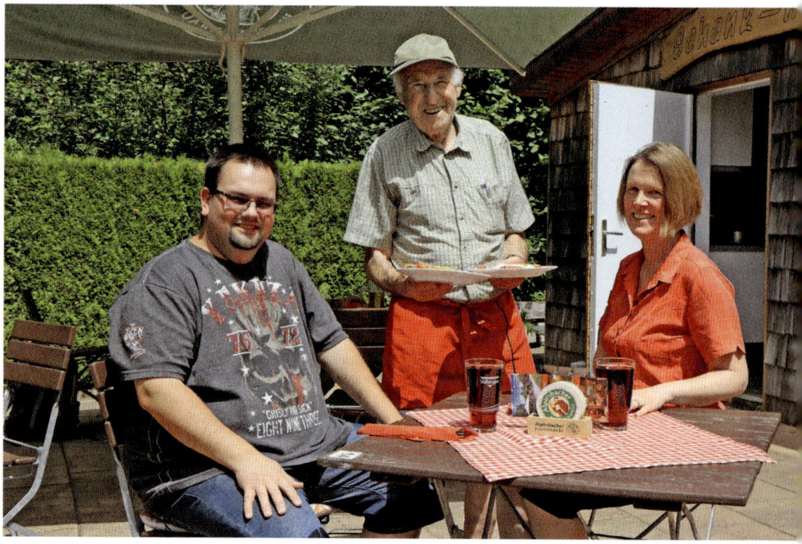

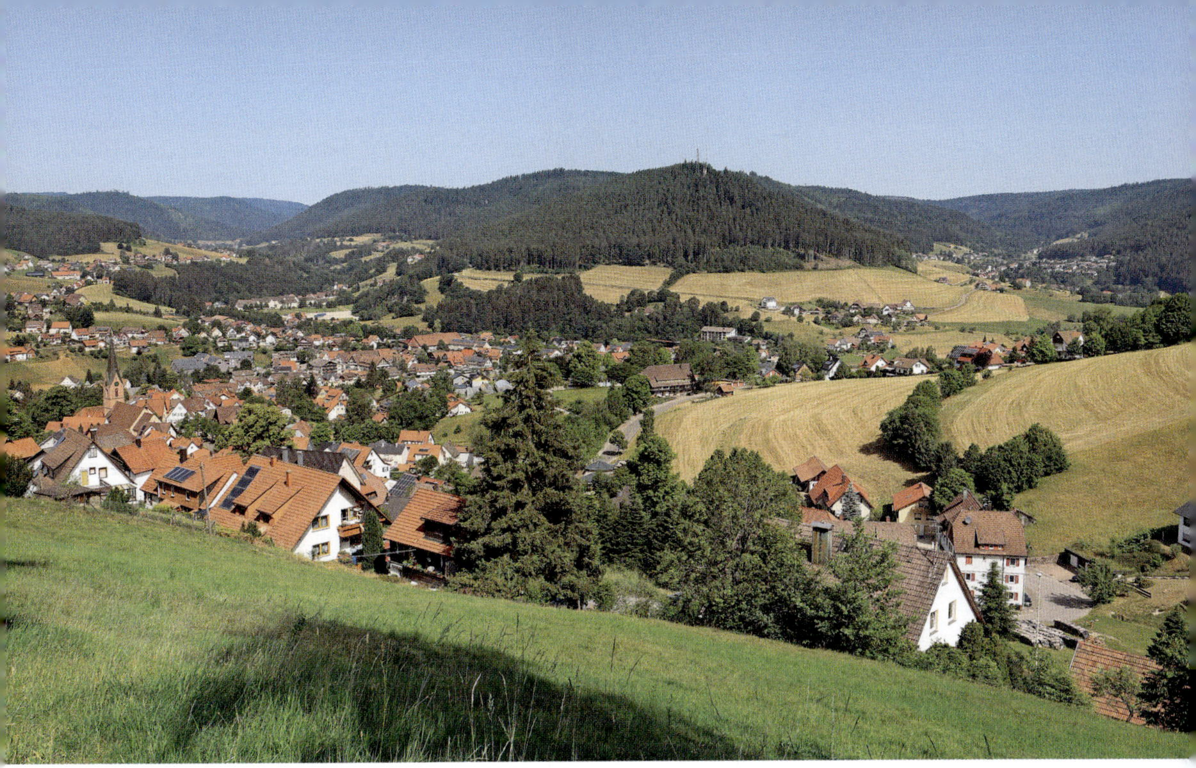

Aussicht über Baiersbronn und das Murgtal zum Rinkenkopf

Linke Seite: Otto Klumpp (Bildmitte) hat die Schankhütte eigenhändig aufgebaut.

Rinken- und Stöckerkopf im Blick Vorbei am Parkplatz am Hirschkopfweg gelangen wir durch die Rechtskurve zu einem Brunnen mit natürlichem Trinkwasser. Er wird durch die Brunnenteichquelle gespeist, die etwas oberhalb im Wald entspringt. In früheren Jahrhunderten wurde das Quellwasser durch Teuchel, also hölzerne Leitungen, zu den Höfen am Steinberg und zum Rathaus geführt. Heute füllen die Anwohner hier Kanister für ihre Gärten. Mit schöner Sicht über den Ortskern zum Rinkenturm sowie in die Täler der Murg und des Tonbachs folgen wir dem Hirschkopfweg über die nächste Kreuzung, wo wir im Wald rechts auf den Pfad wechseln. Der Wanderweg beschreibt einen Abstecher zum **Schönblick** mit Sicht über das Forbachtal zum Stöckerkopf mit der Glasmännlehütte.

Schönblickwegle und Misselewegle Ab dem Schönblick kehren wir links zurück auf den Hirschkopfweg zur Steinbruchhütte. Kurz nach dem

Hauffs Märchenmuseum

Im Mittelpunkt des Museums steht Wilhelm Hauffs Märchen »Das kalte Herz«. Dazu erhalten die Besucher Einblicke in das raue Leben und Wirtschaften im Schwarzwald, die Arbeit der Köhler, Flößer, Holzhändler und Glasmacher. Für Kinder ist eine Märchenecke mit den Figuren des Schriftstellers eingerichtet. Informationen zu Öffnungszeiten gibt die Baiersbronn Touristik.

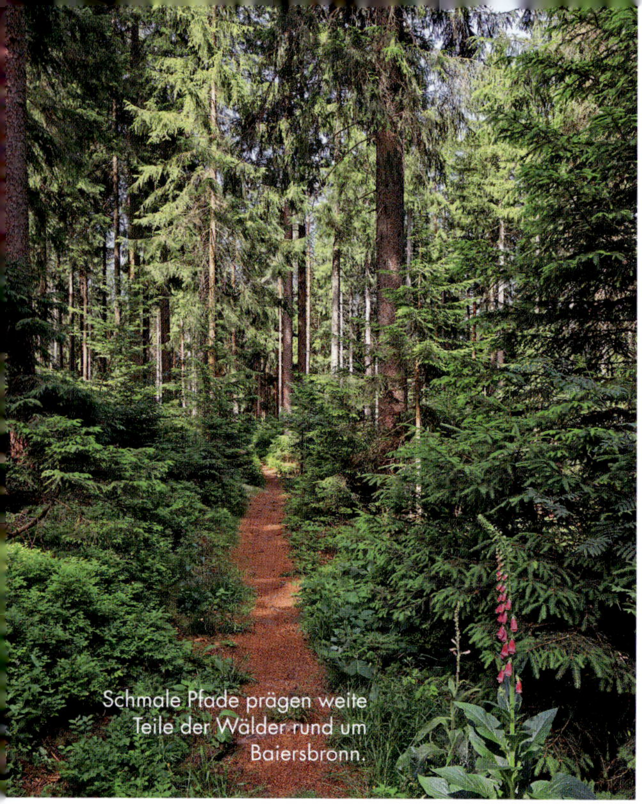
Schmale Pfade prägen weite Teile der Wälder rund um Baiersbronn.

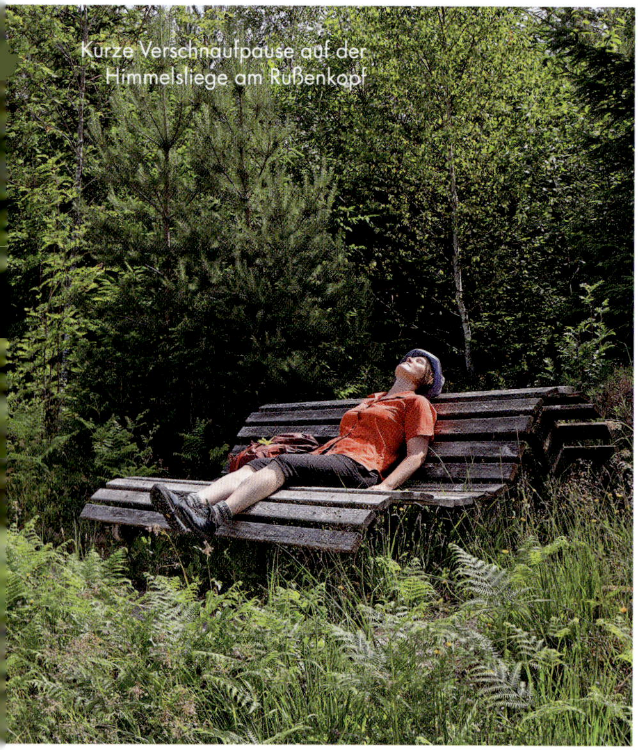
Kurze Verschnaufpause auf der Himmelsliege am Rußenkopf

Wegweiser biegen wir erst links, einen Steinwurf weiter rechts auf den von Wurzeln überzogenen Pfad ab. Wo wir auf einen breiteren Weg treffen, setzt sich der Pfad etwas nach links versetzt fort. Nach einer flacheren Passage zieht die Steigung nochmals deutlich an, bevor wir links in das **Schönblickwegle** einbiegen. Der nächste Abschnitt entspricht der Mönchs-Tour, einem der Themenwege von Baiersbronn. Wir können uns außerdem an der blauen Raute orientieren, mit der wir 150 Meter weiter am höchsten Punkt dieser Runde links abbiegen. Über den Wegweiser **Misselewegle** kehren wir auch hier auf den breiteren Forstweg zurück.

Abstieg über Rußenkopf und Zimmerplatz ... Nachdem wir eine **Himmelsliege** passiert haben, kreuzen wir einen anderen Forstweg und nehmen die folgende Linkskurve. Wer sich an der blauen Raute orientiert, biegt anschließend beim Wegweiser **Rußenkopf** rechts ab. Wir können aber auch schon vorher mit der Mönchs-Tour über einen Pfad rechts abkürzen. In beiden Fällen trennen sich beim **Zimmerplatz** die Wege. Während die Mönchs-Tour und die blaue Raute über den Rosenberg nach Klosterreichenbach führen, biegen wir links ab und folgen der gelben Raute auf wechselnden Wegen hinunter zur **Masthütte**. Bei der einfachen Hütte öffnet sich wieder die Sicht über die Murg und ihre malerischen Seitentäler.

... zur ersten Adresse im Ort Lassen wir den Blick über die Wiese zum Talboden schweifen, sehen wir dort außerdem die **Schankhütte**. Der Zugang erfolgt über einen 120 Meter langen und steil abfallenden Wiesenpfad. Insbesondere wenn dieser frisch gemäht ist, gerät man leicht ins Rutschen. Die Schankhütte ist aus einer Heuhütte hervorgegangen. Der Umbau zum Ausflugslokal erfolgte 1977 unter Otto Klumpp, womit sie die älteste bewirtete Hütte bei Baiersbronn ist. In den Anfangsjahren fanden hier wöchentlich Hüttenabende statt. Später war die Schankhütte das Ziel von Oldtimer-Treffen. Nach zwischenzeitlicher Verpachtung wird die Hütte heute wieder durch die Familie Klumpp als Treff der Dorfbevölkerung und Wanderer bewirtet. Für den späteren Rückweg geht es auf dem Wiesenpfad zurück zum Wegweiser oberhalb der Schankütte sowie ab dort über die Wegweiser **Kohbach** und **Loch** zurück zum Bahnhof. Oder wir bleiben auf dem Talboden und nutzen die Verbindungen entlang der Murgtalbahn und durch die **Schelklewiesen**.

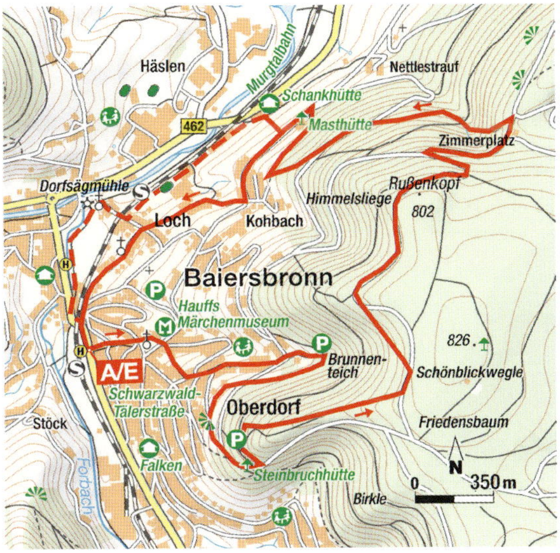

Die Schankhütte ist die älteste bewirtete Hütte bei Baiersbronn.

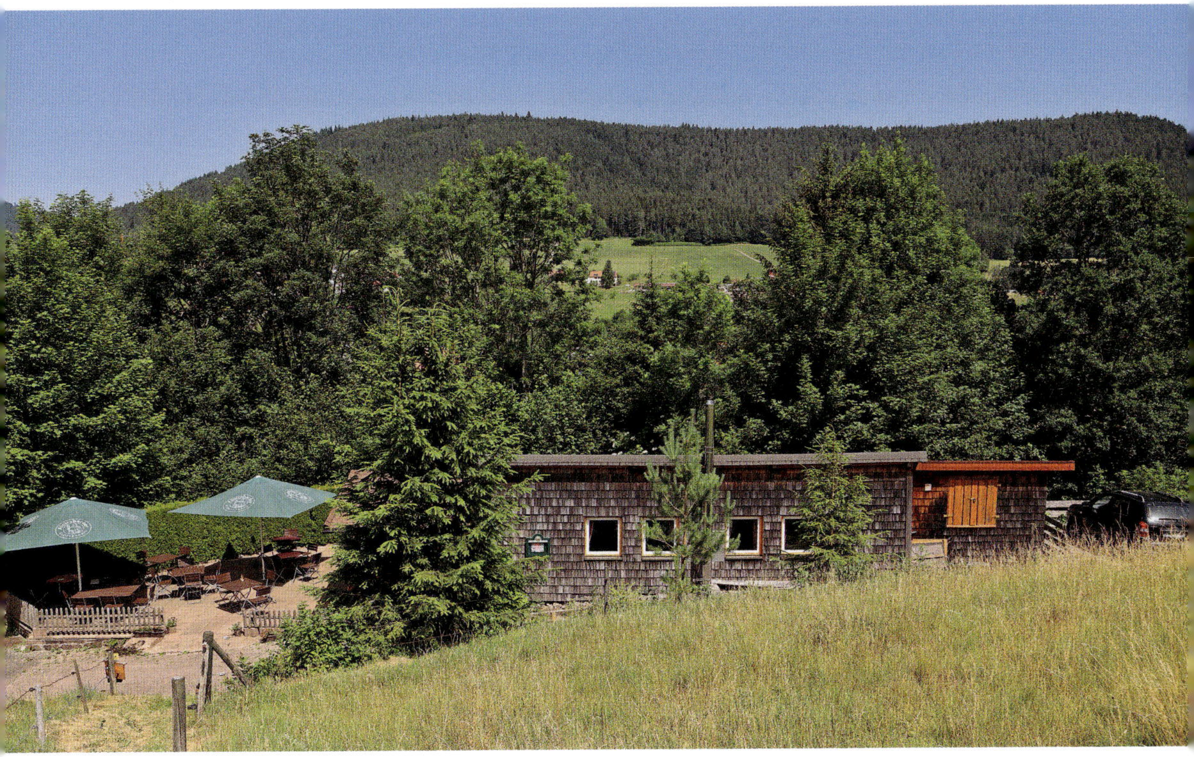

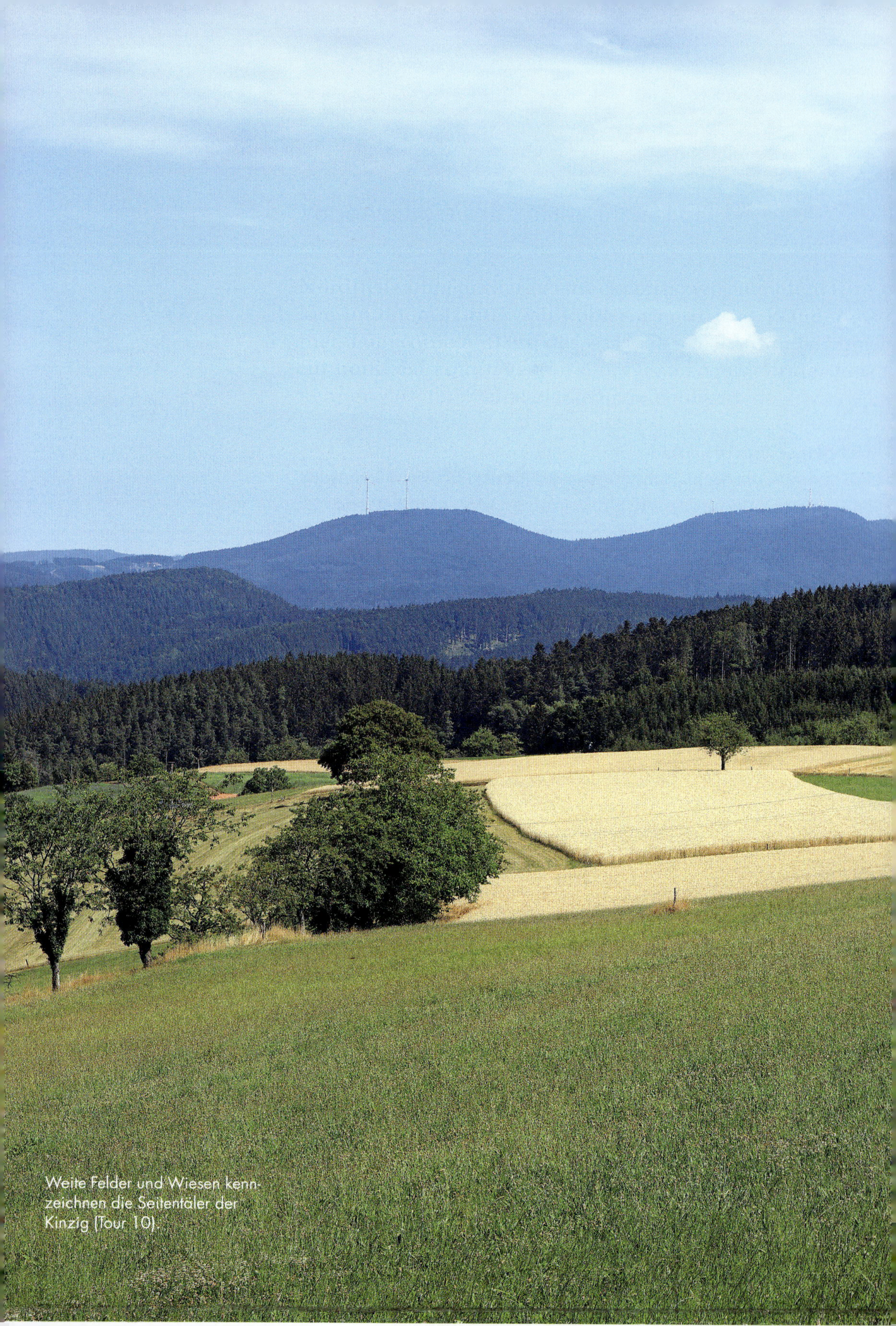

Weite Felder und Wiesen kennzeichnen die Seitentäler der Kinzig (Tour 10).

Rund ums Kinzigtal

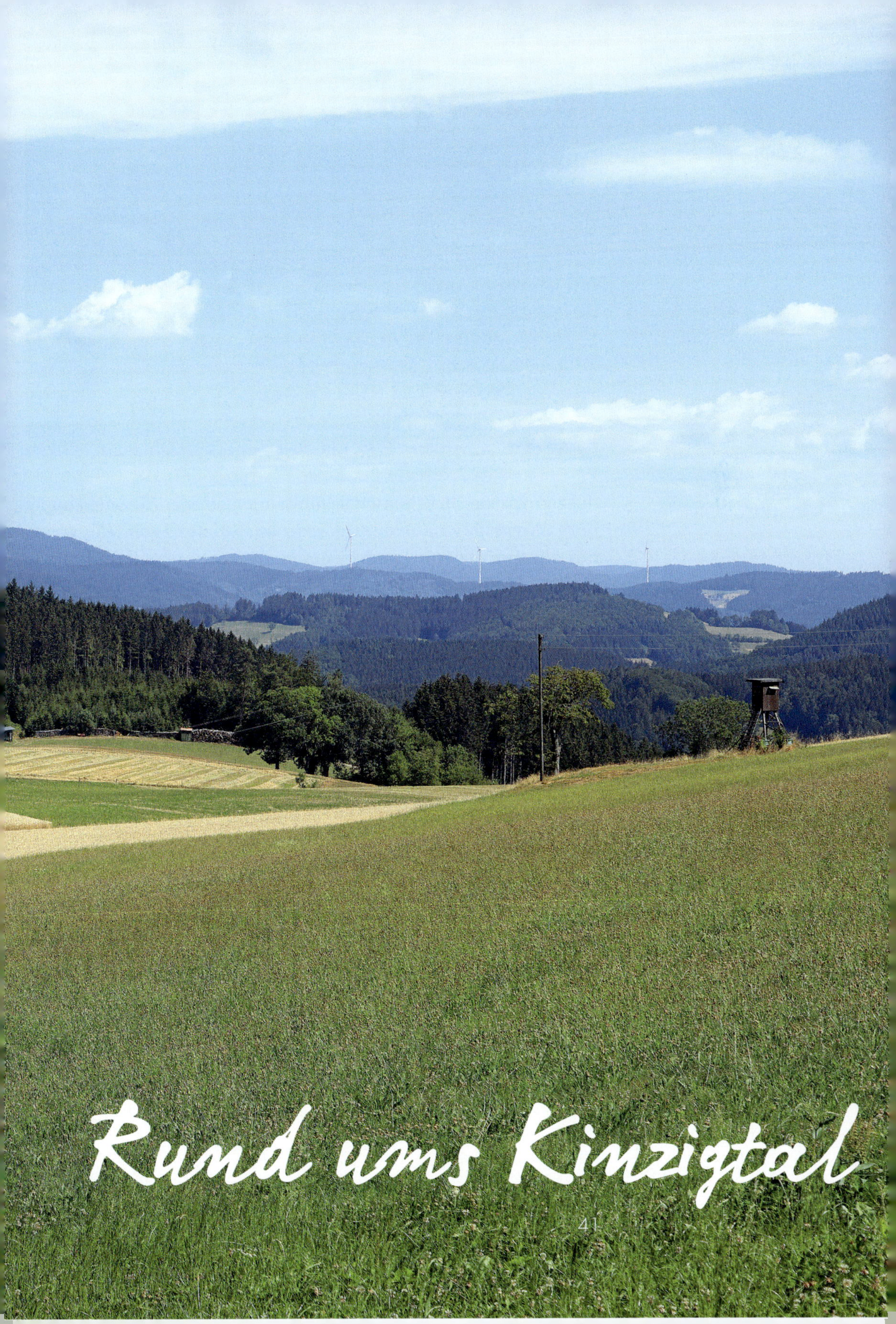

7 Im Quellgebiet der Kinzig

Loßburg, Tannen-Stub und Vogteiturm

Mittel | 11,5 km | 330 Hm | 3.30–4 Std.

Tourencharakter
Nach dem lockeren Auftakt auf dem Flößerpfad erfolgt eine längere, aber gemächliche Steigung durch das Tal des Lohmühlebachs hoch zur Tannen-Stub. Gemütlicher Rückweg durch den Forst und entlang der Kinzig

Ausgangs-/Endpunkt
Parkplatz Freibad Loßburg
GPS 48.4109, 8.4458

Anfahrt
Bus & Bahn: Ab Offenburg und Freudenstadt bestehen Zugverbindungen bis Loßburg-Rodt. Der Zugang erfolgt über die Bahnhofsstraße und den Buchenweg.
Auto: Auf der B 294 Freudenstadt–Haslach i. K. bis Loßburg, im Ort in die Schömberger Straße abbiegen und dieser bis zum Freibad folgen

Einkehr
Tannen-Stub, Di–So ab 11 Uhr, Tel. 07443/170070, www.tannen-stub.de

Karte
Karte des Schwarzwaldvereins 1:25 000, W235 Freudenstadt

Informationen
Loßburg Information, Tel. 07446/950460, www.lossburg.de/de/ferienland

Bei dieser Runde kombinieren wir den oberen Abschnitt des Flößerpfads im Kinzigtal mit ruhigen Wegen am Lohmühlebach. Danach erwarten uns weitreichende Aussichten von der Sonnenterrasse der Tannen-Stub sowie vom Vogteiturm nahe Loßburg.

Flößerpfad Kinzigtal Der Einstieg befindet sich beim oberen Parkplatz des **Freibads Loßburg**. Nach der ersten Orientierung nutzen wir die Brücke der Schömberger Straße über die Kinzig und biegen links auf den Flößerpfad Kinzigtal ein. Eigentlich müsste hier deutlich mehr Wasser fließen. Nahe dem Kinzig-Ursprung wird ein Teil des Wassers abgezwackt, durch Loßburg und weiter zum Neckar geleitet. Der oberste Abschnitt des Themenwegs gilt als der landschaftlich schönste. Es lohnt sich also, ab und an den Blick über das Bachbett schweifen zu lassen. Der

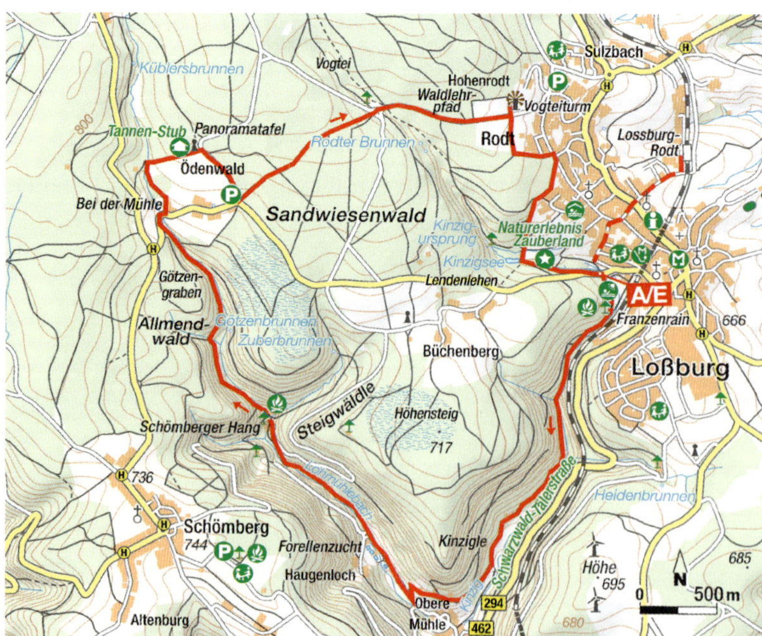

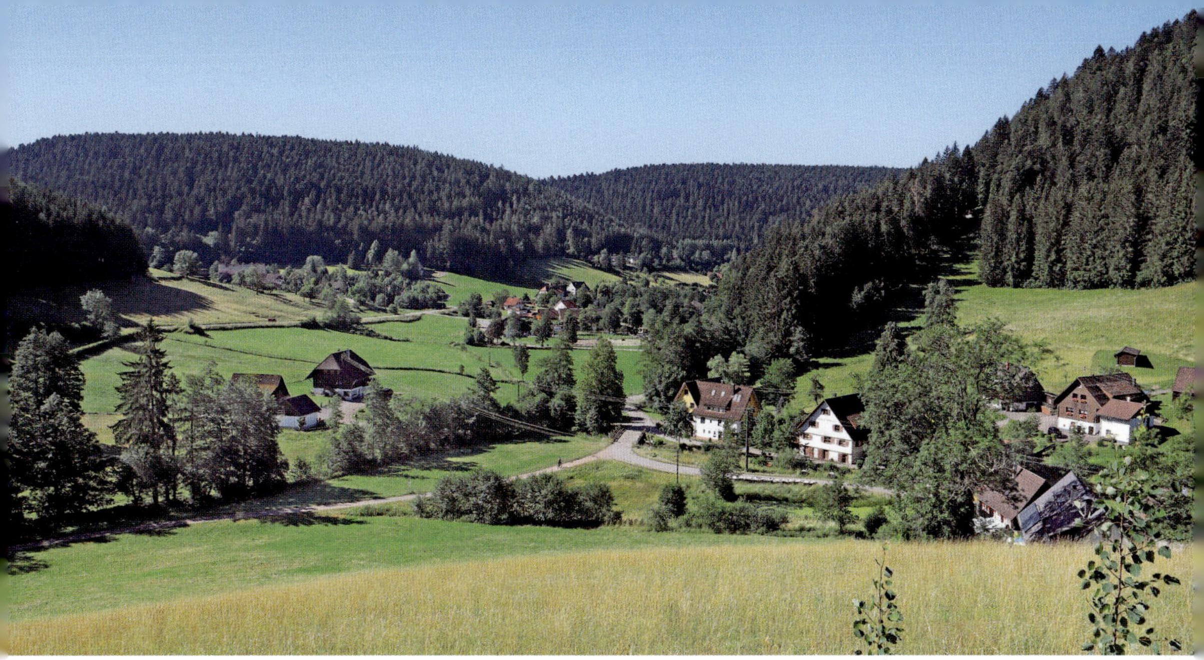

Oberhalb vom Kinzigle öffnet sich die Sicht über das obere Kinzigtal.

angenehm zu laufende Weg führt über den **Franzenrain** sachte bergab, erst durch den Wald, dann entlang einer Lichtung mit Schutzhütte bis **Kinzigle**. Unweit des Wegweisers veranschaulicht ein Schaumodell den Aufbau eines Floßes.

Aufstieg durch das Lohmühletal … Zurück beim Wegweiser biegen wir rechts auf die Verbindung ins Lohmühletal ab. Nachdem diese zunächst durch den Wald ansteigt, laufen wir in der Rechtskurve geradeaus weiter, sodass sich einen Steinwurf weiter die Sicht über das Kinzigtal und ihr Seitental öffnet. Passend dazu laden zwei Rastbänke zum Landschaftgenießen ein. Über unebenes Terrain geht es hinunter auf den Talgrund. Dort biegen wir rechts auf die Zufahrtsstraße ab, sodass wir bald zu einer **Forellenzucht** kommen. Oberhalb der Becken passieren wir den Parkplatz und tauchen erneut in den Wald ein. Hier macht ein Schild auf einen Steinriesen aufmerksam. Über solche Rinnen wurden früher Baumstämme bis zu der Stelle transportiert, ab der ein Bach genug Wasser zum Flößen führte.

… und über den Schömberger Hang … Auf dem nächsten Kilometer laufen wir dem Bach entgegen, bis wir den

Flößerpfad Kinzigtal

Der Flößerpfad verbindet auf einer Strecke von 33 km Loßburg, Alpirsbach, Schenkenzell, Schiltach und Wolfach miteinander. Am Wegrand informieren 34 Tafeln über die Flößerei und Geschichte der einzelnen Orte entlang der Kinzig (www.floesserpfad.de).

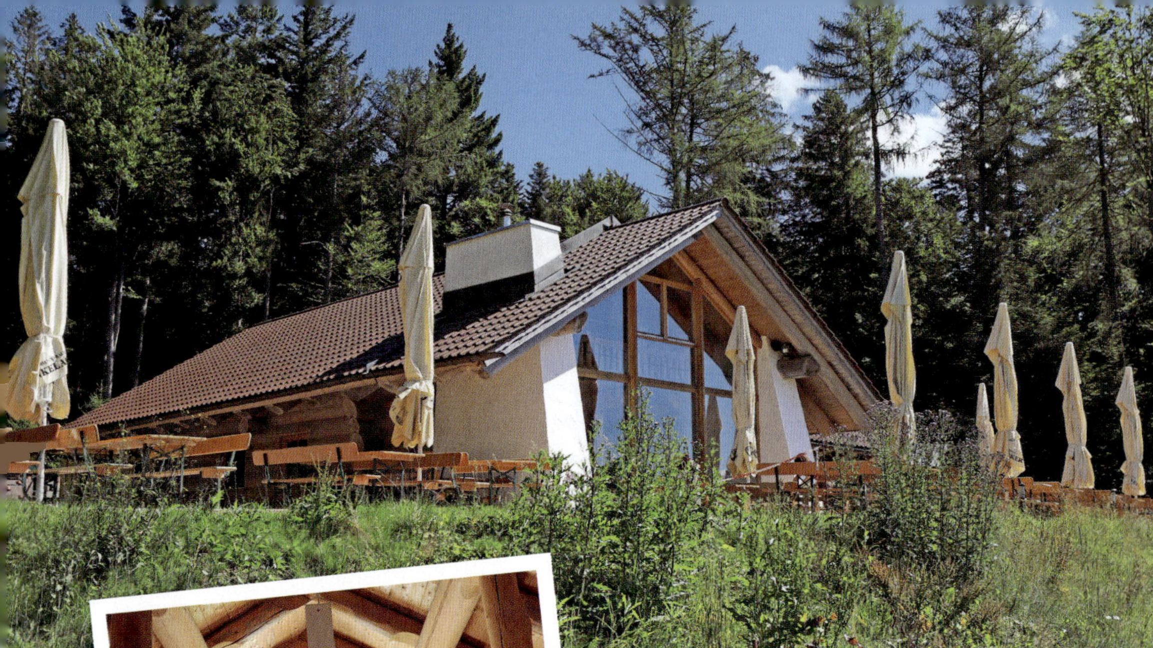

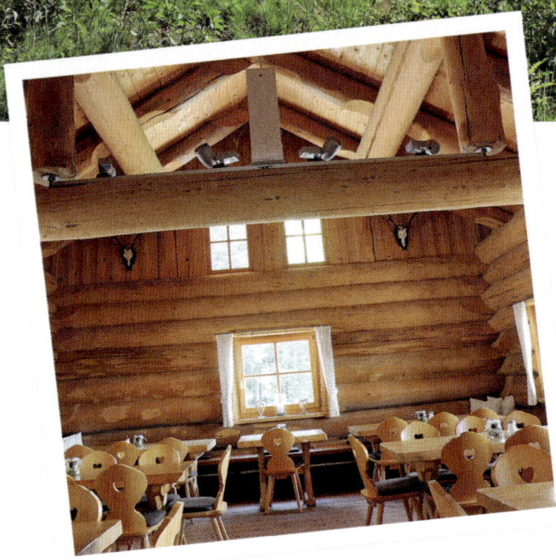

Standort der **Lohmühle** erreichen. Der Grundriss der ehemaligen Sägemühle lässt sich im Gelände noch erkennen. Ansonsten aber ist die Mühle längst abgegangen. Heute führt der Weg an einer gemauerten Grillhütte vorbei, oberhalb derer wir erst links die Bachseite wechseln, um anschließend am **Schömberger Hang** rechts in Richtung Ödenwald abzubiegen. Immer noch nahe dem Lohmühlebach gewinnen wir auf steilem, aber attraktivem Pfad rasch einige Höhenmeter. Am oberen Ende überqueren wir die Kreisstraße, kreuzen **Bei der Mühle** den Ostweg und nehmen den Weg am Stauwehr vorbei.

Bei kühler Witterung bietet der Festraum der Tannen-Stub reichlich Platz.

Ganz oben: Die Tannen-Stub besticht mit ihrer großzügigen Sonnenterrasse.

... zur Tannen-Stub Sowie wir außerdem ein Wassertretbecken passiert haben, können wir der Beschilderung der **Tannen-Stub** dreimal über den Bach hinweg folgen. Schließlich verlassen wir den Wald und sehen vor uns das beliebte Ausflugslokal. Nach dem langen Aufstieg kommt die Sonnenterrasse wie gerufen. Bei Flammkuchen, Speck- und Käseknödeln, aber auch Eintöpfen, Kuchen und Eis lässt es sich wunderbar schlemmen. Überrascht waren wir schließlich selbst, dass von hier aus die Schweizer Alpen zu sehen sind. Mit etwas Glück reicht die Fernsicht von den Glarner Alpen im Osten über die Gipfel am Vierwaldstättersee und die Urner Alpen bis zum Berner Oberland. Bei eher feuchter

Witterung finden wir in dem mit viel Holz gebauten Hütteninneren ein gemütliches Plätzchen.

Vogteiturm und Zauberland Wenige Meter von der Tannen-Stub entfernt biegen wir bei der Alpen-Panoramatafel rechts auf den Ostweg ein. Diesem folgen wir zurück an die Kreisstraße, wo wir beim Wegweiser **Ödenwald** links auf die Ostweg-Variante zum Vogteiturm wechseln. Wer etwas abkürzen möchte, kann beim **Waldlehrpfad** rechts abbiegen und am Kinzigsee vorbei zum Zauberland laufen. Alle anderen dürfen sich auf der Rodter Höhe beim **Vogteiturm** über einen tollen Ausblick über das Ferienland Loßburg freuen. Der weitere Rückweg erfolgt über das Schlössleeck und den Farngartenweg ebenfalls zum **Kinzigsee**, und ab dort wahlweise mit der gelben Raute oder über die Wege im Zauberland zurück zum Freibad von Loßburg.

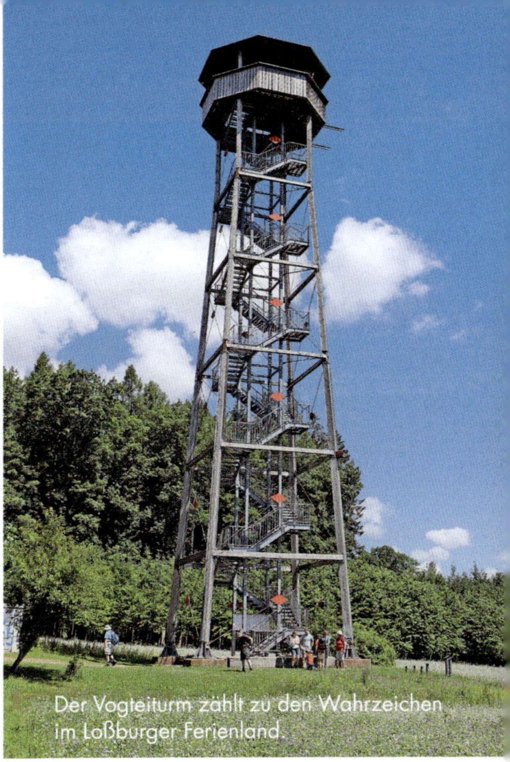

Der Vogteiturm zählt zu den Wahrzeichen im Loßburger Ferienland

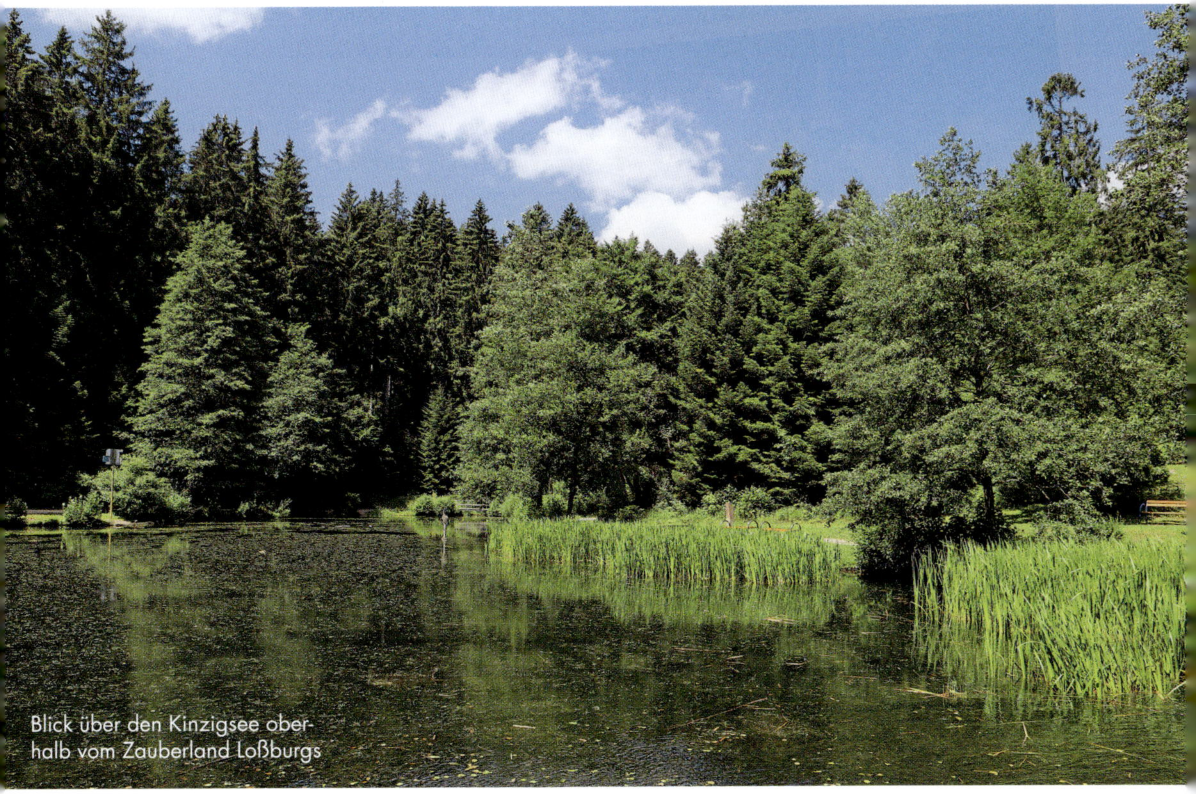

Blick über den Kinzigsee oberhalb vom Zauberland Loßburgs

8 Auf dem Benau-Rundweg

Von Walke zum Schmalzerhisli

Mittel | 14,5 km | 510 Hm | 4.30 Std.

Tourencharakter
Auf den ersten knapp 4 km ist ein Großteil der Höhenmeter auf Waldwegen und -pfaden zu leisten. Danach belohnen uns schöne Ausblicke am Gütschkopf und ein nicht zu steiler Abstieg zurück ins Wolftal.

Ausgangs-/Endpunkt
Gemeindehaus Oberwolfach-Walke
GPS 48.3447, 8.2254

Anfahrt
Bus & Bahn: Es bestehen wenige Busverbindungen von Wolfach und Freudenstadt zur Haltestelle Oberwolfach Walke.
Auto: Von der B 294 Hausach–Schiltach bei Wolfach auf die L96 abfahren, der Straße weiter durch Oberwolfach bis zum Ortsteil Walke folgen

Einkehr
Vesperstube Schmalzerhisli, So und feiertags sowie vom 1. Juni bis 30. September Sa 11–18.30 Uhr, Tel. 07834/1675 und 07834/8370 (Hotel Hirschen), www.schmalzerhisli.de

Karte
Karte des Schwarzwaldvereins 1:25 000, W240 Oberndorf

Informationen
Tourist-Information Wolfach, Tel. 07834/83 53 53, www.wolfach.de

Der Benau-Rundweg ist einer der 32 Sagenrundwege in der Ortenau. Es wird empfohlen, ihn entgegen dem Uhrzeigersinn zu wandern. Damit ginge es auf den letzten Kilometern steil und aussichtslos bergab. Angenehmer ist es, auf dem Wolftalweg locker auslaufen zu können.

Erst die Arbeit … Der Einstieg befindet sich beim Gemeindehaus und der St.-Marien-Kirche in **Oberwolfach-Walke**. Außerdem wandern wir den Benau-Rundweg im Uhrzeigersinn. Damit laufen wir zwischen den beiden Gebäuden hindurch und verlassen den Ort auf der Straße Am Spinnerberg (Richtung Talblick). Durch die deutliche Steigung öffnet sich bereits in der Linkskurve die Sicht über die Dächer von Walke. Wer genau hinsieht, erkennt jenseits der Wolf die kläglichen Reste der Ruine Walkenstein. Nach diesem schönen Eindruck biegen wir

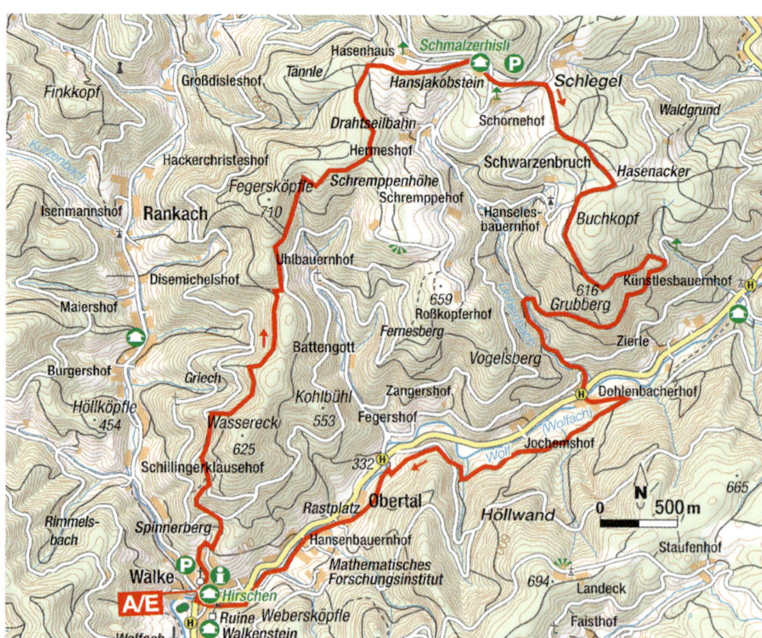

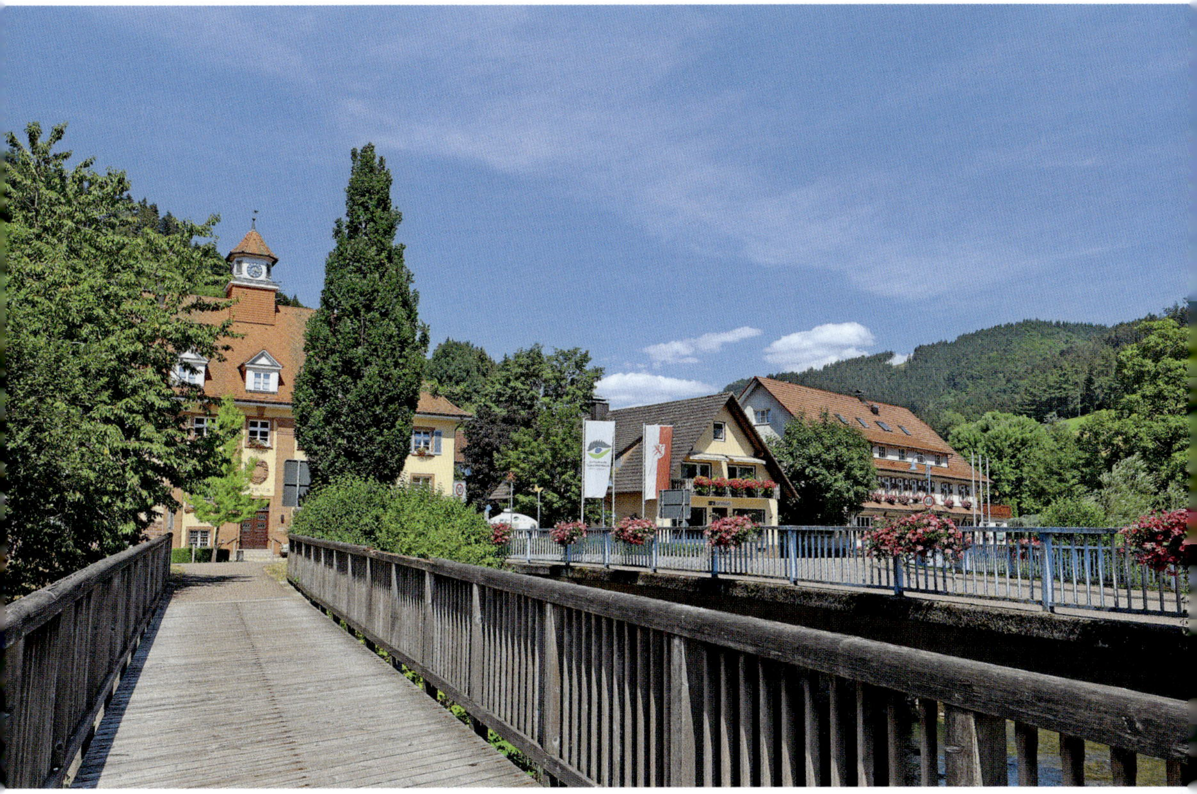

Über diese Holzbrücke kehren wir später zurück nach Walke.

beim Wegweiser **Spinnerberg** rechts zur Schremppenhöhe ab. Einen Katzensprung weiter wechseln wir links auf den Pfad. Wir befinden uns damit auf dem mit gelber Raute markierten Herrenwegle, auf dem es nun steil bergan geht. Zugleich umfängt uns die Stille im Wald. Wir können es also in doppelter Hinsicht ruhig angehen lassen. Dabei kreuzt das Herrenwegle mehrmals breitere Wald- und Forstwege.

Bergbau auf dem Schwarzenbruch Nachdem wir eine Lichtung überquert haben, geben die Bäume die Sicht auf den Uhlbauernhof frei. Dort endet das Herrenwegle und wir wandern in etwa geradeaus weiter auf dem Forstweg bis zur **Schremppenhöhe**. Oben angekommen biegen wir links auf den Hansjakobweg ein. Knapp 200 Meter weiter fällt ein Mast rechts im Wald auf. Es handelt sich um die Stütze einer **Drahtseilbahn**. Sie zeugt noch von der Zeit, als im oberen Wolftal Schwerspat abgebaut wurde. Nachdem das auch als Baryt bekannte Mineral zunächst mit Pferdefuhrwerken nach Wolfach transportiert

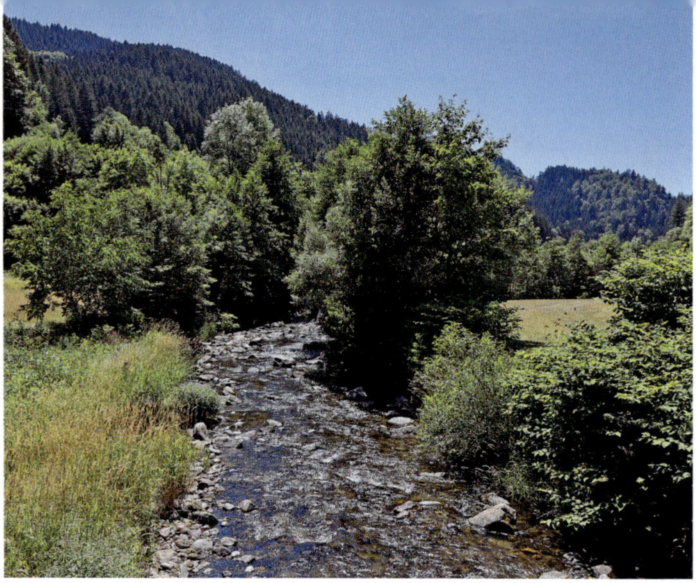

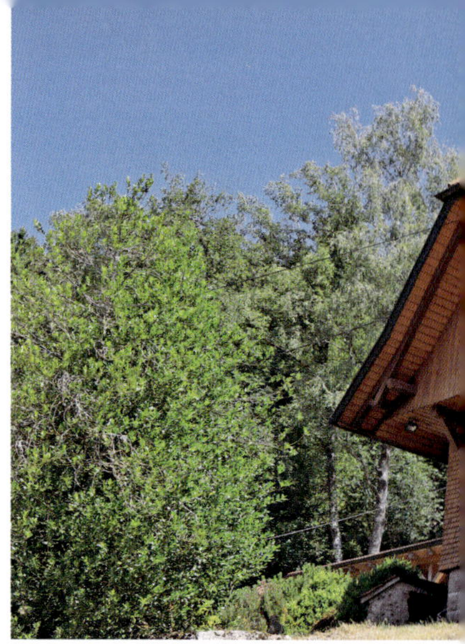

Links: Die Wolf bei Walke

Mitte: Vesperstube Schmalzerhisli

wurde, entstand 1907/08 eine knapp drei Kilometer lange Förderbahn. 1967 endete der Betrieb.

Einkehr im Schmalzerhisli Wo wir anschließend den Wald verlassen, geht es mit dem Jakobsweg rechts entlang von Wiesen zum **Schmalzerhisli**. Der Name kennt zwei Herleitungen. So soll Otto Schrempp in schweren Zeiten den Kindern vom Tal Schmalzbrote gegeben haben. Als wahrscheinlicher gilt, dass der Name vom Schnupftabak stammt, den Otto Schrempp stets zu sich genommen und vom Landshuter Hersteller Schmalzer bezogen hatte. Heute können wir uns über herzhafte Vesperteller mit regionalen Produkten freuen. So stammt der Bergkäse vom Mooshof, einem Biolandhof bei Schramberg-Tennenbronn. Bei gutem Wetter eröffnet uns die schattige Terrasse einen herrlichen Blick zum Brandenkopf. Er ist durch den Fernsehturm gut zu erkennen. Rechts davon schließen sich der Reiherskopf und Regeleskopf an.

Spät erkannter Wert

Der Bergbau im Mittelalter war im Schwarzwald auf die Gewinnung von silberhaltigen Erzen ausgerichtet. Der Schwerspat, das hauptsächliche Gangmaterial der Gruben im Kinzigtal, wurde indes als wertlos auf die Halden geworfen. Heute ist Schwerspat durch den Einsatz bei Bohrspülungen, als Füllstoff in Farben oder bei der Schalldämmung von Böden und Wänden sowie auch in Autokarosserien von hoher wirtschaftlicher Bedeutung.

Die versunkene Stadt Nach der Einkehr trennen uns nur wenige Schritte vom **Hansjakobstein**. Dort zweigen wir zunächst links auf den Wiesenpfad ab und genießen kurz die Aussicht über das Wolftal

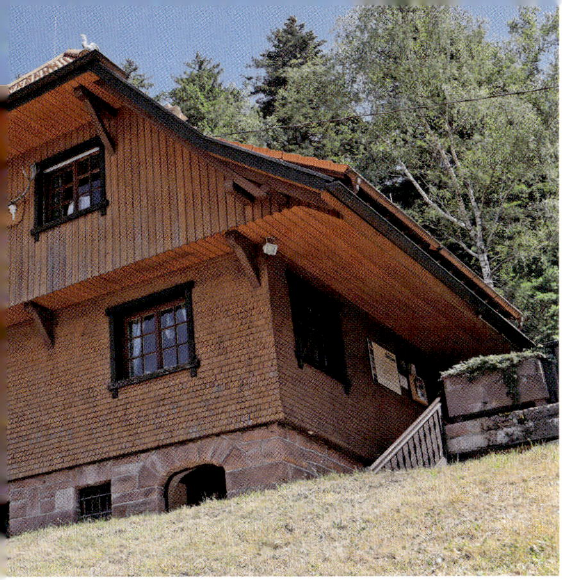

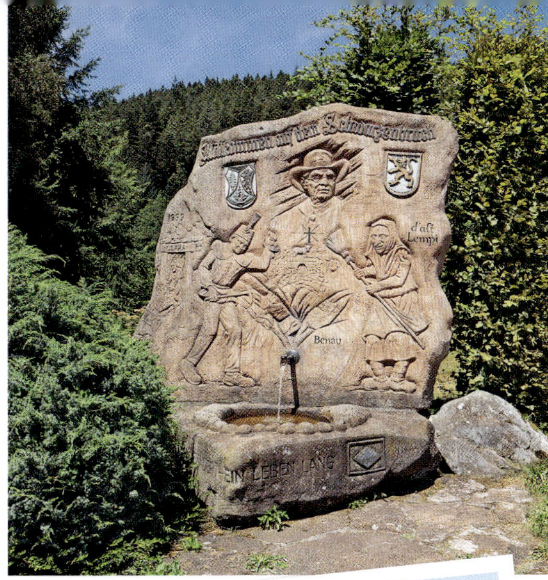

Ganz oben: Der Hansjakobstein mit Darstellung der Benau-Sage

zu den weiter östlich und nördlich gelegenen Bergzügen. Dann orientieren wir uns rechts, sodass wir den unteren Wirtschaftsweg kreuzen. Durch eine Waldecke hindurch biegen wir als Nächstes beim Wegweiser **Auf dem Schlegel** rechts ab. Vor Ort lernen wir die tragische Legende der Bergbaustadt Benau kennen. Demnach sollen die in Sünde lebenden Bürger ein goldenes Kalb angefertigt und angebetet haben. Bis dann die ganze Stadt samt dem Kalb im Berg versank. Zwei Burschen bewiesen später, dass es durchaus möglich ist, bis zu dem Kalb einen Stollen zu graben. Allein auch ihr Schicksal möchte keiner teilen.

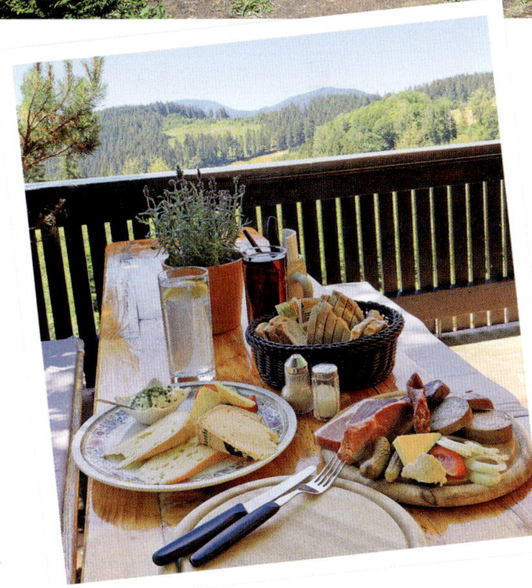

So sehen leckere Vesperteller mit Käse oder Schinken und Wurst aus.

Finale auf dem Wolftalweg

Beim Hasenacker biegen wir erneut erst rechts, dann 200 Meter weiter links ab. Nach einer Passage am Waldrand tauchen wir abermals in den Wald ein und folgen der gelben Raute nun stetig bergab. Sowie wir den Dohlenbach gekreuzt haben, geht es links über die Straße hinunter auf den Talgrund. Jenseits der Wolf passieren wir den **Dohlenbacherhof**, eh wir nach einem kurzen Zwischenanstieg rechts auf den Wolftalweg einbiegen. Hier lernen wir die Geschichte des Zierlegeists kennen. Danach können wir die letzten vier Kilometer bis zurück nach Walke – erst im Wald, ab etwa der Hälfte auch entlang der Wolf – zum lockeren Auslaufen nutzen.

9 So einfach kann Einkehr sein

Über den Kreuzbühl zur Schirrmaierhütte

Leicht | 7,5 km | 230 Hm | 2.15 Std.

Tourencharakter
Nach dem ersten kurzen, kräftigen Anstieg hoch zum Kreuzbühl ruhige Panoramarunde auf überwiegend bequem zu wandernden Wirtschaftswegen und Waldpfaden; sonniger Rückweg über landwirtschaftliche Straßen

Ausgangs-/Endpunkt
Bahnhof Steinach
GPS 48.2991, 8.0561

Anfahrt
Bus & Bahn: Ab Offenburg mit der Kinzigtalbahn bis zum Bahnhof Steinach (Baden). Der Zugang erfolgt in nördlicher Richtung durch die Kreuzbühlstraße.
Auto: Von der B 33 Offenburg-Haslach bei Steinach abfahren, weiter über die Hauptstraße bis zum Adlerplatz und ab dort der Badener Straße über die Gleise sowie links zum Parkplatz folgen

Einkehr
Schirrmaierhütte, Sonn- und Feiertage ab 10 Uhr

Karte
Karte des Schwarzwaldvereins 1:25 000, W239 Lahr

Informationen
Tourist-Information Steinach, 07832/91 98 13, www.schwarzwald-kinzigtal.info

Die Schirrmaierhütte ist aus einer Schutzhütte für Wanderer hervorgegangen und wird heute durch den Verschönerungsverein Steinach gepflegt. Auf dem Weg dorthin können wir uns über schöne Ausblicke über die Kinzig und ihre Nebentäler freuen.

Auf den Kreuzbühl Ab dem **Bahnhof von Steinach** geht es zunächst in nördliche Richtung durch die Kreuzbühlstraße zum **Felsenkeller**. Von links werden wir später zurückkommen. Für den Hinweg kreuzen wir also den Hansjakobweg und wechseln einen Steinwurf weiter links auf den Treppenweg. Über drei Kehren führt uns dieser steil bergan auf den **Kreuzbühl**. Der kurze Kraftakt entschädigt mit einer tollen Sicht über Steinach hinweg zum gegenüberliegenden Hoheck. Im Norden liegt uns das untere Kinzigtal sowie auch das Harmersbacher Tal zu

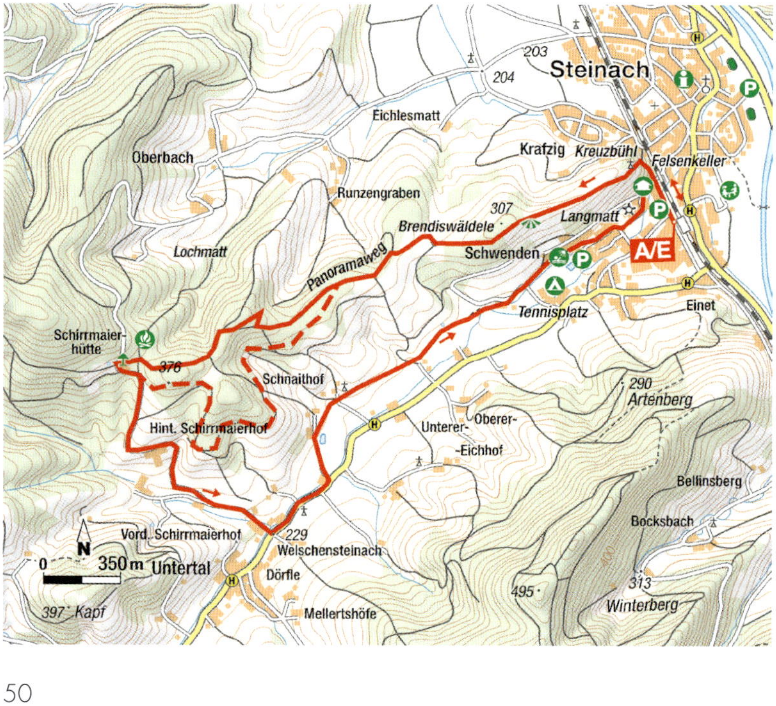

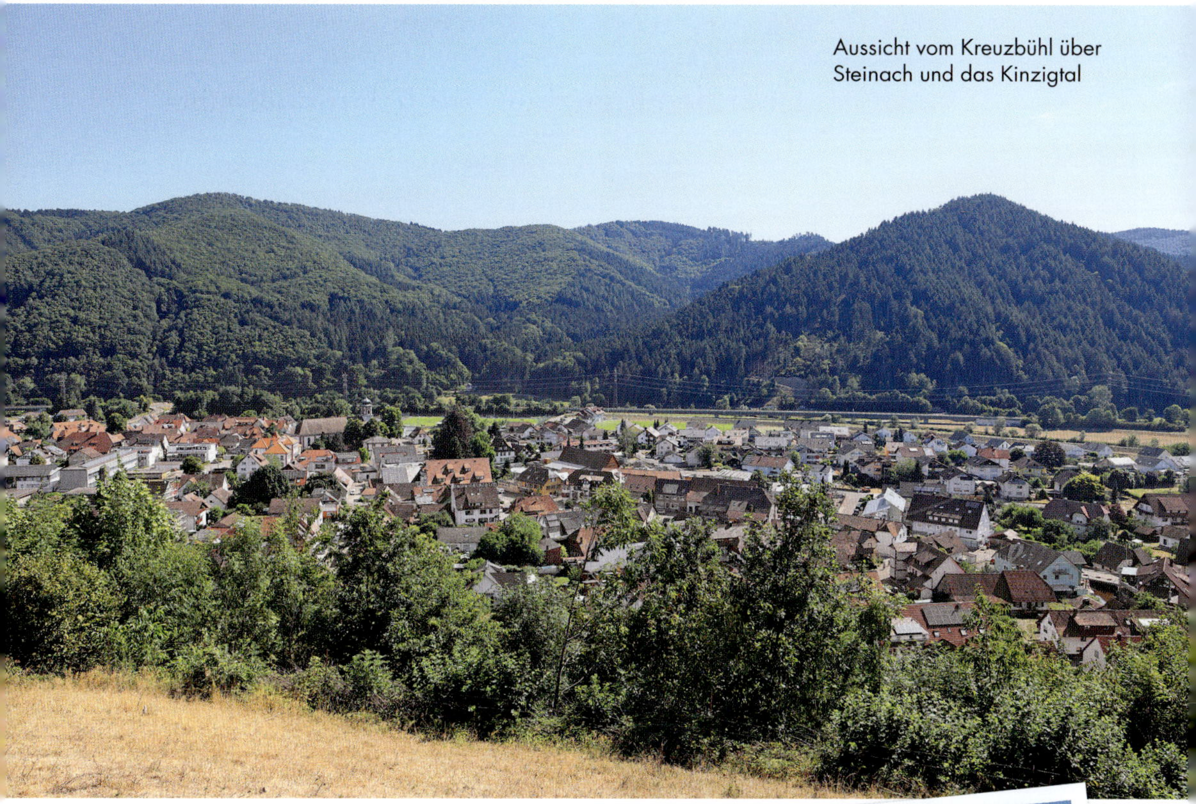

Aussicht vom Kreuzbühl über Steinach und das Kinzigtal

Füßen. Wenden wir uns nach Südosten, sehen wir das von Bergen umrahmte Haslach. Allein dieser Ausblick lohnt die Tour, womit der Pavillon neben dem namensgebenden Kreuz wie gerufen für eine erste Rast kommt.

Option Panoramaweg Nach diesem tollen Auftakt folgen wir dem fortan bequem zu laufenden Wanderweg über den Höhenrücken. Je nach Jahreszeit weiden hier Ziegen auf den kargen Wiesen. Nach der ersten Waldinsel biegen wir beim Wegweiser **Brendiswäldele** erst rechts, dann nach wenigen Metern auf dem Rundweg Hexenweible links auf den Panoramaweg ab. Auf dem nächsten Abschnitt haben wir freie Sicht über Welschensteinbach bis zum Himmelsberg.

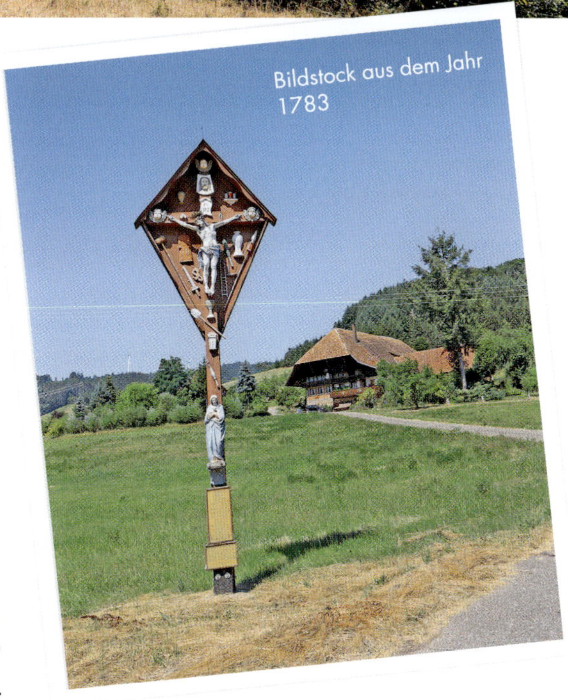

Bildstock aus dem Jahr 1783

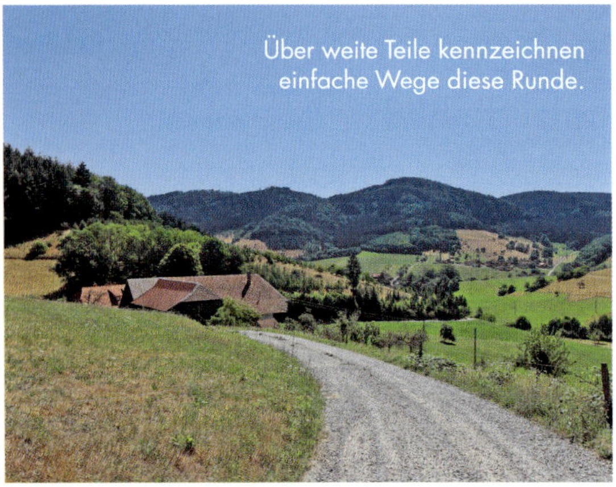

Über weite Teile kennzeichnen einfache Wege diese Runde.

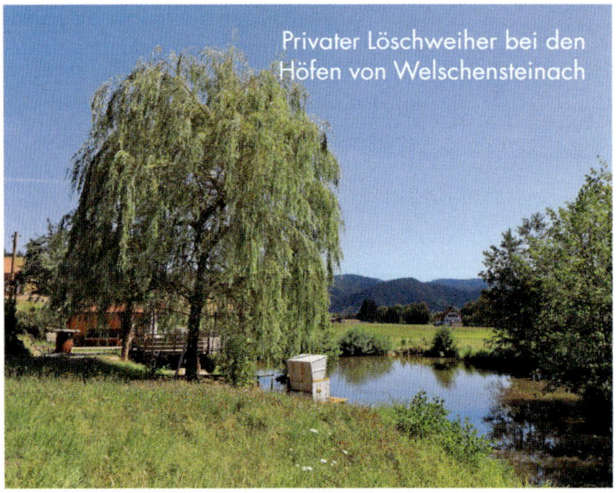

Privater Löschweiher bei den Höfen von Welschensteinach

Freibad Steinach

Das Freibad von Steinach bietet seinen Gästen eine großzügige Liegewiese unter altem Baumbestand. Neben dem 6 auf 33 m großen Schwimmerbecken gibt es ein Nichtschwimmerbecken mit Wasserrutsche sowie zwei Sprungtürme. Das Bad ist von Mitte Mai bis Mitte September ab jeweils 9 Uhr geöffnet. Montag ist Ruhetag.

Anschließend trennen sich im Wald die Wege: Um auf dem nur lokal beschilderten Panoramaweg zu bleiben, müssten wir uns links halten. Wer dies macht, durchwandert mehrere weit geschwungene Kurven, die bis zur Schirrmaierhütte mehrmals an den Waldrand führen.

3-Josefs-Wegle und Schirrmaierhütte Um auf dem offiziellen Wanderweg des Schwarzwaldvereins zu bleiben, orientieren wir uns stattdessen rechts. Wenige Minuten weiter zweigt ebenfalls rechts das 3-Josefs-Wegle ab. Der Pfad führt zu einem weiteren Aussichtspunkt über die Täler der Kinzig und des Harmersbachs sowie ab dort links wieder zurück auf den breiteren Waldweg. Anschließend können wir der gelben Raute sowie auch örtlichen Beschilderungen weiter durch den Wald bis zur **Schirrmaierhütte** folgen. Wer sich beim Anblick einer riesigen Speisekarte nicht entscheiden kann, darf sich glücklich schätzen. Das Essensangebot beschränkt sich auf heiße Cervelatwurst sowie heiß oder kalt geräucherte Bratwürste. Dank einiger Schatten spendender Bäume lässt es sich hier dafür selbst an heißen Sommertagen gut aushalten. Zuletzt finden wir etwas abgerückt von der Hütte einen Grillplatz für Selbstversorger.

Im Welschensteinacher Tal Bei der Schirrmaierhütte zweigen wir links ab. Wir kommen damit zurück zu dem Forstweg, den wir vor der Einkehr gekreuzt haben. Dort halten wir uns rechts, passieren das westliche Ende des Panoramawegs und nehmen den Wirtschaftsweg hinunter nach **Welschensteinach**. Kurz vor der Einmündung der Straße in die L 103 wechseln wir links auf den Fußweg zum Tennisplatz. Der ebenfalls mit gelber Raute markierte Wanderweg verläuft zunächst

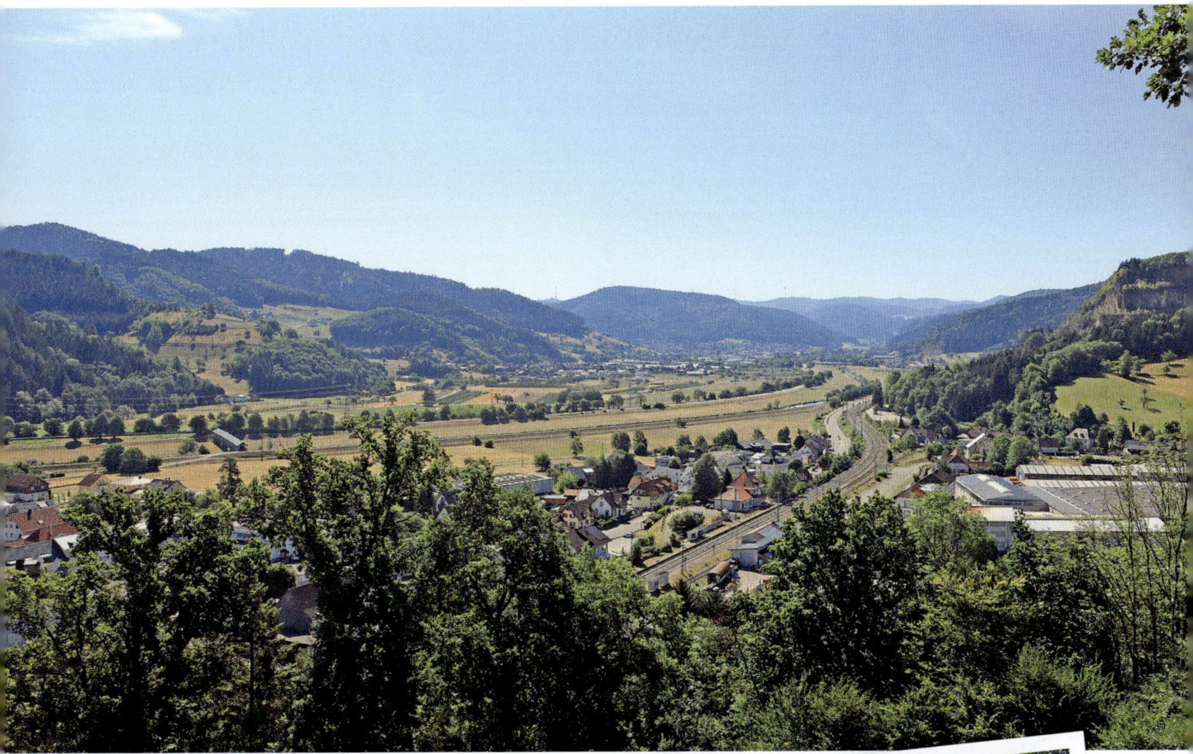

parallel zur Landstraße, entfernt sich dann davon und passiert nacheinander den Scherzinger-, Bühler- und Schnaithof mit einem 1783 erstellten Bildstock. Ab dort erfolgt der weitere Rückweg relativ unspektakulär auf dem bei Radfahrern beliebten Weg bis zum **Tennisplatz**.

Zwei alte Bekannte Geradeaus weiter teilen wir uns den Weg nun wieder mit dem Rundweg Hexenweible. Es folgen der Campingplatz Kinzigtal mit SB-Laden, Restaurant und Biergarten und das **Freibad**. Hier befinden wir uns bereits wieder in Steinach, wo wir durch den Silberbergweg und die Langmattstraße zum Wegweiser **Langmatt** finden. Dort biegen wir links auf den Hansjakobweg zum Felsenkeller ein. Bevor wir zurück zum Bahnhof laufen, bietet sich ein Abstecher zum Adlerplatz von Steinach an. Rund um den Ortskern finden wir weitere Möglichkeiten, den Ausflug mit einer Einkehr zu verbinden.

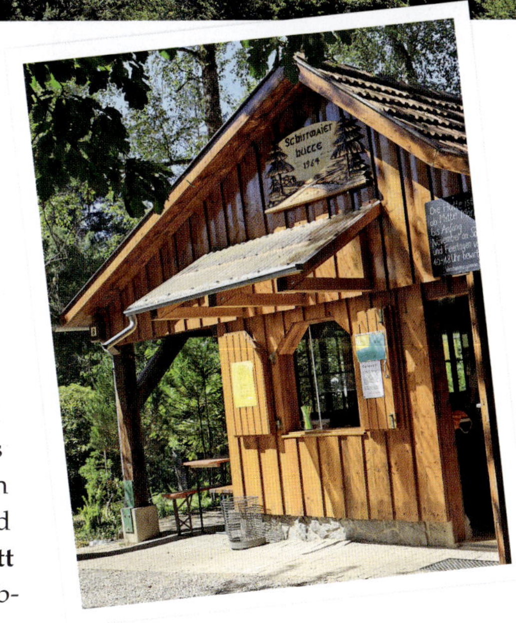

Die Schirrmaierhütte

Ganz oben: Aussicht über das Kinzigtal nach Haslach

10 Entschärfter Panoramaweg Mühlenbach

Über den Flachenberg zu Funis Vesperstube

Mittel | 14,5 km | 500 Hm | 4.30 Std.

Tourencharakter
Auf den ersten 2 km ist ein Großteil der Höhenmeter zu leisten. Danach bequeme Höhenwanderung auf Wald- und Wirtschaftswegen. Die Abkürzung am Café Pfaus Heidburg spart rund 2 km.

Ausgangs-/Endpunkt
Ortsmitte Mühlenbach, Sonnenparkplatz
GPS 48.2534, 8.1103

Anfahrt
Bus & Bahn: Es bestehen Busverbindungen ab Haslach, Elzach und Hausach zur Haltestelle Mühlenbach Kirche.
Auto: Der Sonnenparkplatz befindet sich direkt an der B 294 Freiburg–Haslach i. K. in der Ortsmitte von Mühlenbach.

Einkehr
Funis Vesperstube, Fr–So sowie in den Ferien Do ab 11.30 Uhr, Tel. 07682/7988, www.funihof.de;
Café Pfaus, Fr–Di ab 12 Uhr, Tel. 07832/8271, www.cafe-pfaus.de

Karte
Karte des Schwarzwaldvereins 1:25 000, W247 Freiburg und W248 Furtwangen

Informationen
Tourist-Information Mühlenbach, 07832/91 18 12, www.schwarzwald-kinzigtal.info

Der Mühlenbach bildet eines der reizvollsten Seitentäler der Kinzig. Zwei verschieden lange Panoramawege führen zu den schönsten Ecken dieses Landstrichs. Unsere Tour entspricht in weiten Teilen der großen Runde, kürzt diese aber um rund sechs Kilometer ab.

Aufstieg zum Schmidbure Eck Bereits beim Ausgangspunkt erwartet uns ein erster Hingucker: Das 1834 erbaute **Rathaus von Mühlenbach** trägt während der Sommermonate einen reichen Blumenschmuck an der Südfassade. Für die Wanderung nutzen wir den Zebrastreifen über die Hauptstraße und biegen am Sonnenparkplatz links in den deutlich ansteigenden Mühlhaldenweg ab. Nach einem zweiten Blick auf den Ortskern von Mühlenbach geht es durch ein Waldeck zur **Muttergottesgrotte**. Entlang des Stationenwegs biegen wir anschließend scharf rechts

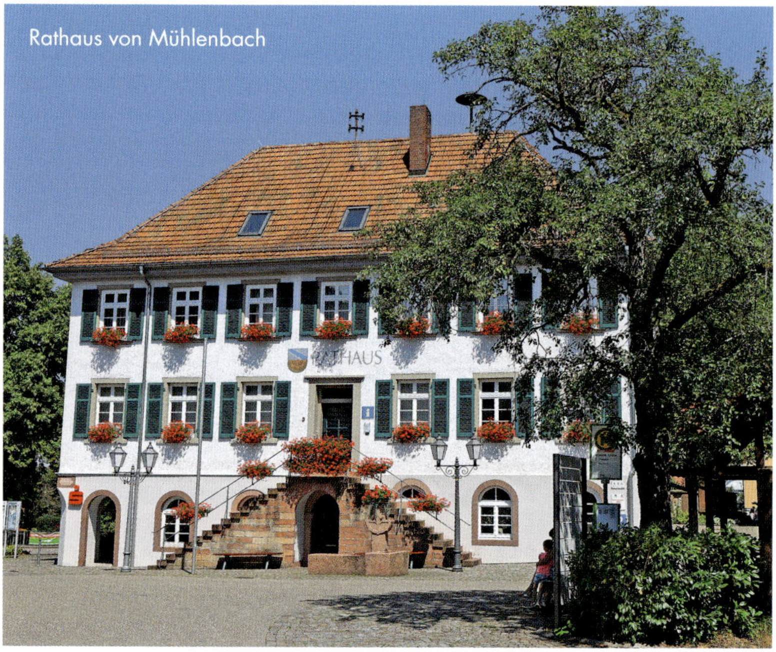

Rathaus von Mühlenbach

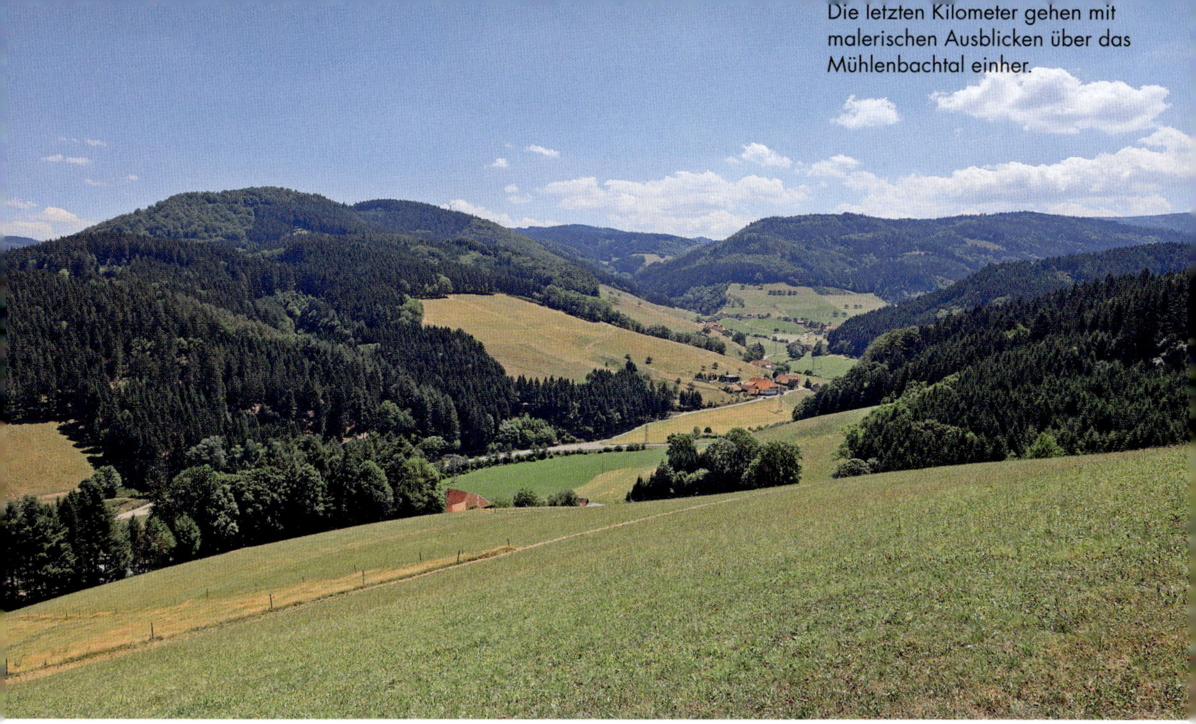

Die letzten Kilometer gehen mit malerischen Ausblicken über das Mühlenbachtal einher.

ab und folgen der gelben Raute über den Wegweiser Ob dem Kussenhansenhof zum **Schmidbure Eck**. Nach bereits gut 3,5 Kilometern und dem Großteil der Höhenmeter treffen wir dort auf den Panoramaweg Mühlenbach.

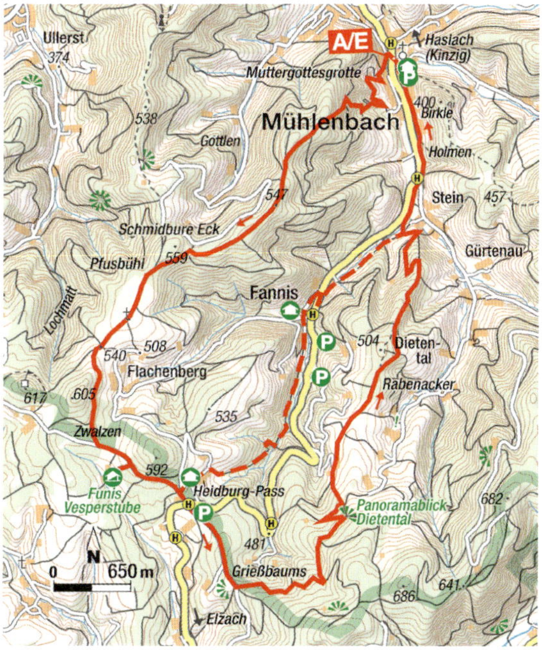

Auf dem Flachenberg Bei nur noch geringen Höhenunterschieden erreichen wir den **Pfusbühl**, wo wir zudem auf den Hansjakobweg treffen. Beide Wege führen über den **Flachenberg**, den schon der bekannte Heimatschriftsteller Heinrich Hansjakob als »Oase inmitten der Tannenbäume« pries. Heute wird die baumfreie Kuppe (**Auf dem Flachenberg**) von den Thermik Modellfliegern Flachenberg genutzt. 400 Meter weiter trennen sich beim Wegweiser **Flachenberg** die Wege. Während der Hansjakobweg geradeaus nach Elzach führt, wechselt der Panoramaweg links auf den ZweiTälerSteig zum Heidburg-Pass. Nach einer weiteren schönen Sicht über stattliche Hofgebäude hinweg folgen wir den Wegzeichen des letzteren in den Wald.

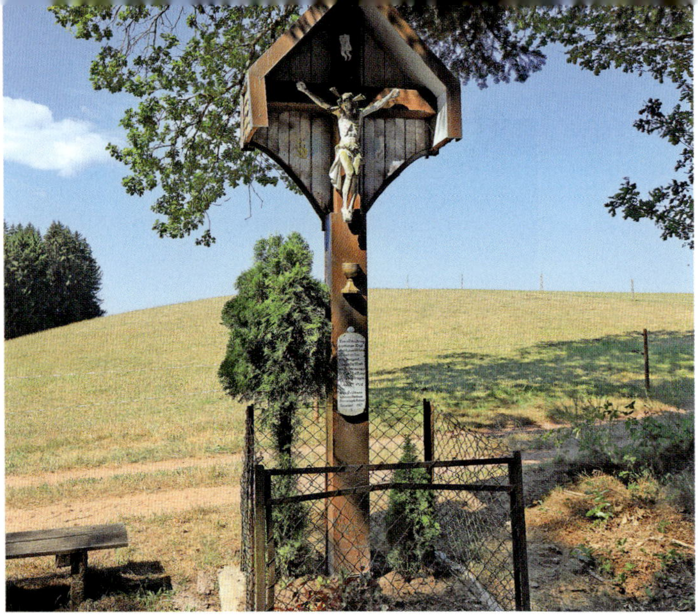

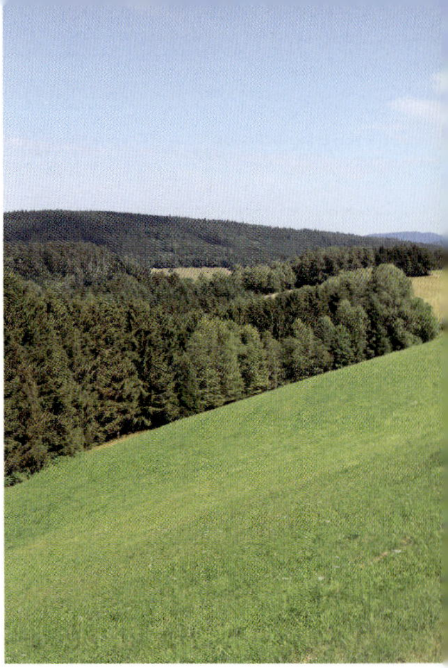

Links: Bei Grießbaums Wegkreuz biegen wir links ab.

Mitte: Landschaft zwischen dem Heidburg-Pass und dem oberen Mühlenbachtal

Funis Vesperstube Direkt an der Kreisgrenze von der Ortenau und Emmendingen biegen wir am Wegende links ab, verlassen sogleich den Wald und sehen rechts vor uns eine Gebäudegruppe. Diese ist über den hufeisenförmigen Schlosshofweg mit der Forststraße verbunden, wobei wir als Gäste von **Funis Vesperstube** gebeten werden, erst am Waldrand rechts abzubiegen. Auf der Website des Ausflugslokals heißt es: »Wandern macht hungrig!« Passend dazu können wir uns nach unserer Ankunft über eine große und vielseitige Auswahl an Vespern wie das Hüttenwinkelvesper oder das Bauernvesper sowie auch Wurstsalat und Bibiliskäs, die badische Form des Quarks, freuen. Von der Sonnenterrasse gut überschaubar ist der angrenzende Spielplatz.

Varianten für den Rückweg Zurück auf dem Wanderweg durchqueren wir auf der Forststraße das nächste Waldstück bis zum Wegweiser **Heidburg-Pass**. Wer unsere bereits entschärfte Runde nochmals verkürzen möchte, kann gerne links abbiegen. In diesem Fall führt der Rückweg am Café Pfaus Heidburg vorbei zum Pfaußerloch und entlang des Pfausenbächles bis zum Wegweiser **Stein**. Ansonsten überqueren wir geradeaus die B294. Am Wegweiser **Heidburg** vorbei folgen wir dem Panoramaweg sowie auch dem ZweiTälerSteig noch bis zu **Grießbaums Wegkreuz**. Geradeaus führt von dort die große Runde des Panoramawegs über den Wegweiser Bösmatte (dort links) zurück nach Mühlenbach. Um gut einen Kilometer einzusparen, biegen wir sogleich

Rechte Seite oben: Der alte Grenzstein steht heute auf der Kreisgrenze der Ortenau und Emmendingens.

Rechte Seite unten: Funis Dreierlei: Wurstsalat, Bibiliskäse und Pommes

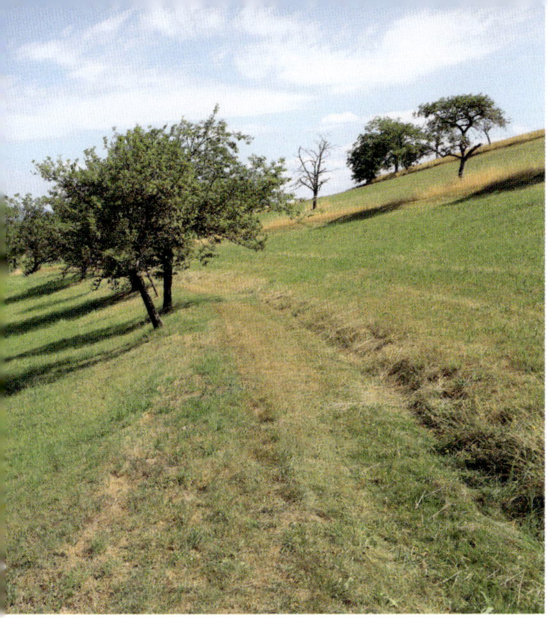

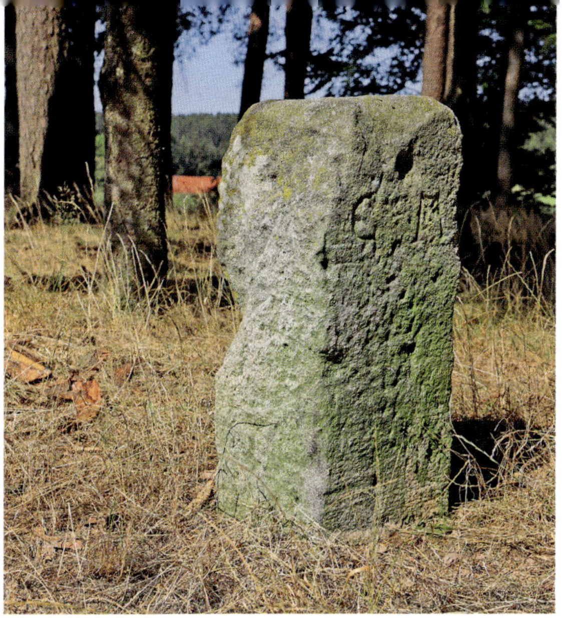

links ab. Damit folgen wir der gelben Raute direkt zum Panoramablick Dietental. Achtung: Wo diese Variante nach gut einem halben Kilometer (ab Grießbaums Wegkreuz) ein zweites Mal zwischen dem Wald und einer Wiese verläuft, zweigt der Wanderweg am Eck der Wiese links ab.

Den Überblick bewahren Mit einer tatsächlich reizvollen Aussicht über die Höfe von Dietental biegen wir links zurück in den Wald ab. Damit folgen wir nun wieder der Beschilderung des Panoramawegs auf wechselnden Wegen sowie über den **Rabenacker** bis zum Wegweiser Am Blustben. Während der Panoramaweg ab dort einen weiten Umweg über das Grandeckle nimmt, biegen wir links ab. Damit treffen wir nach knapp anderthalb Kilometern beim Wegweiser **Stein** – der Zugang erfolgt beim ersten Haus scharf links über den Fußweg – abermals auf den Panoramaweg; allerdings in entgegengesetzter Laufrichtung. Flussabwärts erfolgt der letzte Abschnitt unserer Runde entlang des Mühlenbachs.

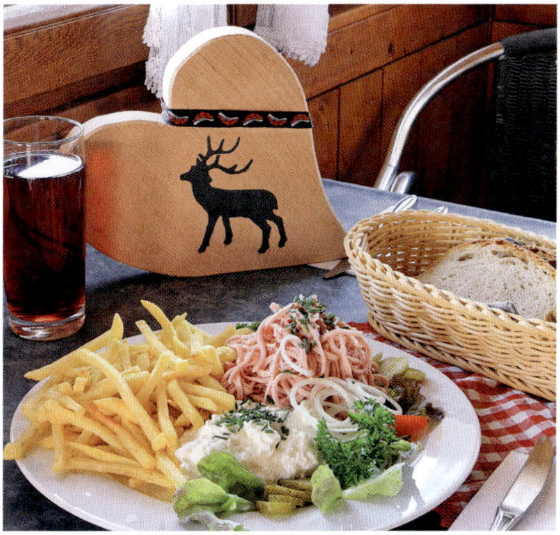

Panoramaweg Mühlenbach

Neben der großen Runde des Panoramawegs mit über 20 km Länge gibt es auch eine kleine Runde mit 9,4 km. Die auch als »König der Wanderwege« bekannte Strecke stellen wir in *Leichte Wanderungen im Schwarzwald* (J. Berg-Verlag) vor.

11 Einkehren rund um den Mooswald

Sommerecke, Bergstüble und Gedächtnishaus

Mittel | 10,7 km | 370 Hm | 3–3.30 Std.

Tourencharakter
Die Runde nutzt überwiegend Wald- und Wirtschaftswege. Beim Anstieg vom Kirnbach zum Bergstüble ist eine gute Kondition am Berg von Vorteil.

Ausgangs-/Endpunkt
Waldparkplatz Fohrenbühl
GPS 48.2368, 8.2955

Anfahrt
Bus & Bahn: Ab dem Bahnhof Hornberg ist die Anreise mit dem Anrufsammeltaxi (AST 9484) möglich. Anmeldung unter Tel. 01806/777272 bis eine Stunde vorher
Auto: Von der B33 Triberg–Hausach bei Hornberg oder der B462 Rottweil–Schiltach bei Schramberg Richtung Lauterbach. Weiter über die L108 zum Höhengasthof Adler, dort zum Parkplatz abbiegen

Einkehr
Naturfreundehaus Sommerecke, So ab 12 Uhr, Tel. 07834/6908, www.sommerecke.com; Bergstüble Moosenmättle, Di–So ab 12 Uhr, Tel. 07834/1735; Gasthof Gedächtnishaus Fohrenbühl, Mo–Di, Do–Fr ab 11 Uhr, Sa–So ab 10 Uhr, Tel. 07422/4461, www.fohrenbuehl-schwarzwald.de

Karte
Karte des Schwarzwaldvereins 1:25000, W240 Oberndorf

Informationen
Tourist-Information Lauterbach, Tel. 07422/949730, www.lauterbach-schwarzwald.de

Bei dieser Runde verbinden wir drei Ausflugslokale miteinander. Den Anfang macht das Naturfreundehaus Sommerecke. Von dort wandern wir über stille Wege zum Bergstüble Moosenmättle. Als krönender Abschluss erwartet uns schließlich das Fohrenbühl-Gedächtnishaus.

Warmlaufen auf dem Moosenberg

Los geht es auf dem **Waldparkplatz Fohrenbühl** nahe der Straße von Lauterbach nach Hornberg. Auf dem Mittelweg wären es 800 Meter bis zum Gedächtnishaus. Von dort werden wir später zurückkommen. Wir wandern die Runde also im Uhrzeigersinn und folgen ab dem nördlichen Ende des Parkplatzes der gelben Raute in Richtung Moosenberg. Auf dem ersten Kilometer verläuft der Wanderweg immer nahe der Straße, führt dann aber links zu ihr herunter. Nach rund 300 Metern biegen wir bei der Häusergruppe links

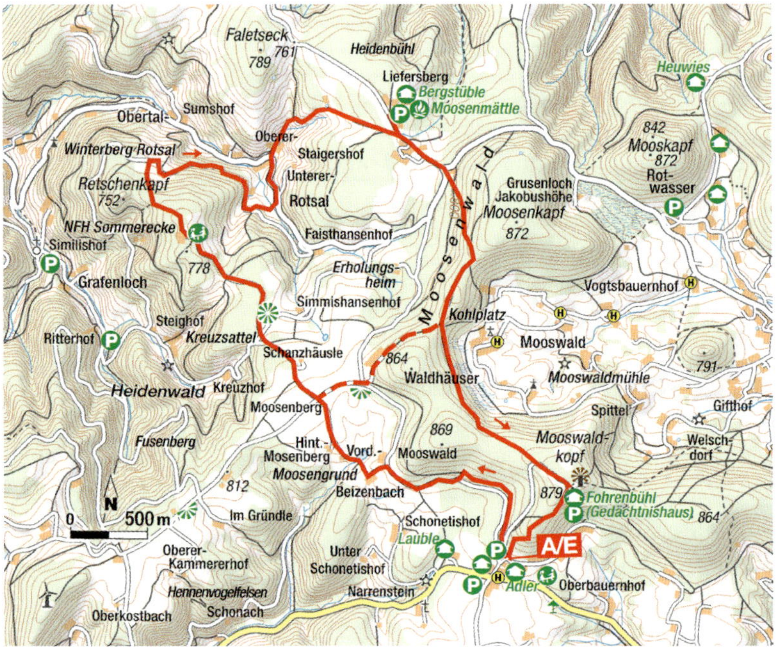

ab, sodass wir beim **Moosengrund** einen Löschwasserteich passieren. Zwischen den nächsten Hofgebäuden hindurch stehen wir bald auf dem **Moosenberg**. Rechts besteht die Möglichkeit, die Runde abzukürzen. Die mit blauer Raute markierte Variante führt über Waldhäuser zum Kohlplatz.

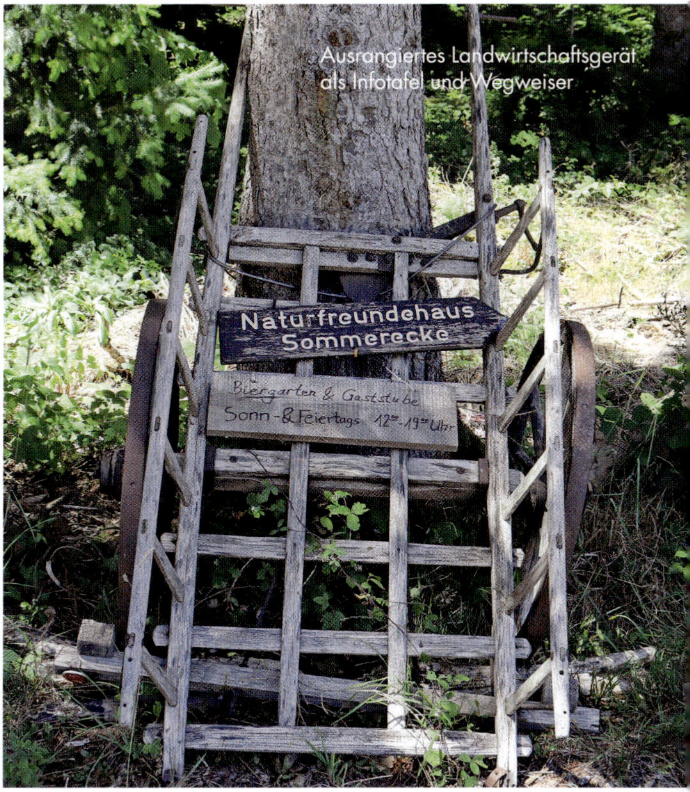

Ausrangiertes Landwirtschaftsgerät als Infotafel und Wegweiser

Naturfreundehaus Sommerecke Für die komplette Runde folgen wir weiterhin der gelben Raute zunächst durch die Wiesen und Felder, dann entlang des Waldrands zum **Kreuzsattel**. Ab dort geht es erst in nördlicher Richtung weiter entlang des Waldrands, dann in einer Linkskurve durch den Wald sowie entlang einer Lichtung zum **Naturfreundehaus Sommerecke**. Wie bei inzwischen einigen von Vereinen in Eigenregie geführten Ausflugslokalen mangelt es an freiwilligen Helfern. Dadurch beschränken sich die Öffnungszeiten auf Sonn- und Feiertage, und das auch nur vom Tag der Arbeit bis zum Nationalfeiertag am 3. Oktober. Der Abstecher auf die Westseite des Hauses lohnt sich dennoch wegen der unvermittelten Sicht zu den Bergzügen rund ums Gutachtal.

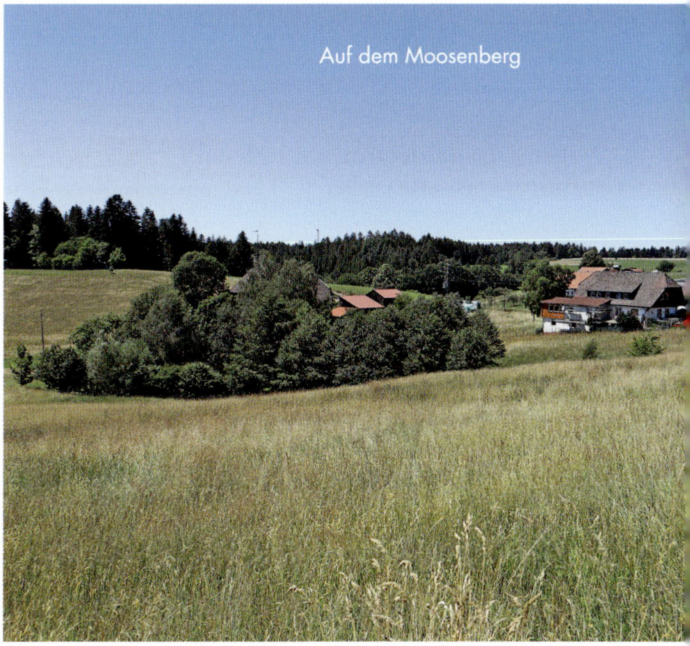
Auf dem Moosenberg

Über Retschenkopf und Rotsal … Anschließend wechseln wir auf den Waldweg um den Volleyball- und Spielplatz herum. Bei der sogleich folgenden Gabelung halten wir uns rechts, sodass wir weiter geradeaus laufen. Rund zwei Minuten später nutzen wir bei der Lichtung rechts

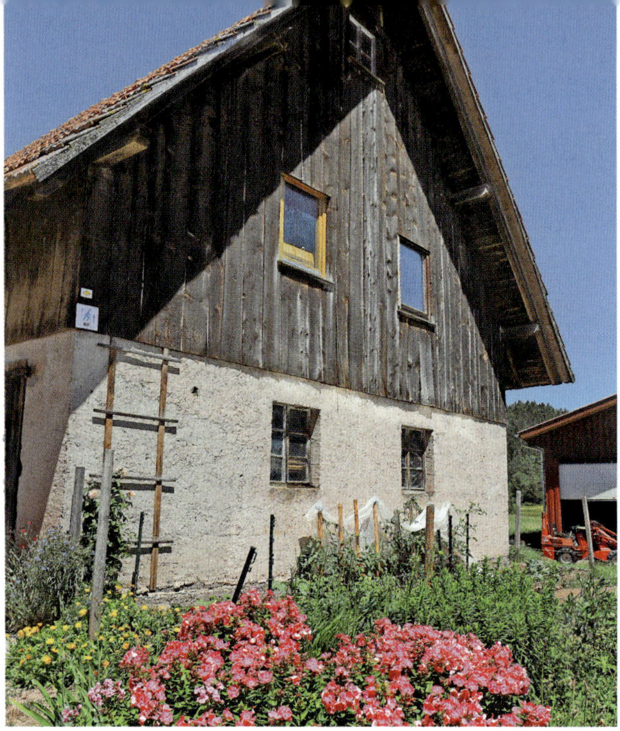

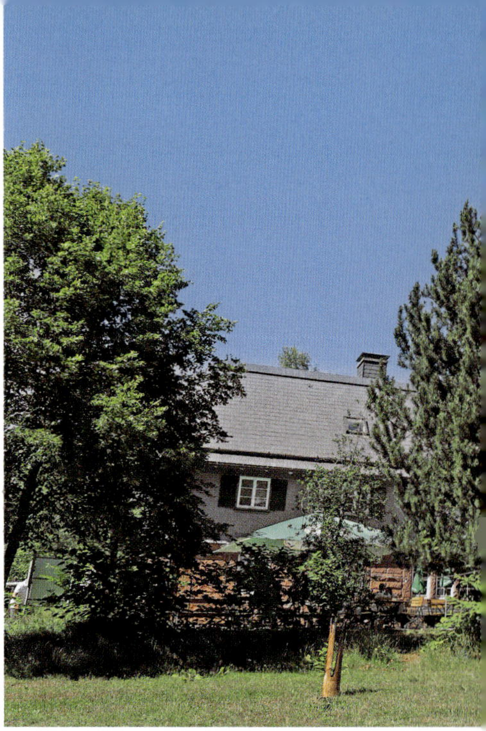

Fohrenbühl Gedächtnishaus

Das denkmalgeschützte Haus erinnert an die »Gefallenen des Weltkriegs von 1914–18 vom Württembergischen Schwarzwaldverein«. Die Geschichte des Wanderheims ist ein paar Jahre älter: 1904 erbaute der Karlsruher Kunstmaler Robert Engelhorn einen 15 Meter hohen Turm mit einfacher Unterkunft. 1923 wurde der Turm auf 21 Meter erhöht, die Hütte vergrößert und mit einem Neubau verbunden.

den Durchlass zum Sumshof und zur Talstraße. Wenige Schritte weiter verlassen wir den Wald. Auf steilem Weg geht es hinunter zum Wegweiser **Winterberg Rotsal**, wo wir rechts zu den Staigershöfen abbiegen. Nach einem weiteren Abschnitt im Wald kommen wir ins Kirnbachtal. Hier öffnet sich die Sicht hinunter auf die Staigershöfe. Am gegenüberliegenden Waldrand fehlte bei uns eine Wegmarkierung. Um zu den Höfen zu finden, biegen wir einfach links ab. Damit geht es bergab zur Kreisstraße und entlang dieser hinunter nach Rotsal, wo wir beim Unteren Staigershof rechts zum Moosenmättle abbiegen.

Links: Nebengebäude des Vorderen Mosenberghofs

Mitte: Das Gedächtnishaus Fohrenbühl auf dem Mooswaldkopf

... zum Moosenmättle Wieder deutlich bergan verläuft der Wanderweg auf dem nächsten Abschnitt zwischen den Wäldern, womit wir uns über schöne Aussichten freuen können. Wo wir auf den Kinzig-Neckar-Weg treffen, sehen wir schließlich links von uns das **Bergstüble Moosenmättle**. Vor Ort finden wir eine kleine, aber feine Hütte mit Gartenwirtschaft davor. Etliche

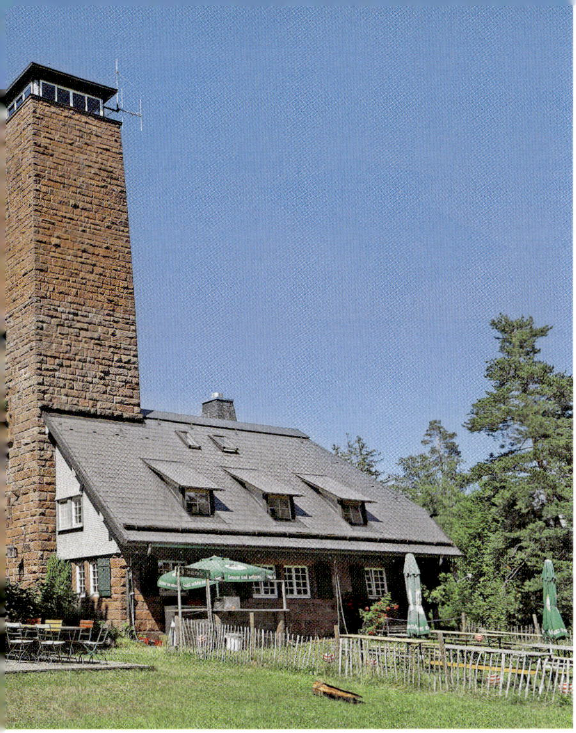

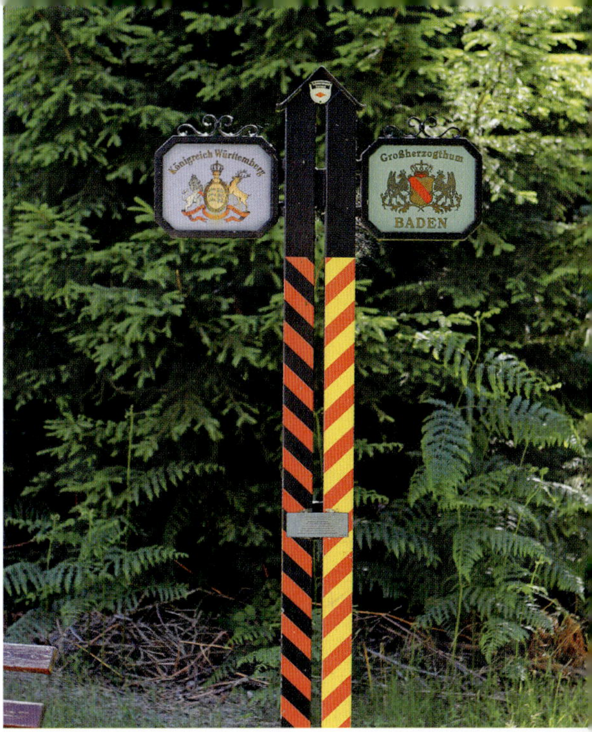

Bäume spenden reichlich Schatten, sodass man es hier auch an hochsommerlichen Tagen gut aushält. Überrascht waren wir selbst vom Angebot, das neben Schwarzwälder Kirschtorte auch herzhafte Flammkuchen umfasst. Gut gestärkt kehren wir zum letzten Wegweiser zurück und folgen dem Neckar-Kinzig-Weg an die Kreisstraße (dort rechts). Nach wenigen Schritten entlang der wenig befahrenen Straße wechseln wir links auf den Hohlgassweg zum Kohlplatz.

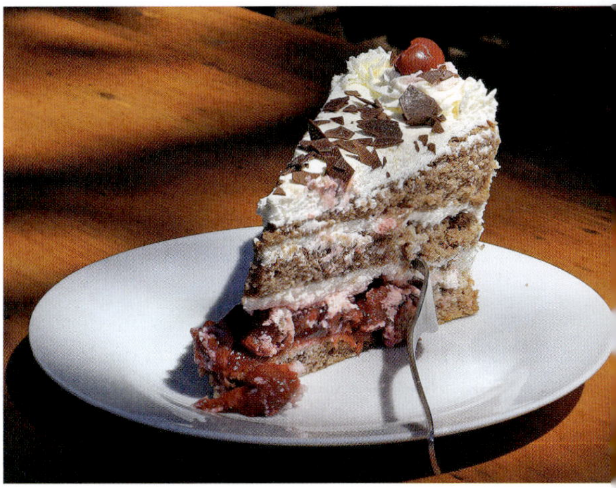

Muss sein: Schwarzwälder Kirschtorte

Ganz oben: Hier verlief einst die Grenze zwischen Baden und Württemberg.

Auf dem Mittelweg Beim zweiten Wegweiser mit der Bezeichnung **Kohlplatz** treffen wir wieder auf den Mittelweg. Immer der roten Raute mit weißem Strich nach führt uns dieser nun direkt zum **Fohrenbühl-Gedächtnishaus** mit dem Gasthaus Der Turm. Bei klarer Luft eröffnet uns der Aussichtsturm der dritten Einkehrmöglichkeit eine weite Sicht nach Süden über die Kuppen des mittleren Schwarzwalds bis hin zur Schwäbischen Alb. Der spätere Rückweg erfolgt auf einem besonders attraktiven und von Blaubeeren gesäumten Abschnitt des Mittelwegs bis zurück zum Waldparkplatz.

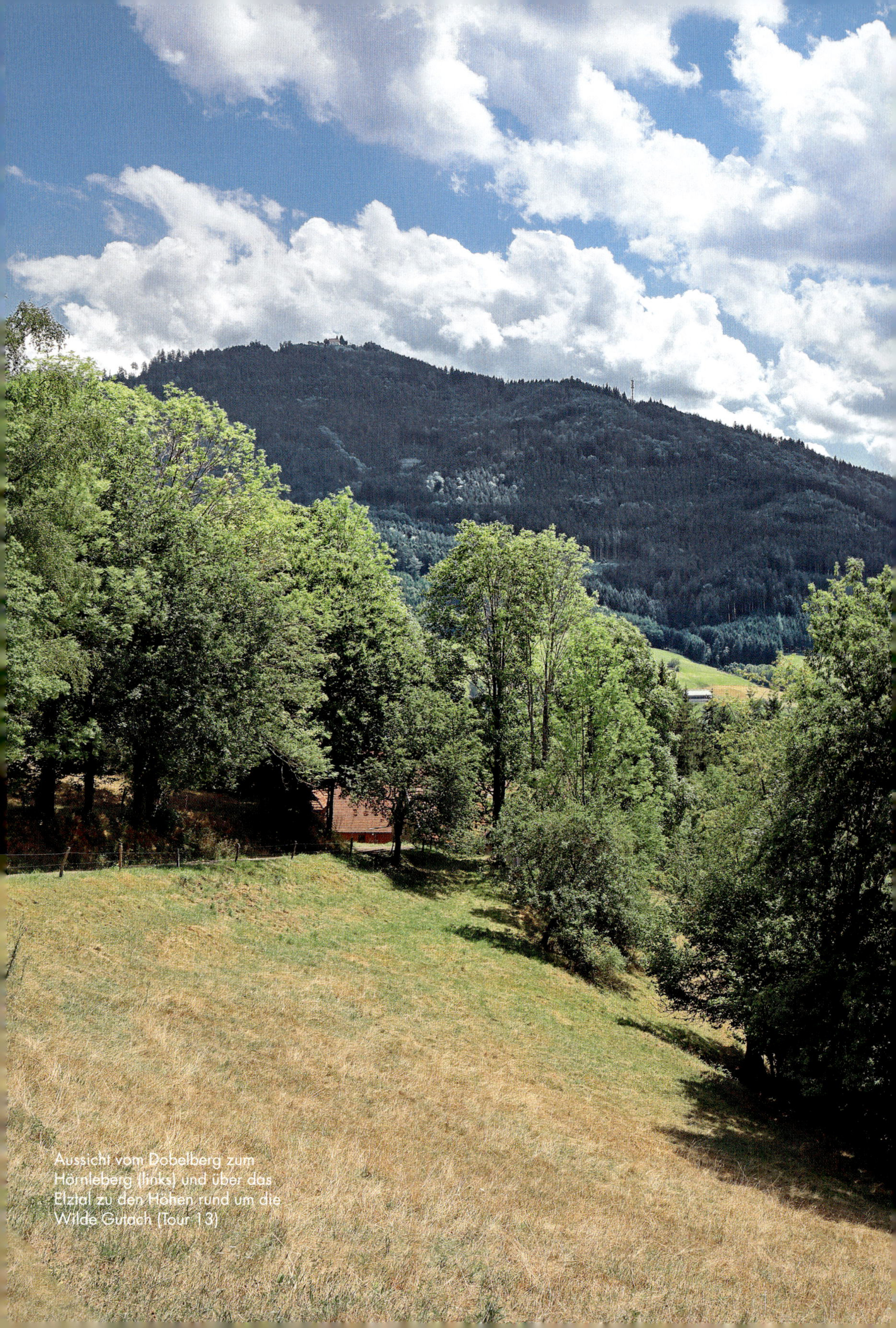

Aussicht vom Dobelberg zum Hörnleberg (links) und über das Elztal zu den Höhen rund um die Wilde Gutach (Tour 13)

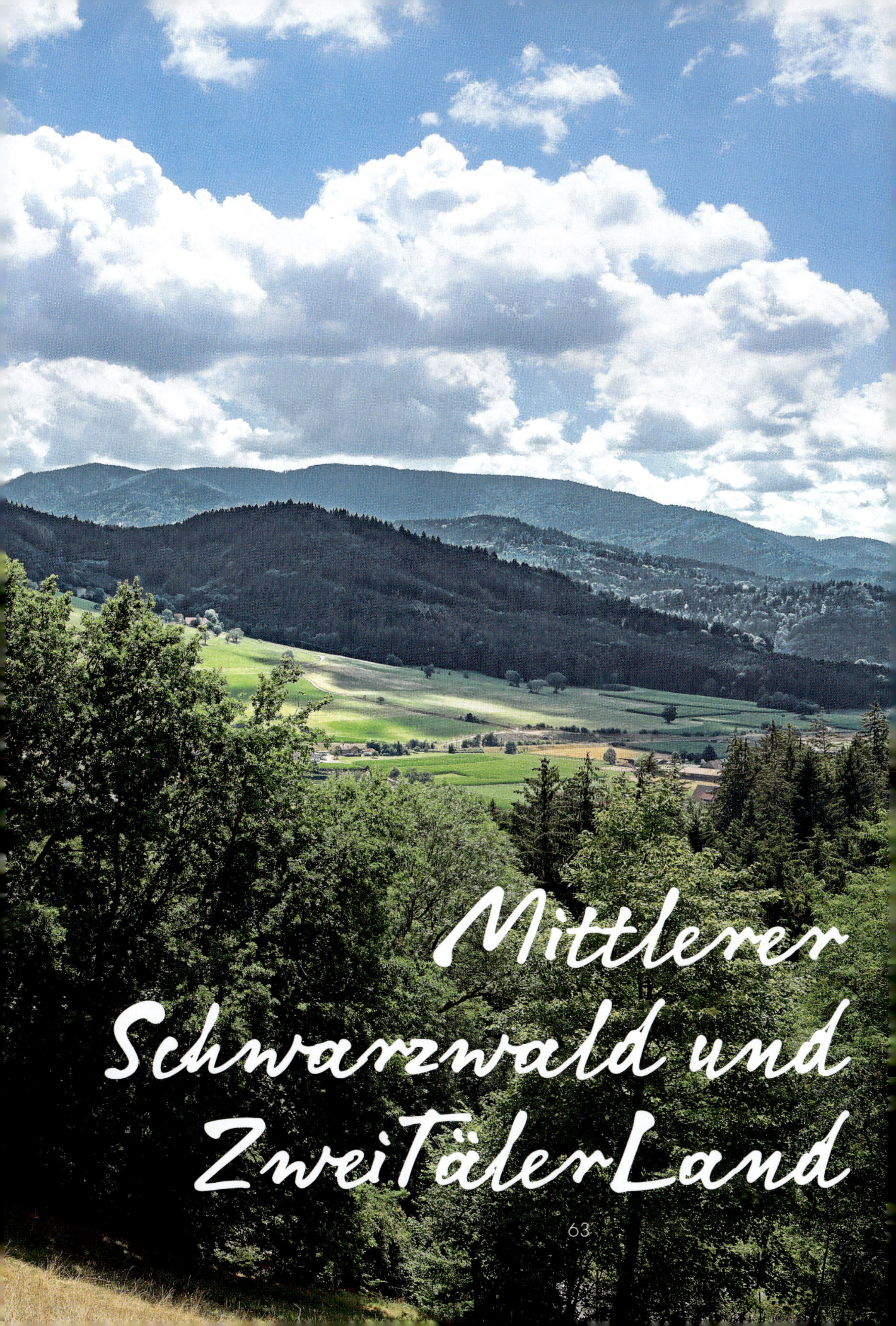

Mittlerer Schwarzwald und ZweiTälerLand

12 Goldener-Kopf-Tour bei Elzach

Über die Schrahöfe zur Fischerhütte Biederbach

Mittel | 12 km | 470 Hm | 3.30–4 Std.

Tourencharakter
Hier erwartet uns ein ständiger Wechsel zwischen Waldwegen und Pfaden sowie auch asphaltierten Fahrwegen. Die Höhenmeter verteilen sich gut auf die Strecke.

Ausgangs-/Endpunkt
Parken an der Elz in Elzach
GPS 48.1722, 8.0721

Anfahrt
Bus & Bahn: Ab Freiburg Hauptbahnhof mit der Breisgau-S-Bahn bis zur S-Bahn-Haltestelle in Elzach
Auto: Von der B 294 Freiburg-Haslach in Elzach in den Kreisverkehren jeweils dem Wegweiser »Parken an der Elz« folgen

Einkehr
Gasthaus Richebächli, Di–Fr ab 12 Uhr, Sa–So ab 8 Uhr, Tel. 07682/297, www.pensionrichebächli.de; Fischerhütte Biederbach, Fr ab 14 Uhr, Sa–So ab 10 Uhr, Tel. 0170/962 25 34

Karte
Karte des Schwarzwaldvereins 1:25 000, W247 Freiburg

Informationen
ZweiTälerLand Tourismus, Tel. 07685/194 33, www.zweitaelerland.de

Die Goldener-Kopf-Tour eröffnet Wanderern herrliche Aussichten über das Elztal. Diese gehen mit einem munteren Bergauf und -ab einher. Erst durch die Wälder oberhalb der Kirchhalde, dann über das Reichenbacher Eck, zuletzt hoch auf den Goldenen Kopf.

Um den Bustberg Vom **Parkplatz an der Elz** erfolgen die ersten Schritte über den Kreisverkehr zum Bahnhof, wo wir nach Bust abbiegen. Bei der Gabelung halten wir uns links, sodass wir erst der blauen Raute bis Ob der Kirchhalde, dann der gelben Raute über Am Tannwald hoch zum Bustweg folgen. Dort nimmt die Goldener-Kopf-Tour links einen Umweg zu einem **Christuskreuz**. Obwohl erst kurz unterwegs, können wir gerne innehalten und die Ruhe des Orts auf uns wirken lassen. Danach kehren wir rechts zurück auf den Bustweg, biegen aber sogleich

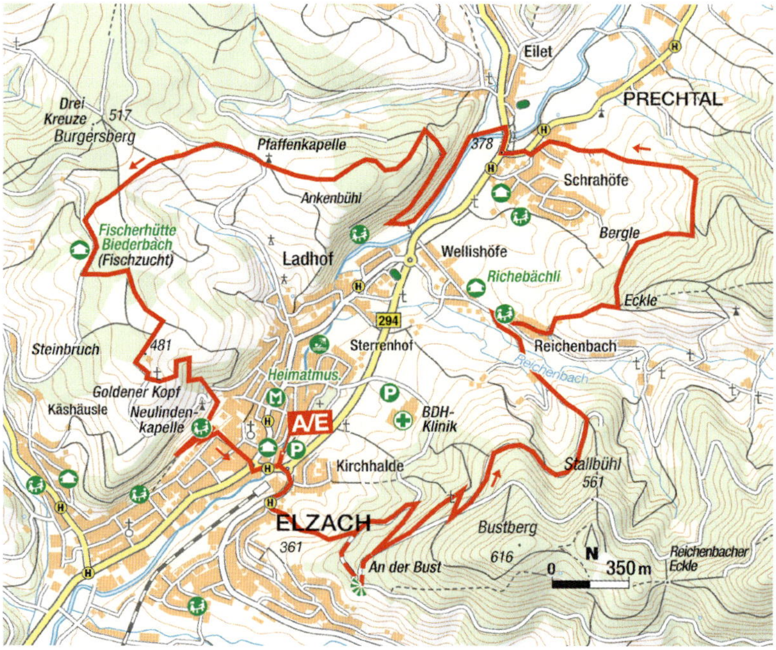

wieder links ab. Bald verlassen wir den Wald und wandern durch die Wiesen hinunter nach **Reichenbach**.

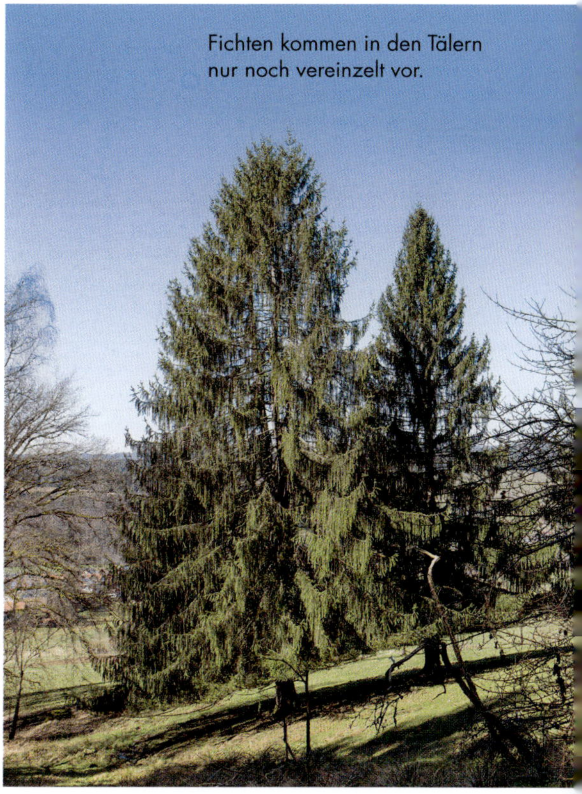

Fichten kommen in den Tälern nur noch vereinzelt vor.

Übers Eckle und Bergle nach Schrahöfe Wo der Weg im Ort endet, passieren wir rechts das **Gasthaus Richebächli**. Bei den zwei folgenden Gabelungen orientieren wir uns jeweils links, sodass es wieder ein Stück bergan bis zum **Eckle** geht. Abermals links öffnet sich nach einer Passage im Wald die Sicht zum Ortsteil Prechtal. Der Wanderweg verläuft hier über das »Bergle« am Waldrand, taucht nochmals in den Wald ein. Mehrere Trittsteine ermöglichen die Querung eines Rinnsals. Am Wegende biegen wir wie gewohnt links ab und laufen mit freier Sicht über weite Teile des Elztals hinunter nach **Schrahöfe**, passieren das Kriegerdenkmal und treffen auf die Talstraße.

Aufstieg zur Pfaffenkapelle Bei der Einmündung der Talstraße in die B294 folgt rechts ein

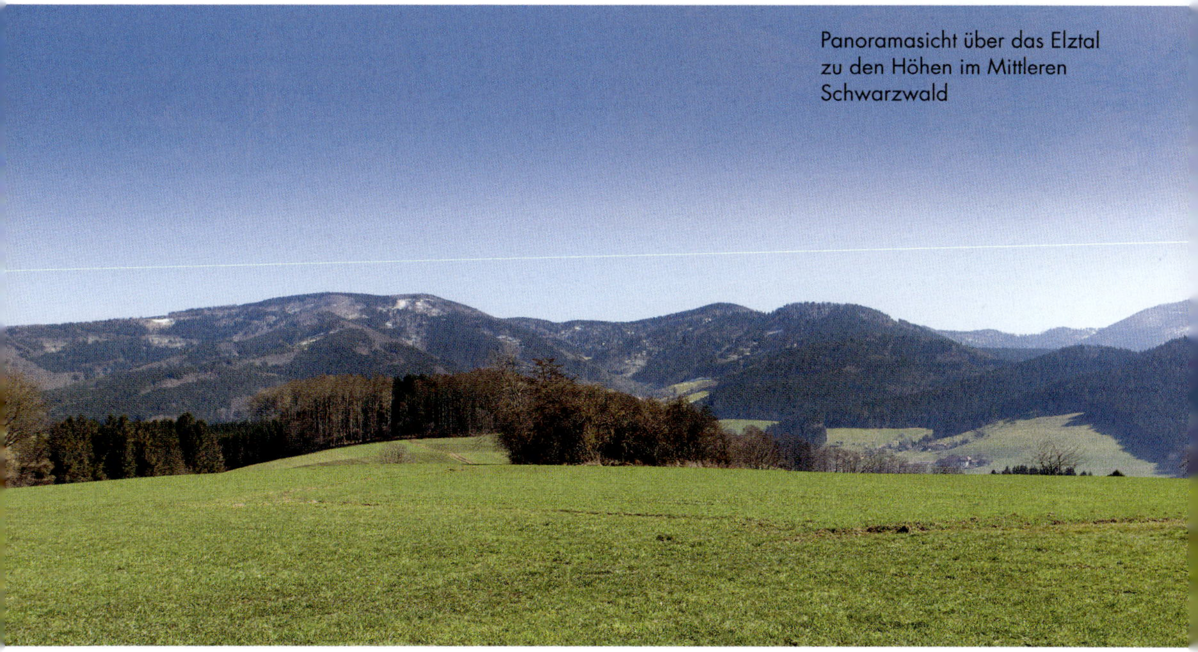

Panoramasicht über das Elztal zu den Höhen im Mittleren Schwarzwald

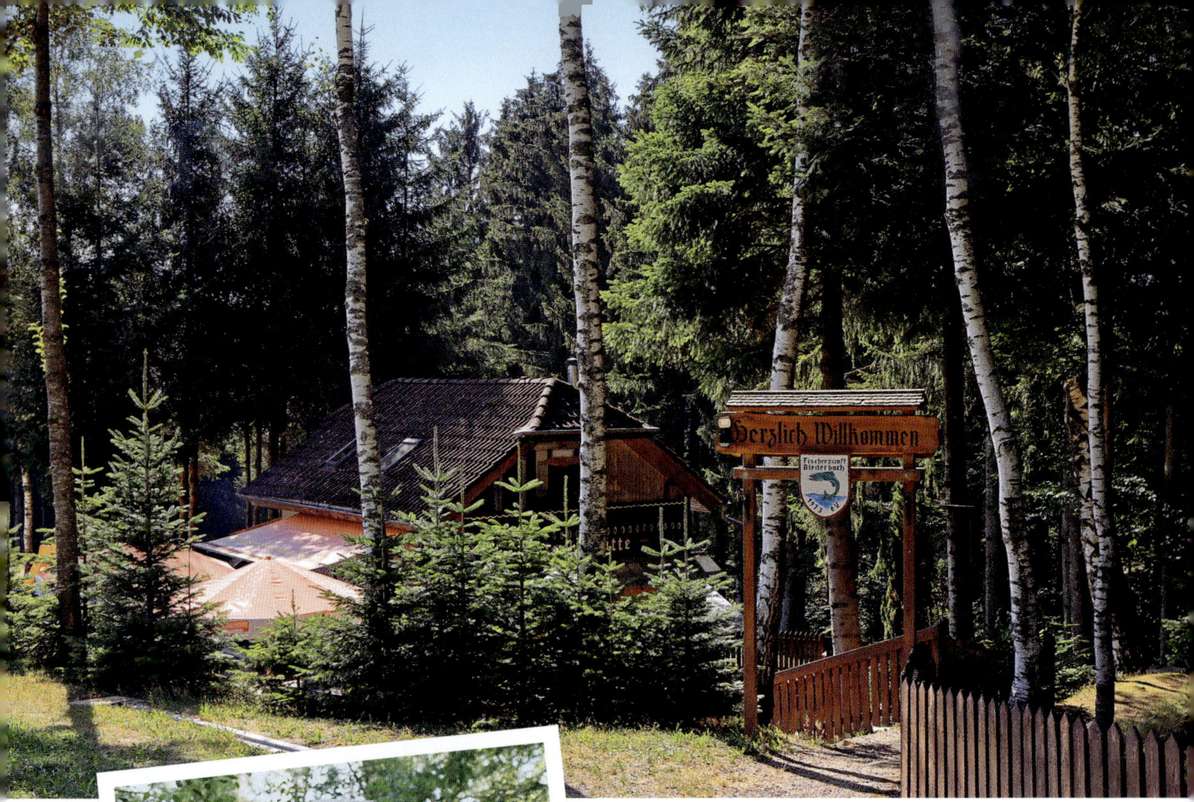

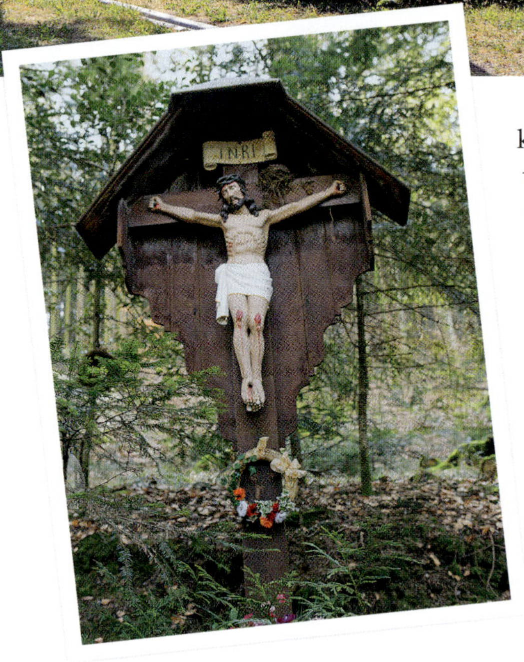

kurzer Abschnitt entlang der Bundesstraße bis über die Elzbrücke. Dort kreuzen wir umsichtig die Straße, um anschließend entlang der Elz den **Frischnauer Bach** nahe seiner Mündung zu überqueren. Hier treffen wir auf den Jakobsweg von Rottenburg zur Burgundischen Pforte. Während die Pilger den direkten Weg nach Elzach nehmen, halten wir uns nach 500 Metern rechts. Mit der gelben Raute gewinnen wir auf breiten Forstwegen wieder deutlich an Höhe, eh wir nach rund 600 Metern bei einem Wegekreuz links abbiegen. Der Weg führt uns hier an einer Lichtung vorbei auf den Ankenbühl und weiter zur **Pfaffenkapelle**.

Christuskreuz am Westhang des Bustbergs

Ganz oben: Zugang zur Fischerhütte Biederbach

Fischerhütte Biederbach Auf dem nächsten Abschnitt macht die Goldener-Kopf-Tour ihrem Namen alle Ehre. Denn hier führt uns die Strecke über eine offene Feld- und Wiesenlandschaft mit herrlichen Ausblicken über das Elztal zum Bergzug mit dem Rohrhardsberg und Hörnleberg. Nach 300 Metern auf der Eckstraße wechseln wir links auf einen ebenfalls bequem zu laufenden Landwirtschaftsweg, passieren oberhalb der Fischerhütte einen Rastplatz, dann die Valentia-Hütte und kommen schließlich zur **Fischerhütte Biederbach**. Sie ist aus dem Vereinsheim der 1973 gegründeten Fischerzunft hervorgegangen und besticht mit ihrer ruhigen Lage. Die Speisekarte ist mit Salaten und Wienerle sowie auch geräucherten Forellenfilets bewusst einfach gehalten. Bei trockener Witterung wird dafür sonntags in der Außenküche gekocht und gegrillt – natürlich auch frischer Fisch.

Die Neunlindenkapelle

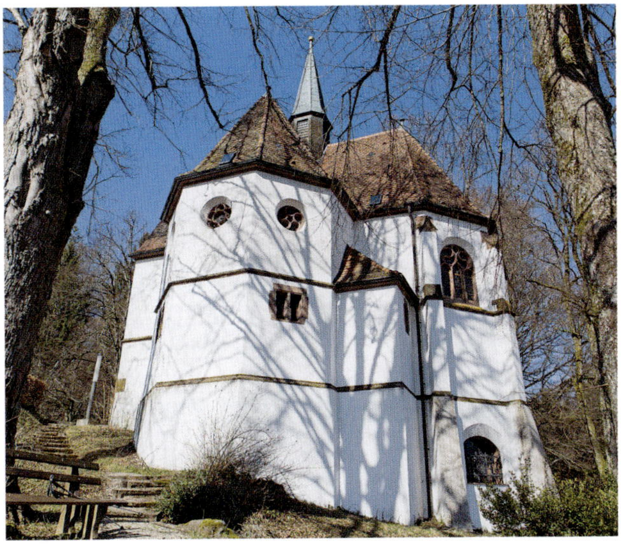

Übers Bechererseck zur Neunlindenkapelle

Rund 100 Meter weiter führt die Runde links durch ein Waldstück zum Wegweiser Wanne und über das Bechererseck (rechts) sowie an der Goldenen Kopf-Hütte vorbei auf den **Goldenen Kopf**. Hier wechseln wir auf den Wiesenpfad zu einer Gedenkstätte für all jene, die durch den Beschluss der Alliierten in den Jahren 1945 und 1946 ihre frühere Heimat östlich der Oder-Neiße-Linie oder sogar ihr Leben verloren. Ab dem Kreuz geht es über mehrere Kehren steil bergab durch den Wald bis nahe der **Neunlindenkapelle**. Der Abstecher lohnt sich.

Neunlindenkapelle

Die Kapelle wurde 1912 und 1913 auf einer Anhöhe westlich der Stadt Elzach in Form eines griechischen Kreuzes erbaut. Ihr Name erinnert an die Neunlindenkapelle, die am Ufer der Elz stand, bis sie 1778 einem Hochwasser zum Opfer fiel. Heute zählt die Neunlindenkapelle zu den Wahrzeichen von Elzach.

Zurück ins Städtli

Danach folgen wir der Beschilderung an einem alten Wassertretbecken vorbei bis zu einem Wasserreservoir. Dort haben wir die Wahl. Wer auf der offiziellen Goldener-Kopf-Tour bleiben möchte, hält sich eher rechts und folgt dem Wegwirrwarr bergab zur Kreuzstraße. Genauso gut können wir der blauen Raute auf der linken Seite zurück ins »Städtli« Elzach folgen, wo weitere Möglichkeiten bestehen, die Runde in einem der Gasthäuser gemütlich ausklingen zu lassen.

13 Schwangeneck-Tour im Elztal

Zum Gartenstüble Dobelberg

Mittel	12,5 km	430 Hm	4 Std.

Tourencharakter
Für den Steilhang zum Röscheneck ist eine gute Kondition am Berg von Vorteil. Die Passage zwischen Klotzrain und dem Scharmattensee erfordert Trittsicherheit. Ansonsten eher leichte und im Anstieg bewaldete Runde

Ausgangs-/Endpunkt
Parkplatz Am Eulenwald nahe der B 294
GPS 48.1303, 7.9968

Anfahrt
Bus & Bahn: Ab dem Bahnhof Bleibach mit dem Bus zur Haltestelle Bleibach Schießbrückle. Ab dort den Zuweg zur Schwangeneck-Tour nutzen. Alternativ sind es 700 m ab dem Bahnhof durch die Dorfstraße zum Schießbrückle.
Auto: Von der B 294 Freiburg–Haslach im Kinzigtal auf Höhe von Bleibach zur Flussseite abbiegen, der Wirtschaftsstraße über die Elz zum Parkplatz Am Eulenwald folgen

Einkehr
Gartenstüble Kräutergarten Dobelberg, Mi–Do, Sa–So ab 12 Uhr, Tel. 07682/674 18, www.kraeuterhof-dobelberg.de

Karte
Karte des Schwarzwaldvereins 1:25 000, W247 Freiburg

Informationen
ZweiTälerLand Tourismus, Tel. 07685/194 33, www.zweitaelerland.de

Das Gartenstüble am Dobelberg bietet Menschen eine Umgebung zur Erholung für Leib und Seele. Zwischen dem Kräutergarten sowie rund um die Gaststube laden liebevoll eingerichtete Sitzgelegenheiten dazu ein. Sie alle machen diesen Ort zu einem ganz besonderen.

Durch den Eulenwald zum Röscheneck Die Wanderung zum Gartenstüble entspricht ab dem **Parkplatz am Eulenwald** der Schwangeneck-Tour der Ferienregion ZweiTälerLand. Zugleich empfehlen wir, die Runde im Uhrzeigersinn zu wandern. Dadurch haben wir bei der Ankunft beim Gartenstüble die allermeisten Höhenmeter bereits bewältigt und können uns auf einen lockeren Rückweg freuen. Von der Brücke über die Elz aus gesehen halten wir uns also zunächst links, um bei der Gabelung mit der blauen Raute rechts in den Eulenwald abzuzweigen. Wo

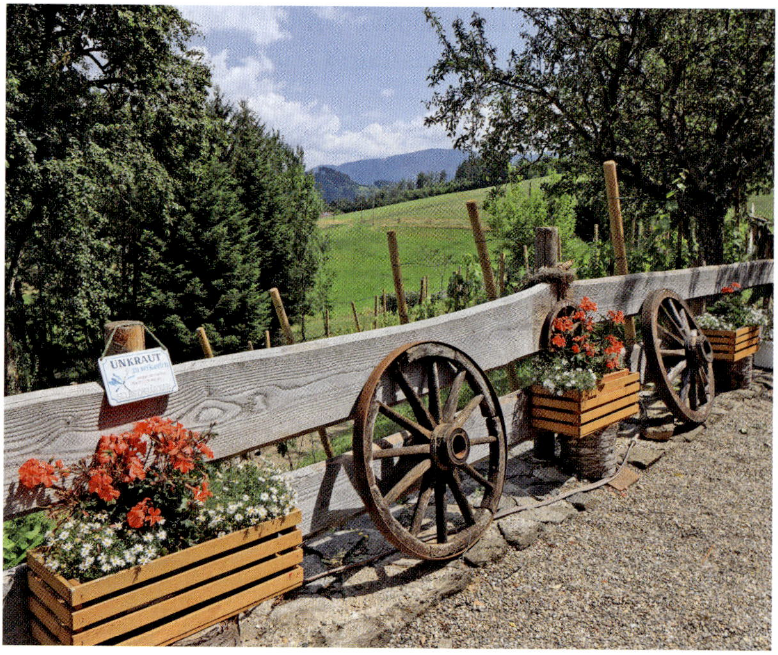

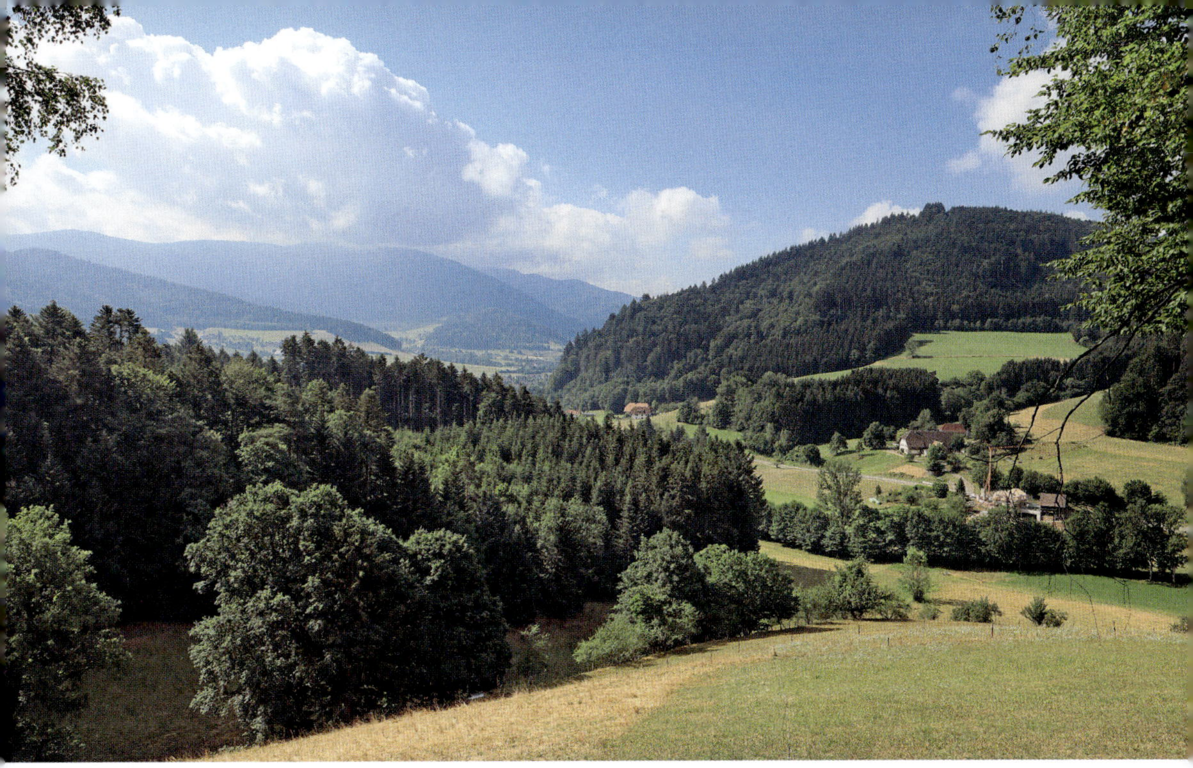

wir in der Rechtskurve nochmals den Waldrand tangieren, öffnet sich die Sicht über den Siegelbach hinweg zum Müllerhof am Gegenhang. Zurück im Wald beschreibt der Wanderweg einen Bogen um ein Seitental. Nach einem weiteren **Ausblick über das Elztal** nehmen wir rechts den ansteigenden Pfad hoch zu einem anderen Forstweg. Nach gut einem halben Kilometer gabelt sich dieser. Rechts führt uns die blaue Raute an den Fuß eines **Steilhangs**. Auf den nächsten 300 Metern machen wir tatsächlich ordentlich Höhe. Dann aber flacht der Pfad ab, sodass wir doch gut zum **Röscheneck** kommen.

Ausblick über den Siegelbach ins Elztal

Linke Seite: Alte Räder und blühende Geranien säumen den Weg in den Garten.

Rauchsbühl, Wolfenbühl und Holzbühl Wir biegen rechts ab und folgen weiter der blauen Raute am Schwangeneck (vor Ort nicht ersichtlich) und an der **Alwin-Teetz-Bank** vorbei auf den **Rauchsbühl**. Am höchsten Punkt der Runde wechselt die Beschilderung der Schwangeneck-Tour von blauer zu gelber Raute. Rund zehn Minuten später treffen wir bei einer Wegspinne auf den Eichwaldweg. Wir orientieren uns leicht rechts. Auf dem nächsten Abschnitt passieren wir erst eine von Wald umschlossene Wiese, dann die bewaldete Kuppe des **Wolfenbühl**. Bei der nächsten großen Wiese biegen wir rechts ab und folgen der gelben Raute in zunehmend südlicher Richtung bis zum **Holzbühl**. Dort

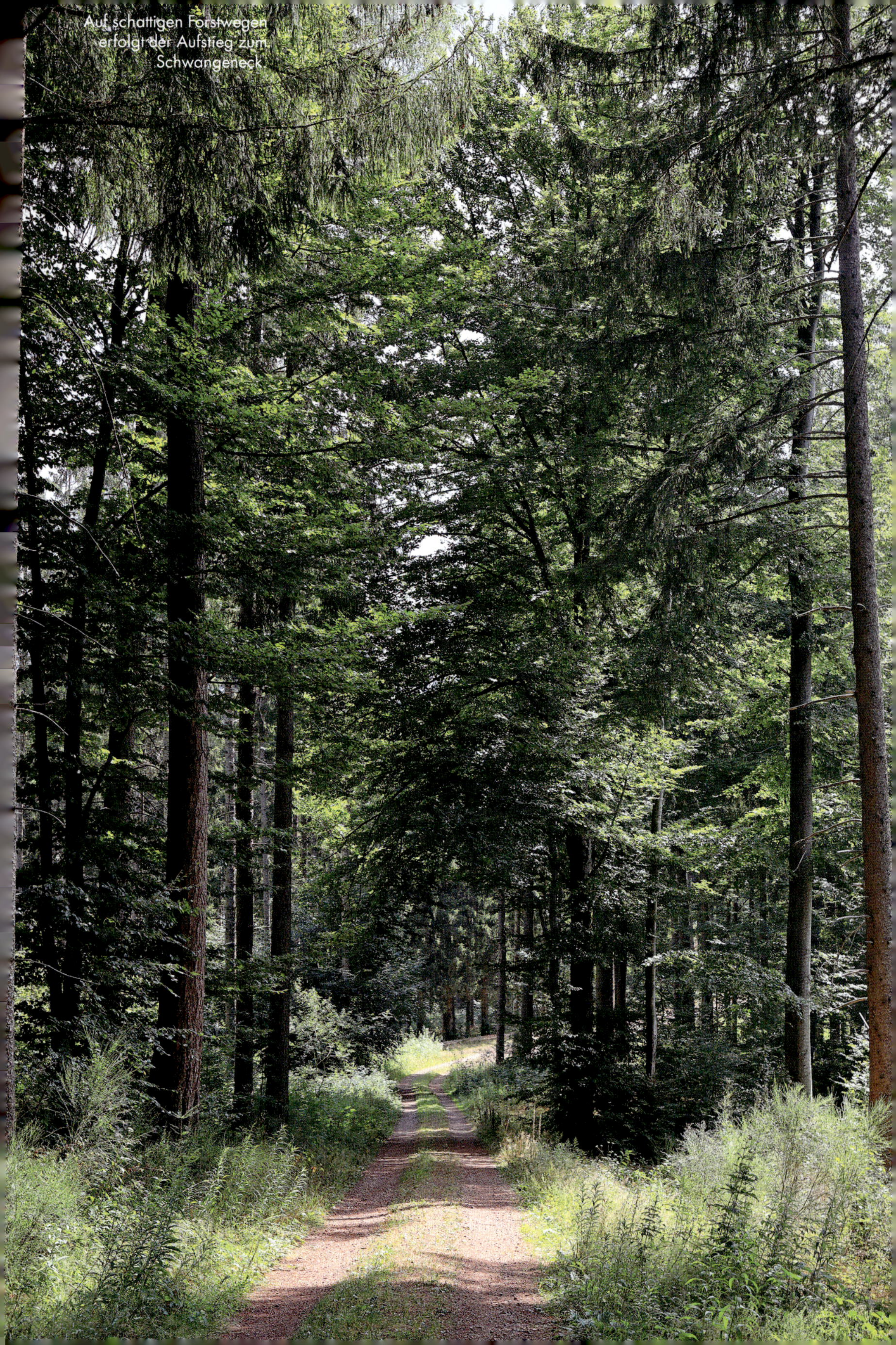
Auf schattigen Forstwegen erfolgt der Aufstieg zum Schwangeneck

ermöglicht die Verbindung nach Niederwinden, die Runde abzukürzen. Für unseren Hütten-Geheimtipp biegen wir indes links ab.

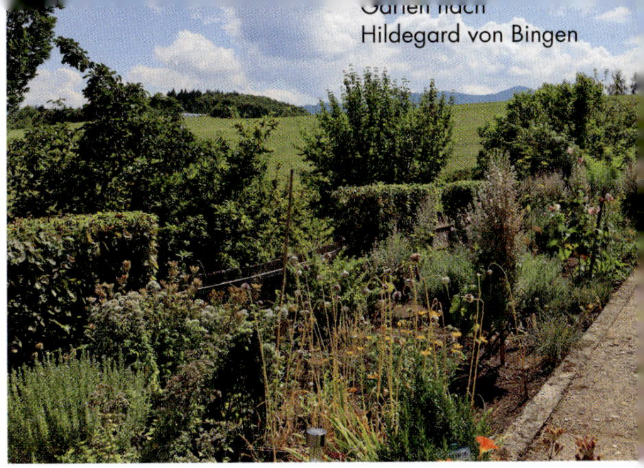

Garten nach Hildegard von Bingen

Gartenstüble am Dobelberg Auf einem bequem zu laufenden Forstweg ist der Wegweiser **Dobelberg** bald erreicht. Und nach den teils kräftezehrenden Anstiegen haben wir die Pause im **Gartenstüble** wahrlich verdient. Der Zugang dorthin erfolgt am Kräutergarten nach Hildegard von Bingen vorbei. Als Idee des Gartens nennt Inhaberin Edith Fehrenbach, die Pflanzen kennenzulernen, welche die Natur- und Heilkundige schon im 12. Jahrhundert beschrieben hatte. Ein wichtiges Anliegen war ihr, eine ursprüngliche Einkehrmöglichkeit zu schaffen. Als Ergebnis finden Gäste am Dobelberg eine Oase der Ruhe und Entspannung. Dies gelingt mit dem reichen und duftenden Blumenflor sowie durch die Gestaltung des Außenbereichs. So fühlt man sich durch die Lage am Hang geborgen und hat einen weiten Blick zu den Bergketten jenseits der Elz.

Gartenbesichtigung

Die Besichtigung des Kräutergartens ist jeweils mittwochs und donnerstags sowie an den Wochenenden möglich. Führungen werden nach Voranmeldung ab der Teilnahme von vier Personen angeboten. Durch die Beschilderung lassen sich aber auch auf eigene Faust viele heimische Heilpflanzen und Kräuter kennenlernen.

Lockeres Auslaufen im Elztal Zurück beim Wegweiser Dobelberg erfolgt der Rückweg rechts am Christuskreuz vorbei mit der gelben Raute zum **Klotzrain**. Dort biegen wir rechts auf den Elztalweg ein (blaue Raute). Nach einem kurzen, mit Drahtseil gesicherten Abschnitt entlang einer Hangkante sehen wir unter uns den **Scharmattensee** und – jenseits der Elz – einen Fußballplatz. Dann ist auch schon die Talsohle erreicht. An den Häusern in der Oberen Rainstraße vorbei treffen wir schließlich wieder auf die Elz. Dem größeren der beiden Hauptflüsse des ZweiTälerLands können wir auf dem letzten Abschnitt über das **Unterdorf** von Niederwinden bis zurück zum Parkplatz am Eulenwald folgen.

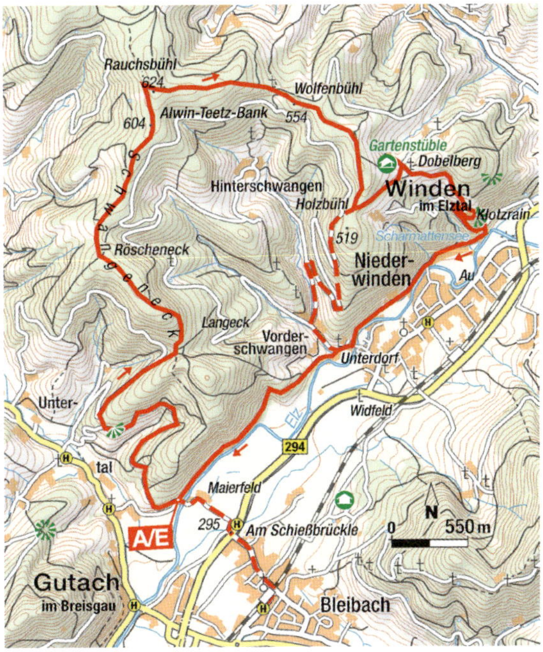

14 Kulturdenkmal Reinertonishof

Variante über den Blindensee

Leicht | 8,2 km | 170 Hm | 2.45 Std.

Tourencharakter
Abwechslungsreiche Höhenwanderung auf bequem zu gehenden Wegen und Pfaden. Der Blindensee wird auf einem schmalen Bohlenweg mit wenigen Stufen passiert.

Ausgangs-/Endpunkt
Wanderparkplatz Weiß, Weißenbacher Höhe
GPS 48.1090, 8.1717

Anfahrt
Bus & Bahn: Ab dem Bahnhof Triberg wenige Busverbindungen über Schonach zur Haltestelle Wanderparkplatz Weiß, Schönwald. Oder zu Fuß ab Haltestelle Inselklause über die Straße Schwarzenbach 1200 m zum Reinertonishof
Auto: Von der B 500 Hinterzarten–Triberg bei Furtwangen oder zwischen Triberg und Schönwald auf die K 5730, Kreisstraße bis zur Weißenbacher Höhe

Einkehr
Reinertonishof, Fr–So ab 11 Uhr, Tel. 07722/2505, www.reinertonishof.de;
Küferhäusle, Sa ab 12 Uhr, So ab 11 Uhr, Tel. 0157/52949151, www.kueferhaeusle.de

Karte
Karte des Schwarzwaldvereins 1:25 000, W248 Furtwangen

Informationen
Tourist-Information Schönwald und Furtwangen, Tel. 07722/860831, www.hochschwarzwald.de

Der Reinertonishof entstand 1619 als Lehenshof der Herrschaft Habsburg. Er wurde von unfreien Bauern bewirtschaftet und blieb lange ohne Namen. Mit dem Anschluss Schönwalds an Baden änderte sich dies. Heute ist der Hof als Kulturdenkmal und Freilichtmuseum bekannt.

Auf dem Westweg Ab der **Weißenbacher Höhe** folgen wir der roten Westwegraute zunächst in Richtung Blindensee. Nach wenigen Schritten entlang der Zufahrt zum Farnbauernhof zweigen wir beim Wegweiser Farnberg rechts auf den Waldweg ab. Nach kurzen Passagen im Wald sowie am Waldrand biegen wir beim Wegweiser **Weißenbacher Wald** erst rechts, dann 200 Meter weiter links ab und folgen der roten Raute an mehreren Höfen vorbei und durch einen weiteren Waldstreifen bis **Brand**. Für eilige Wanderer besteht geradeaus die Möglichkeit, auf der Ab-

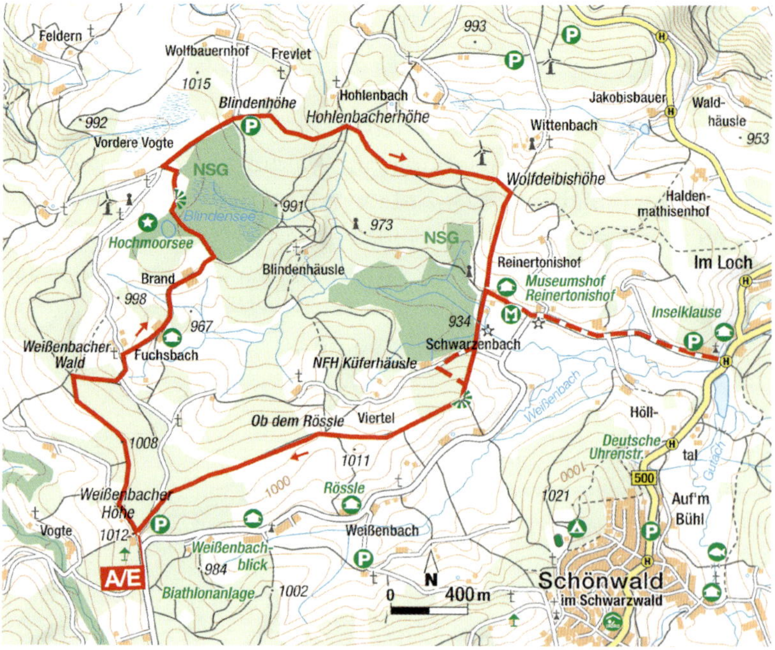

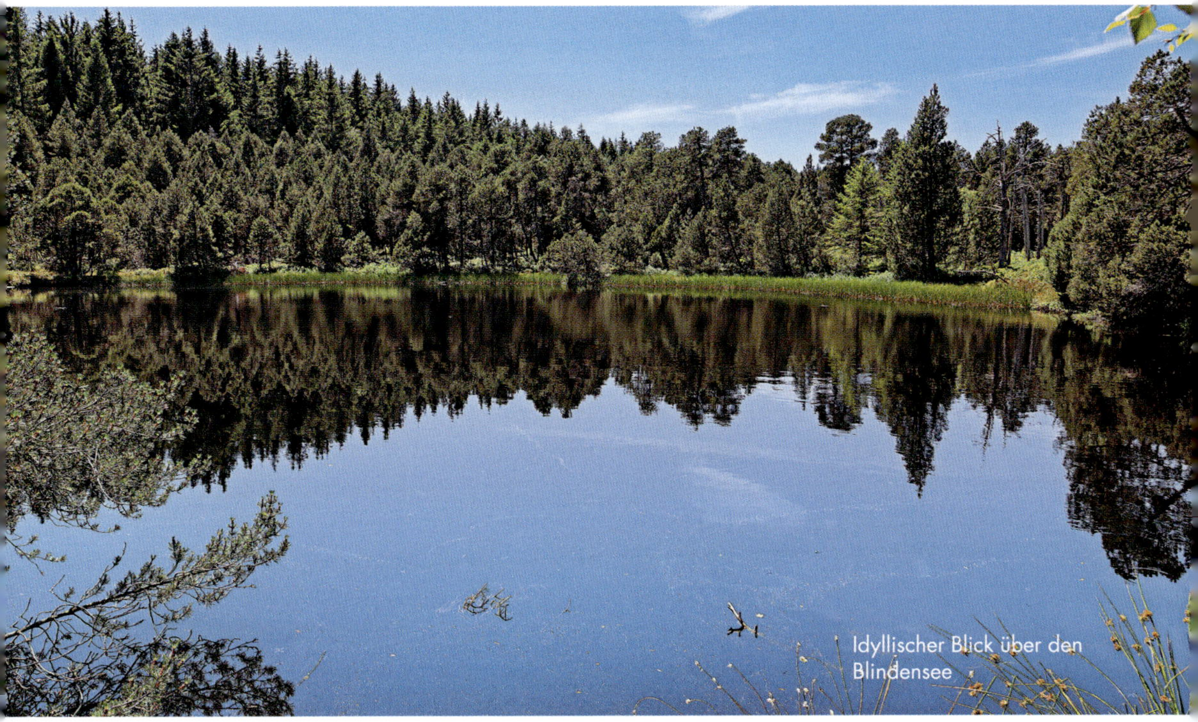

Idyllischer Blick über den Blindensee

kürzung des Schonacher Wälderwegs direkt zum Reinertonishof zu laufen. Wer die Verbindung wählt, hat den Reinertonishof in gut anderthalb Kilometern erreicht – und einen der idyllischsten Seen im Schwarzwald verpasst.

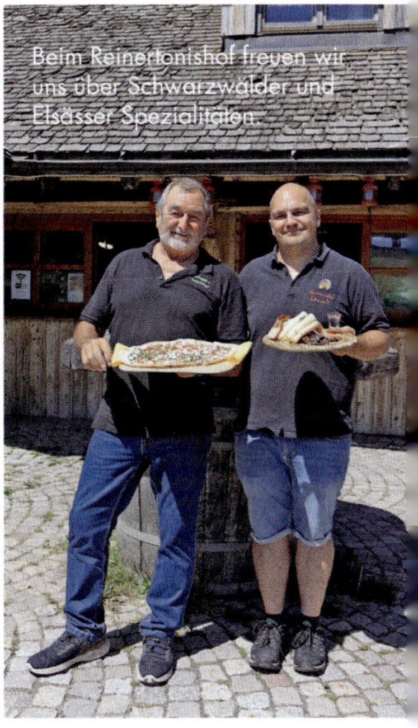

Beim Reinertonishof freuen wir uns über Schwarzwälder und Elsässer Spezialitäten.

Naturschutzgebiet Blindensee Als Genusswanderer bleiben wir also auf dem Westweg, passieren am Waldrand die mit viel Holz erstellte Rastmöglichkeit und nutzen den Bohlenweg zum **Blindensee**. Am östlichen Seeufer laden weitere Bänke zum Verweilen ein. Damit finden wir hier den perfekten Ort, um die Natur und die Stille am See zu genießen. Entstanden ist dieser durch das Abrutschen von Torfschichten am Rand der angrenzenden Hangmoore. Dabei bildete sich zunächst ein Riss, der sich mit Wasser füllte. Die nahezu kreisrunde Form wird auf Frostereignisse zurückgeführt.

Sagen über den Blindensee Das dunkle Wasser hat seit jeher die Fantasie der Menschen beflügelt. So handelt eine Sage von einem Bauern, der sein Ochsengespann im Suff in das Moor gelenkt haben soll. Tiere, Wagen und Lenker versanken im Morast. Doch drei Tage später soll das Gespann bei Kehl am Rhein wieder aufgetaucht sein. Eine zweite Legende berichtet von zwei zerstrittenen Bauern. Nachdem ein Blitz die Höfe der beiden Streithammel vernichtet hatte, soll sich die dabei entstandene Senke mit Wasser gefüllt haben. Zuletzt hört man in Schönwald von zwei Vermessern, die den See vermessen wollten. Als sie ihr Boot zur Mitte des Gewässers lenkten, hörten sie eine Stimme: »Willst du mich messen, so muss ich dich fressen.« Daraufhin brachen sie ihr Vorhaben ab und retteten sich ans sichere Ufer.

Reinertonishof

Nach dem Anschluss ans Großherzogtum Baden war es freien Bauern möglich, ihre Höfe zu kaufen. Der erste Bauer mit Grundbucheintrag war Johann Martin Reiner. Der heutige Hofname geht auf seinen Enkel Anton Kuner zurück, der als elfter Besitzer Reinertoni genannt wurde.

Über drei Höhen zum Reinertonishof Am Ende des Wegs biegen wir rechts in die Straße zur **Blindenhöhe** ein. Dort verlassen wir den Westweg und folgen rechts der gelben Raute über die Hohlenbacherhöhe zur **Wolfdeibishöhe**. Rechts sind es noch 600 Meter bis zum **Reinertonishof**. Der jahrhundertealte Hof war lange Zeit ein Juwel aus der vorderösterreichischen Epoche Schönwalds. Nach einer grundlegenden Sanierung war er ab 1986 ein eingetragenes Kulturdenkmal Baden-Württembergs. Leider schützte ihn dies nicht vor Freveln:

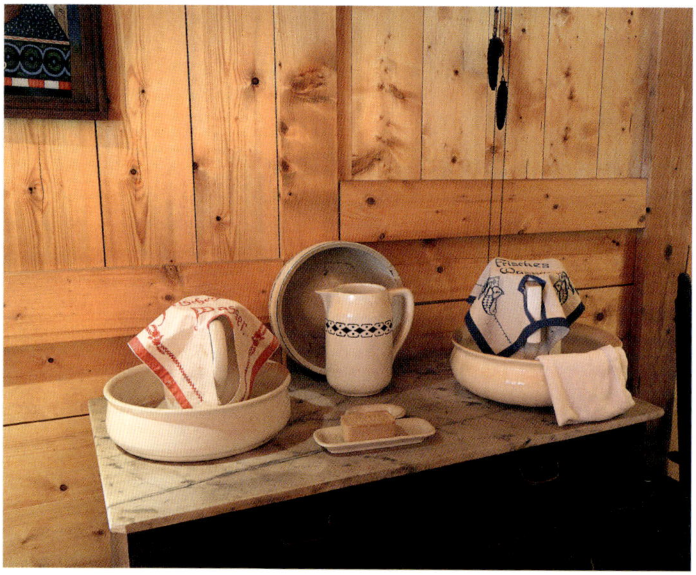

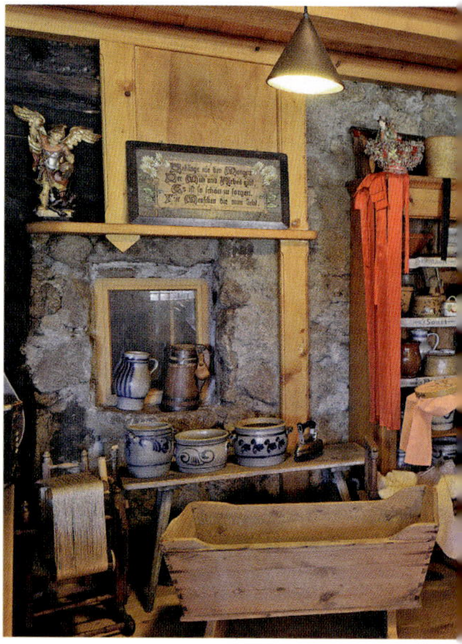

Links: Mehr brauchte es damals nicht zum Waschen.

Mitte: Die vom Feuer verschonte Stube des Reinertonishofs

Im Januar 2006 steckten Jugendliche den Hof in Brand, wodurch weite Teile der alten Bausubstanz verloren gingen. Umso bemerkenswerter ist, dass sich die Inhaberfamilie Duffner davon nicht entmutigen ließ und den Hof auf den alten Grundmauern des ehemaligen Wohnteils wiederaufbaute. Direkt daneben befindet sich das historische Backhaus mit dem daran angeschlossenen Vesperhäusle. Besonders stolz ist man hier auf die reich garnierten Vesperplatten mit Schinken, Speck und Wurst aus der eigenen Räucherkammer. Auch die Obstler werden auf dem Hof selbst gebrannt.

Der perfekte Vesperteller

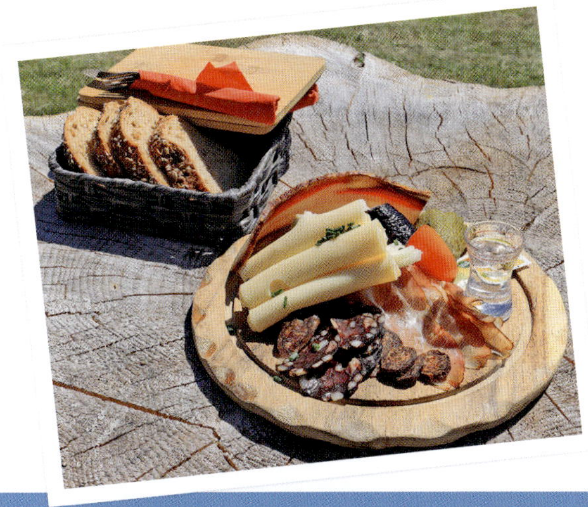

Auf dem Schonacher Wälderweg Der spätere Rückweg erfolgt ab dem Wegweiser oberhalb des Hofs auf dem Schonacher Wälderweg. Nach 300 Metern bietet uns rechts das **Naturfreundehaus Küferhäusle** eine zweite Möglichkeit, den Ausflug mit einer Einkehr zu verbinden. Ansonsten wandern wir weiter geradeaus zum **Weißenbacher Talblick**. Dort biegen wir rechts ab und folgen der Beschilderung über den Wegweiser **Ob dem Rössle** zurück zur Weißenbacher Höhe.

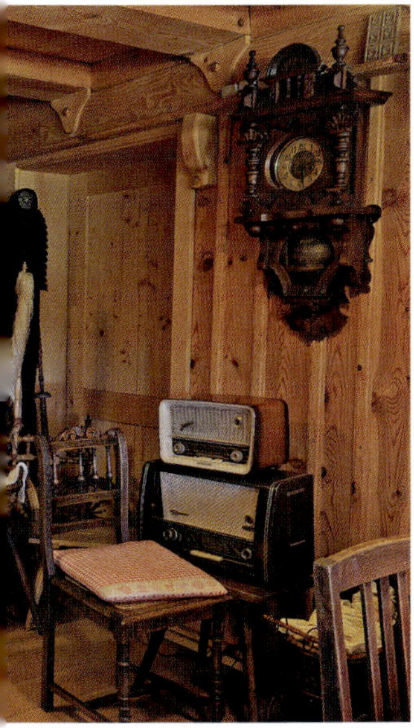

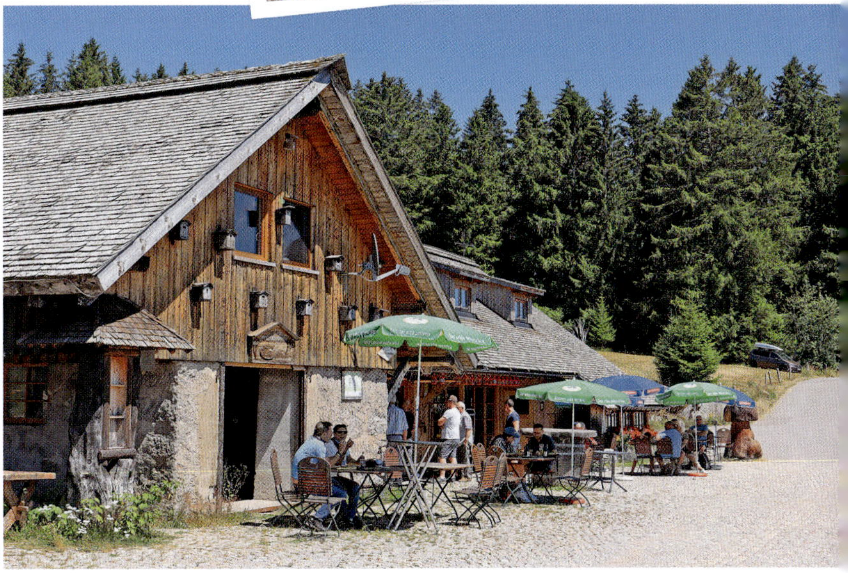

Die Vesperstube vom Reinertonishof

15 Herausragender Stöcklewaldturm

Höhenwanderung ab dem Escheck

Leicht | 12 km | 200 Hm | 3.30 Std.

Tourencharakter
Technisch anspruchslose Runde durch ruhige Wälder und zu schönen Aussichtspunkten über den Mittleren Schwarzwald. Auf den Stöcklewaldturm führt eine enge Wendeltreppe.

Ausgangs-/Endpunkt
Parkplatz Escheck an der B 500
GPS 48.0881, 8.1980

Anfahrt
Bus & Bahn: Ab dem Bahnhof Triberg bestehen Verbindungen zur Bushaltestelle Escheck, Furtwangen.
Auto: Der B 500 Hinterzarten–Triberg bis zur Anhöhe Escheck zwischen Furtwangen und Schönwald folgen

Einkehr
Vesperstube Stöcklewaldturm, Mi–So ab 10 Uhr, Tel. 07722/41 67, stoecklewaldturm.de

Karte
Karte des Schwarzwaldvereins 1:25 000, W248 Furtwangen

Informationen
Tourist-Information Schönwald und Furtwangen, Tel. 07722/86 08 31, www.hochschwarzwald.de

Wer den Schwarzwald auf dem Mittelweg durchquert, kommt zwischen Sankt Georgen und Furtwangen zum Stöcklewaldturm. Deutlich leichter sind der Turm und die Vesperstube ab dem Escheck zu erreichen. Schon zuvor lohnt der Abstecher zu einem Schnapsschränkle.

Auf dem Heilklimasteig Der erste Abschnitt dieser Runde verläuft auf dem Heilklimasteig von Schönwald. Vom Gasthaus Kreuz und dem **Escheck** aus gesehen verläuft er zunächst parallel zur Wirtschaftsstraße und lädt mit einigen Bänken dazu ein, zu verweilen und die Aussicht über die Bergwiesen zu genießen. Nach einer Passage am Waldrand laufen wir beim Wegweiser **Hinterschützenbach** geradeaus weiter. Wo der Heilklimasteig wenige Schritte weiter beim Wegweiser **Hippen** links abbiegt, wechseln wir mit der blauen Raute auf den Forstweg.

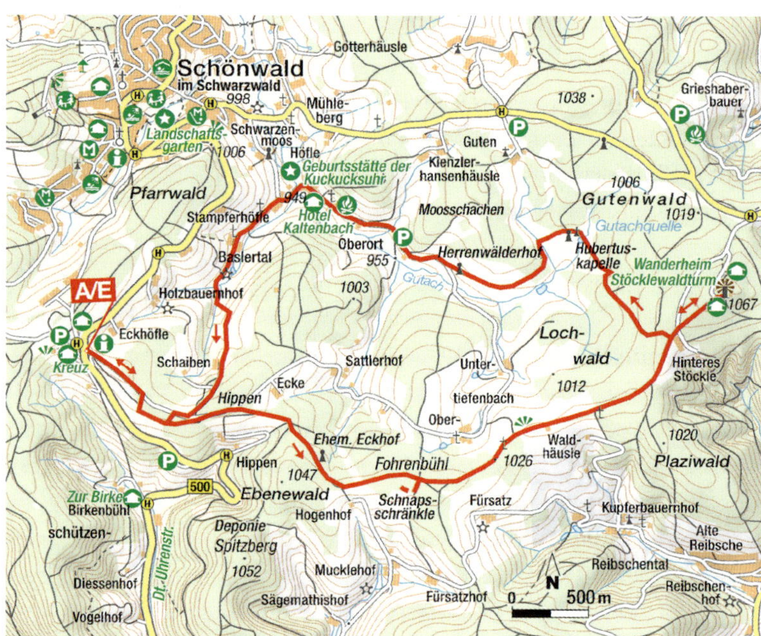

Geistreiche Ablenkung Am Ende einer Wiese schwenkt dieser nach Süden und führt uns über das heute bewaldete Gelände des ehemaligen **Eckhofs**. Wo sich die Sicht über den Hogenhof öffnet, orientieren wir uns links und nehmen Kurs auf den Fohrenbühl. Auf dem Weg dorthin lenkt die Beschilderung zu einem **Schnapsschränkle** ab. Dahinter verbirgt sich ein am Waldrand gelegener und liebevoll gestalteter Rastplatz. Neben den versprochenen hochprozentigen Tropfen finden wir vor Ort auch eine Auswahl an Bieren sowie – in sehr begrenztem Umfang – alkoholfreien Getränken. Bei unserer Ankunft hatte sich übrigens ein Paar über die fehlenden Gläser gewundert. Diese befinden sich in der Schublade über den Likören.

Aussicht vom Stöcklewaldturm Zurück auf dem Wanderweg treffen wir als Nächstes beim **Fohrenbühl** auf den Mittelweg. Dem 1903 angelegten und nach dem Westweg zweitältesten Fernwanderweg im Schwarzwald können wir nun einfach über die Hochfläche und den Wegweiser **Hinteres Stöckle** bis zum **Stöcklewald** folgen. Auf die Plattform des Aussichtsturms führt eine Wendeltreppe mit 127 Stufen. Oben können wir uns über ein weitreichendes Panorama freuen. Im Osten hebt sich der Testturm von Thyssenkrupp deutlich vor der Schwäbischen Alb ab. Im Nordwesten blicken wir zur Hornisgrinde sowie zu den Vogesen. Wenden wir uns nach Westen, so wird zwischen den beiden Windrädern der Brend durch den Kandel überragt. Weiter im Süden ist das Feldbergmassiv zu sehen. Bei guter Fernsicht reihen sich links davon einige Gipfel der Alpen aneinander.

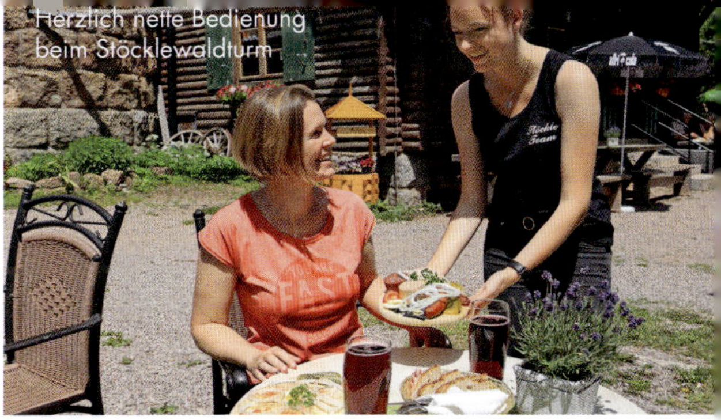
Herzlich nette Bedienung beim Stöcklewaldturm ...

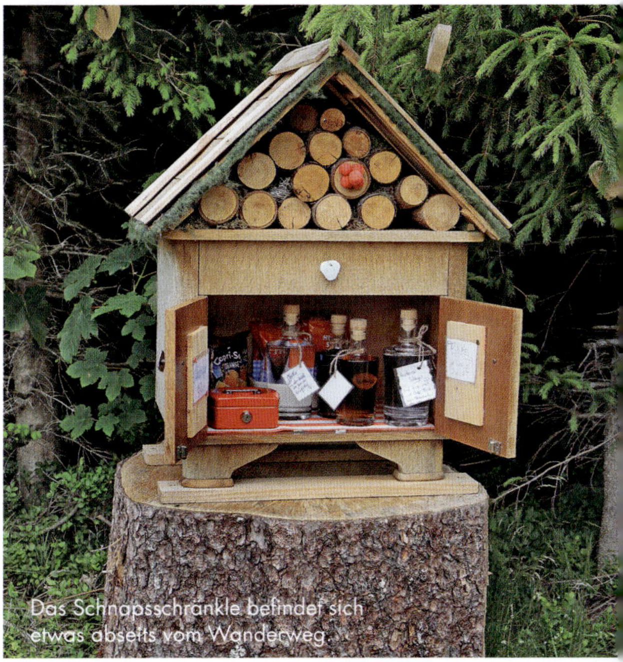
Das Schnapsschränkle befindet sich etwas abseits vom Wanderweg.

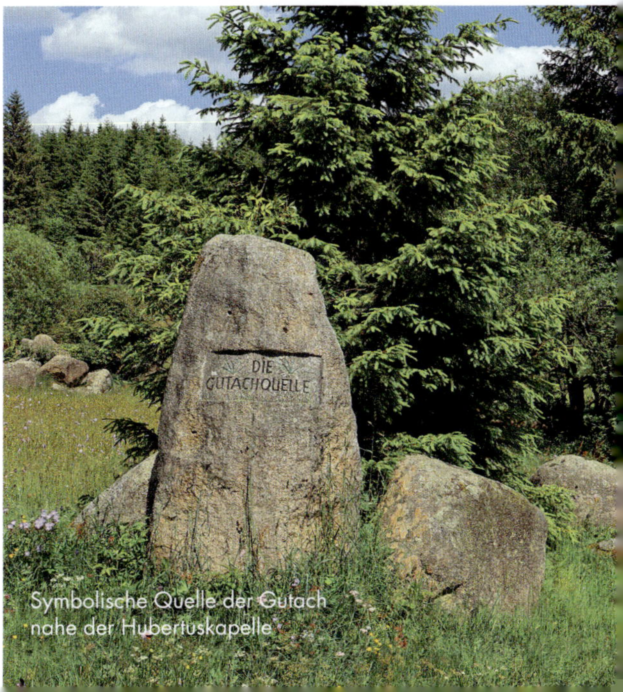

Symbolische Quelle der Gutach nahe der Hubertuskapelle

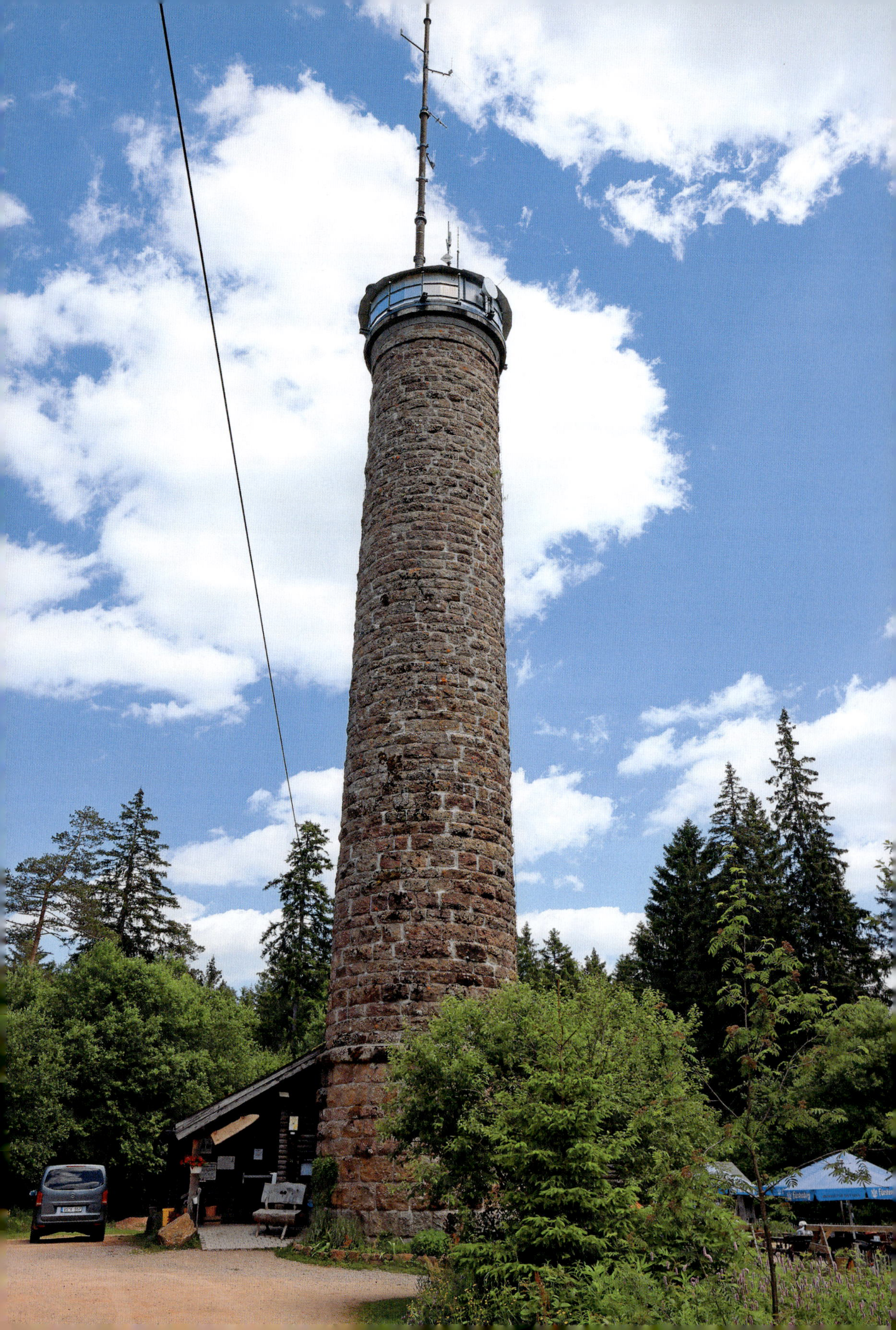

Linke Seite: Der Stöcklewaldturm ermöglicht eine weite Aussicht bis zu den Alpen.

Vesperstube Stöcklewaldturm In der Vesperstube Stöcklewaldturm empfängt uns Katrin Heinzmann. Als 22-Jährige hat die gelernte Hotelfachfrau das Ausflugslokal 2011 übernommen und zusammen mit ihren Mädels zum Erfolg geführt. Seitdem können sich die Gäste über ein reiches Frühstücksbüfett, herzhafte Vesper und selbstgemachte Kuchen freuen. Auch das Brot stammt aus der familiär geführten Bäckerei. Bei sommerlichen Temperaturen lässt es sich auf der großzügig angelegten Sonnenterrasse bestens aushalten. An kühleren Tagen verströmt der Kachelofen in der Vesperstube eine wohlige Wärme. Die braucht es auch. Denn das Lokal ist ganzjährig geöffnet und damit auch im Winter ein dankbares Ausflugsziel.

Gutachquelle und Hubertuskapelle Nach der Einkehr geht es zunächst auf dem Mittelweg zurück zum Wegweiser **Hinteres Stöckle**. Rechts ab führt uns die gelbe Raute durch den Wald zur **Gutachquelle**. Es handelt sich hier um eine symbolische Quelle. Tatsächlich entspringt die Gutach ein gutes Stück weiter östlich im Stöcklewald. Einen Steinwurf weiter befindet sich die **Hubertuskapelle**. Sie gehörte einst zum Untergutenhof, der allerdings 1876 abbrannte. Nachdem auch ihr der Zerfall drohte, gelang es in den 1950er-Jahren einer privaten Initiative, das Kleinod zu retten. Heute steht die Kapelle unter Denkmalschutz. Ein Blick in den auch an Sommertagen kühlen Innenraum lohnt sich.

Geschichte des Stöcklewaldturms

Der Stöcklewaldturm wurde 1894 durch die Schwarzwaldvereins-Ortsgruppe Triberg auf der 1069 m hohen Kuppe des Stöcklewalds erbaut und ist 25 m hoch. Das Rasthaus und Wanderheim folgten zwischen 1956 und 1962. Übernachtungen sind im 7-Bett-Zimmer möglich. Der Zugang zum Turm erfolgt durch die Gaststube und ist gegen ein geringes Entgelt möglich.

Heilklimasteig zum Zweiten Der weitere Rückweg erfolgt ab der Kapelle mit der gelben Raute am Standort des ehemaligen Herrenwälderhofs vorbei sowie über den Wegweiser **Herrenwälderweg** und das Hotel Kaltenbach bis zum **Baslertal**. Links ab treffen wir auf dem Weg zum Brunnen im Baslertal wieder auf den Heilklimasteig, den wir vom Beginn der Wanderung schon kennen. Dieser begleitet uns über die Wegweiser **Schaiben** und Hinterschützenbach sowie mit letzten schönen Aussichten wieder zurück zum Ausgangspunkt am Escheck.

16 Fensterliwirt auf dem Berg der Kräfte

Gummenhütte am Kandel

Mittel | 6,3 km | 250 Hm | 2–2.30 Std.

Tourencharakter
Im Bereich des Großen Kandelfelsens ist eine kurze steinige Passage zu meistern. Der Zugang zur Thomashütte erfolgt zu einer steil abfallenden Geländekante. Ansonsten eher leichte Runde auf bequemen Pfaden

Ausgangs-/Endpunkt
Passhöhe Kandel
GPS 48.0650, 8.0162

Anfahrt
Bus & Bahn: Ab dem S-Bahnhof Denzlingen fährt die Buslinie 7205 zur Haltestelle Kandel Rasthaus, Waldkirch mit Umstieg in Unterwasser, St. Peter.
Auto: Über die B 294 Freiburg–Freudenstadt bis Waldkirch, weiter über die L 186 (Kandelstraße) bis zu den Parkplätzen entlang der Passhöhe

Einkehr
Gummenhütte Fensterliwirt, Mo, Do–Sa ab 11.30 Uhr, So ab 10 Uhr,
Tel. 0175/4727066,
gummenhuette.g-valley.de

Karte
Karte des Schwarzwaldvereins 1:25 000, W247 Freiburg

Informationen
ZweiTälerLand Tourismus,
Tel. 07685/19433,
www.zweitaelerland.de

Der Hausberg vom ZweiTälerLand ist als »Berg der Kräfte« bekannt. Tatsächlich besitzt der Kandel einen der beeindruckendsten Gipfel im Schwarzwald. Zugleich können wir uns auf eine tolle Aussicht über die Rheinebene zu den Vogesen sowie zu den Alpen freuen.

Kandel-Höhenweg versus Kandel-Tour Nach einem Feuer im Jahr 2002 prägte eine Brandruine fast zwei Dekaden lang die **Passhöhe auf dem Kandel**. Im Herbst 2019 endete das Trauerspiel. Nach dem Abriss des alten Hotelgebäudes entstand die Bergwelt Kandel. Ende 2021 erfolgte die Neueröffnung des modernen Hotels mit Berggaststätte und Biergarten. Während dieses selbst für Motorradfahrer in voller Kluft leicht erreichbar ist, müssen wir uns die Gummenhütte erst verdienen. Hierfür queren wir beim Neubau die Straße und folgen dem Kandel-Höhenweg über die

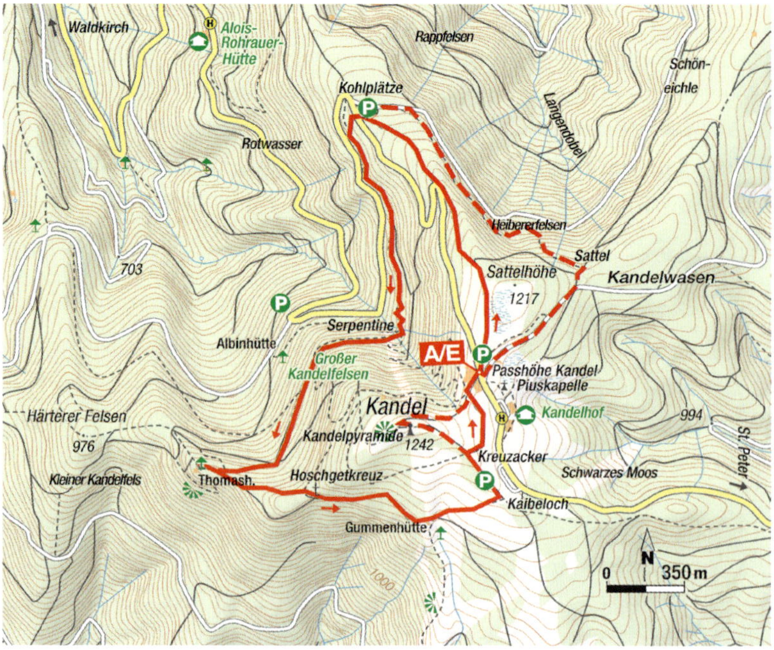

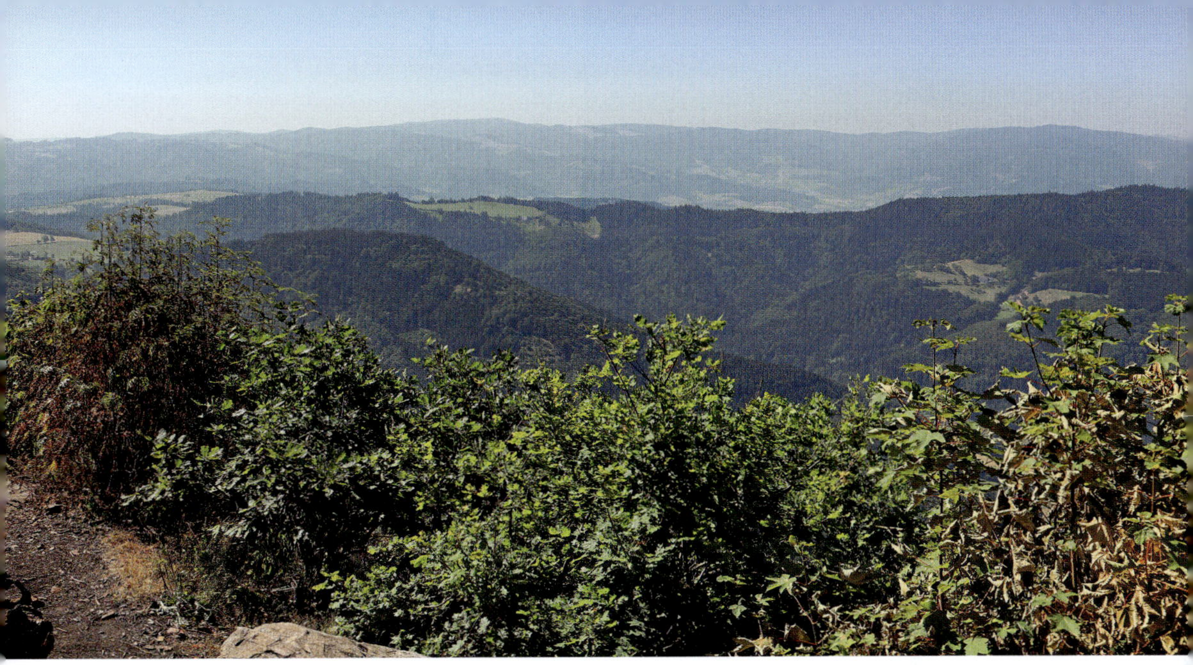

Bei der Thomashütte öffnet sich die Sicht zum Schauinsland.

Westseite der Sattelhöhe in Richtung Kohlplätze. Nach einer ersten schönen Sicht auf den Kaiserstuhl tauchen wir in den Wald ein, wo wir uns bei der Gabelung links halten. Alternativ dazu können wir der längeren Kandel-Tour (auch Josef-Seger-Weg) über den **Sattel** und **Heibererfelsen** über die Ostflanke folgen. Bei **Kohlplätze** treffen beide Wege wieder zusammen.

Auf dem Josef-Seger-Weg Nahe dem Wegweiser kreuzen wir die Landstraße und orientieren uns fortan an der gelben Raute durch den Wald zur Serpentine. Wo der Pfad auf dem Weg dorthin in einen breiteren Waldweg mündet, halten wir uns zunächst links, um dann 50 Meter weiter rechts auf den nächsten Pfad abzuzweigen. Beim Wegweiser **Serpentine** besteht eine direkte, aber auch sehr steile Verbindung über den Kandelnordhang hoch zum Gipfel. Wir indes überqueren das Kandelbächle, bleiben also auf dem Josef-Seger-Weg und erreichen als Nächstes den **Großen Kandelfelsen**.

Abgegangene Teufelskanzel Am 1. Mai 1981 ereignete sich hier kurz nach Mitternacht ein Felssturz. Mit ohrenbetäubendem Lärm stürzte die bis dahin überhängende Teufelskanzel in die Tiefe und riss eine 200 Meter lange Schneise in den Wald. Noch Stunden später soll die Luft nach Schwefel gerochen

Kandelbergland

An über 70 Geländepunkten informieren Säulen über Besonderheiten rund um den Kandel. Themen sind die Naturkräfte, der mittelalterliche Bergbau sowie auch Geschichten über Sagengestalten.

haben. Außerdem wurde ein Besen in den Trümmern gefunden. Alles drei legt nahe, dass Hexen bei ihrem wilden Tanz in der Walpurgisnacht das Unheil ausgelöst haben. Vor Ort wird Regenwasser als Ursache genannt. Durch wiederholtes Gefrieren und Tauen werden vorhandene Risse immer weiter gedehnt und vertieft. Hier führte dieser Prozess zum Kollaps. Heute bildet der Große Kandelfelsen ein beliebtes Kletterrevier. Als Wanderer

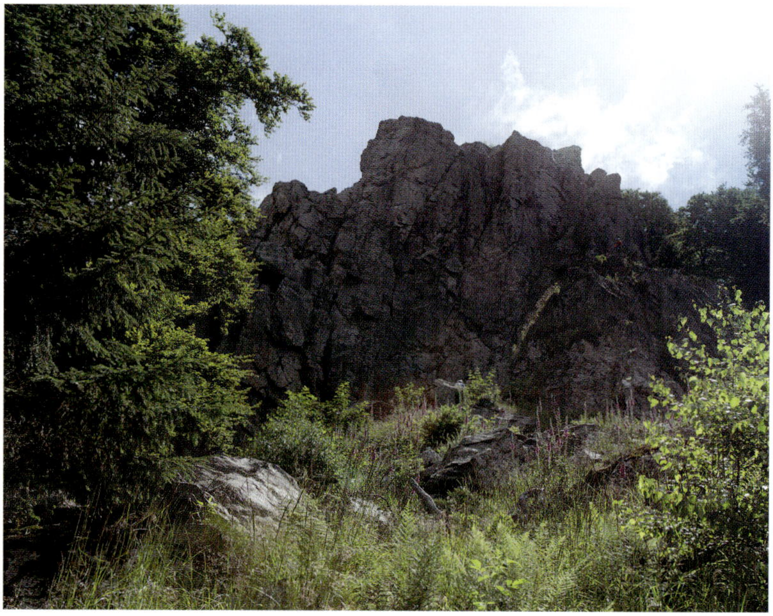

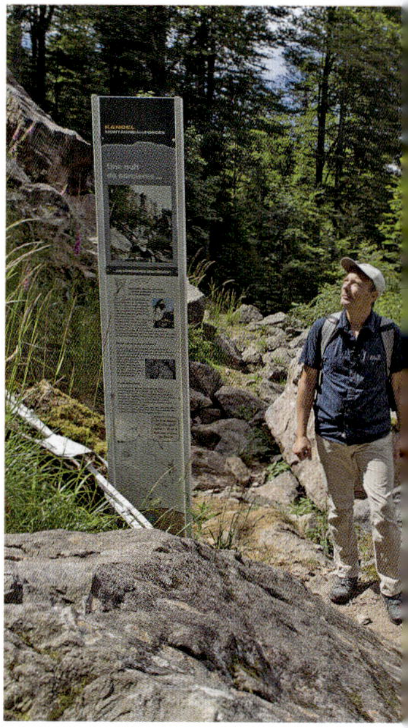

Links: Der Rest des Großen Kandelfelsens

Mitte: Im Bereich des Felssturzes sollten sich Wanderer nur kurz aufhalten – trotz der Infotafeln.

werden wir hingegen dazu angehalten, in diesem Bereich nicht stehenzubleiben. Denn es besteht noch immer die Gefahr, dass sich größere Felsbrocken lösen und talwärts purzeln.

Über Thomashütte und Hoschgetkreuz Südlich des Gefahrenbereichs kreuzen wir den Damenpfad und treffen gut 500 Meter weiter beim Wegweiser **Bei der Thomashütte** auf den ZweiTälerSteig. Der 200 Meter lange Abstecher zur Hütte lohnt sich. Auf ihrer Rückseite finden wir einen urigen Vesperplatz samt Tischle und imposanter Sicht über das Glottertal auf den Schauinsland sowie auf das Feldbergmassiv. Zurück beim letzten Wegweiser teilen wir uns den nun breiten Weg bis zum **Hoschgetkreuz** mit dem ZweiTälerSteig. Während der Fernwanderweg direkt auf den Kandel führt, folgen wir rechts der gelben Raute zur **Gummenhütte**. Sie gehört zu einer Weidegenossenschaft mit neun

Bauern und 146 Hektar Wald- und Weidefläche. Jeder einzelne hat ein Kontingent von elf Tieren, womit bis zu 99 Färsen – also junge weibliche Rinder – auf den umliegenden Weiden den Sommer verbringen.

Niederknien beim Fensterliwirt Bei der auch als Fensterliwirt bekannten Hütte ist der Name Programm. Speisen und Getränke

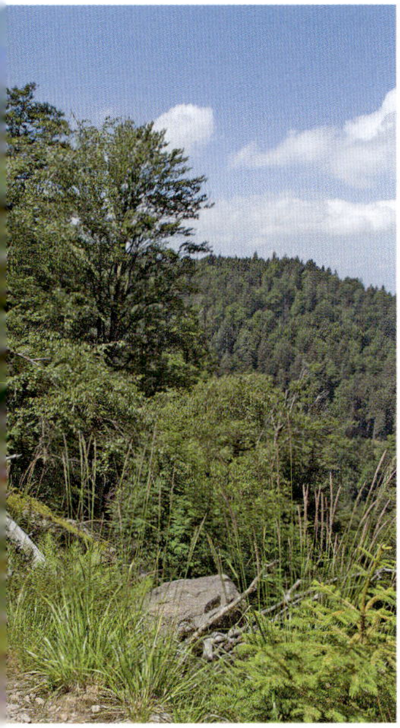

Blick zur Gummenhütte

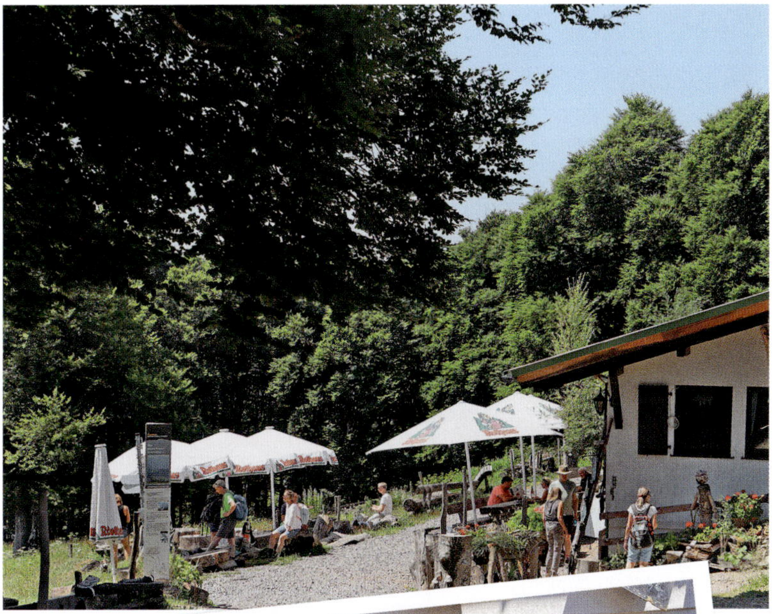

werden hier aus dem Fenster gereicht. Die Besonderheit liegt im Detail: Die Ausgabe befindet sich ebenerdig und zwingt die Gäste in die Knie. Umso mehr können wir uns auf selbstgemachten Kuchen, Brot, Käse und Wurst sowie Säfte und Sirups aus dem Glottertal und den umliegenden Gemeinden freuen. Bei guter Witterung gibt es ein herrliches Alpenpanorama mit der Alviergruppe bei St. Gallen bis zum Sustenhorn der Urner Alpen obendrauf. Der spätere Rückweg erfolgt über das **Kaibeloch** und den **Kreuzacker** zurück zur Bergwelt Kandel. Oder wir gönnen uns zum Abschluss der Runde den Umweg über die **Kandelpyramide**.

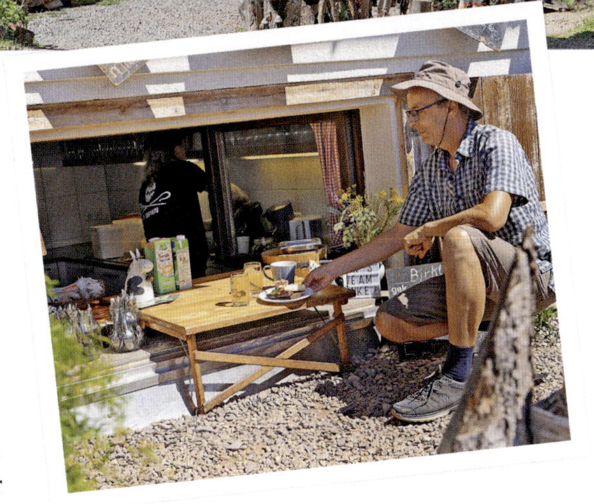

Beim Fensterliwirt heißt es niederknien vorm Essen.

17 Herrengarten, Wildsau und Wäldersteig

Steile Pfade zur Hintereckhütte

Schwer	4,5 km	350 Hm	2.45 Std.

Tourencharakter
Bis zum Wegweiser Saulache einfach zu gehender Waldweg, danach geht es über felsige Pfade steil bergan zum Spitzen Stein. Die Steigung wird durch einige Kehren entschärft. Gleiches gilt für den Abstieg über den Wäldersteig.

Ausgangs-/Endpunkt
Herrengarten an der L 173
GPS 48.0493, 8.1151

Anfahrt
Bus & Bahn: Ab dem Bahnhof Bleibach und ab Furtwangen fährt die Buslinie 7272 zur Haltestelle Sternen, Simonswald. Von dort sind es entlang der L 173 noch 650 m bis zum Ausgangspunkt.
Auto: Von der B 500 Hinterzarten–Furtwangen bei Neueck nach Gütenbach abbiegen, der Landstraße durch Gütenbach bzw. Richtung Simonswald bis zum Parkplatz Herrengarten folgen

Einkehr
Vesperhütte Hintereck,
Fr–So ab 11 Uhr,
Tel. 07723/9297600,
www.hintereck.de

Karte
Karte des Schwarzwaldvereins 1:25 000, W248 Furtwangen

Informationen
ZweiTälerLand Tourismus,
Tel. 07685/19433,
www.zweitaelerland.de

Mit viereinhalb Kilometern lässt sich die Wanderung zur Hintereckhütte leicht mit einem Spaziergang verwechseln. Tatsächlich treibt einem die Tour aber bald Schweißperlen auf die Stirn. Und auch der Abstieg ist kein Honigschlecken.

Warmlaufen auf dem Herrengartenweg Ein Blick auf den Wegweiser beim **Wanderparkplatz Herrengarten** lässt es bereits ahnen: Die Distanz zum Hintereck wird mit 800 Metern angegeben. In der Ebene wäre das in zehn Minuten gut zu schaffen. Hier werden 45 Minuten veranschlagt. So eingestimmt lassen wir den Steilpfad rechts liegen und folgen stattdessen der Beschilderung in Richtung Kilpachtal. Der erste Abschnitt erfolgt somit auf dem bequem zu gehenden Herrengartenweg. Nach gut einem Kilometer besteht links eine Verbindung zum Gasthaus Engel in Obersimonswald. Geradeaus weiter ist der Wegweiser oberhalb

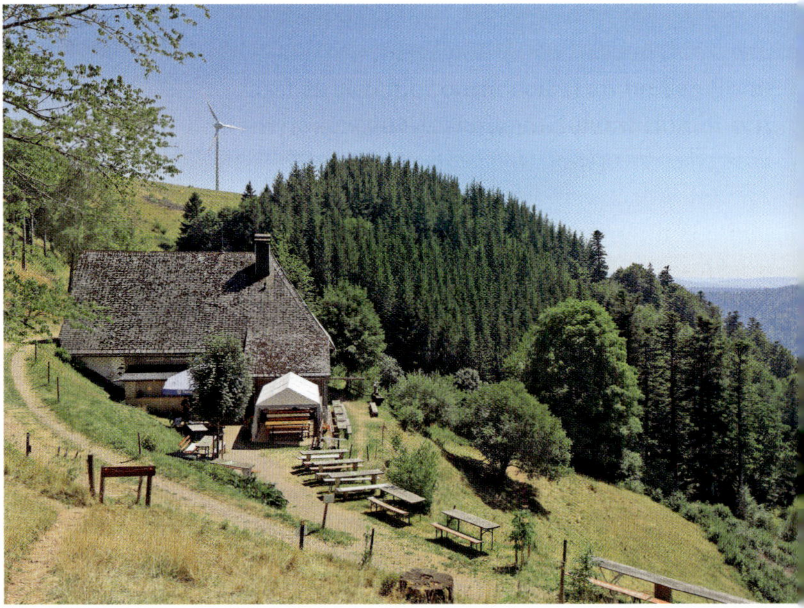

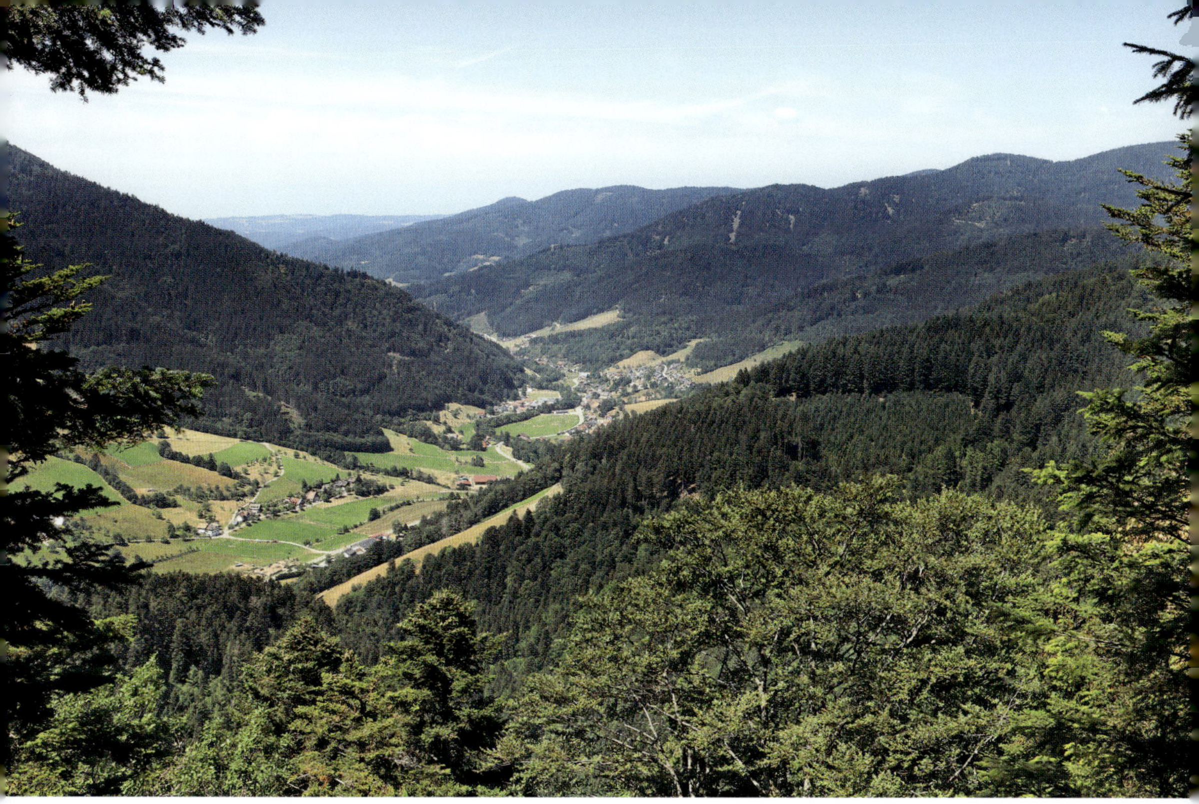

der **Saulache** bald erreicht. Dort liegt bereits ein knappes Drittel der gesamten Strecke hinter uns – leider allerdings nur ein Bruchteil der Höhenmeter.

Überraschender Ausblick über das Tal der Wilden Gutach

Auf dem Wildsaupfad Beim Wegweiser biegen wir rechts auf den Wildsaupfad ein. Wir ahnen es schon. Fortan geht es mit uns in etlichen winzigen Kehren über Stock und Stein steil bergauf. Als Trost erwartet uns nach gut 400 Metern – und 130 Höhenmetern – ein **Ausguck**. Gerne nehmen wir auf der Rastbank Platz, um den Blick über das tief unter uns liegende Simonswälder Tal schweifen zu lassen. Als besondere Landmarke ist in der Ferne der Hörnleberg zu sehen. Er fungiert als Eckpfeiler zwischen der Wilden Gutach und der Elz, den beiden Hauptflüssen der Ferienregion ZweiTälerLand. Im weiteren Aufstieg passieren wir beim **Unteren Spitzen Stein** eine keltische Opferstätte.

Felslandschaft am Spitzen Stein Direkt oberhalb biegen wir mit dem Wildsaupfad sowie auch ZweiTälerSteig rechts ab. Hier schmiegt sich der Pfad an die Steilwände des Spitzen Steins. Für Fotografen lohnt sich die Mitnahme eines Stativs. Mit jeder Biegung eröffnet uns die schroffe Felslandschaft neue Perspektiven.

Linke Seite: Die Hintereckhütte besticht mit ihrer traumhaften Lage.

Beim Wegweiser **Am Spitzen Stein** haben wir die Wahl: Wer einen weiteren Aussichtspunkt in die Tour einbauen möchte, findet links – bei der nächsten Gabelung nochmals links – auf dem nur schwer zugänglichen **Spitzen Stein** eine urige Rastmöglichkeit. Ansonsten wandern wir sogleich weiter auf dem ZweiTälerSteig und freuen uns über eine kurze Gefällstrecke.

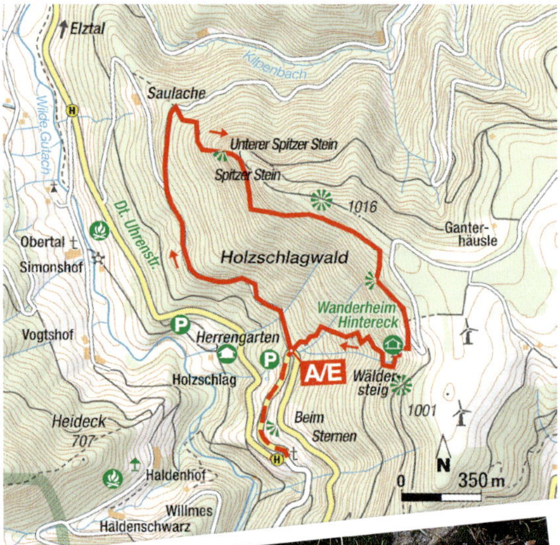

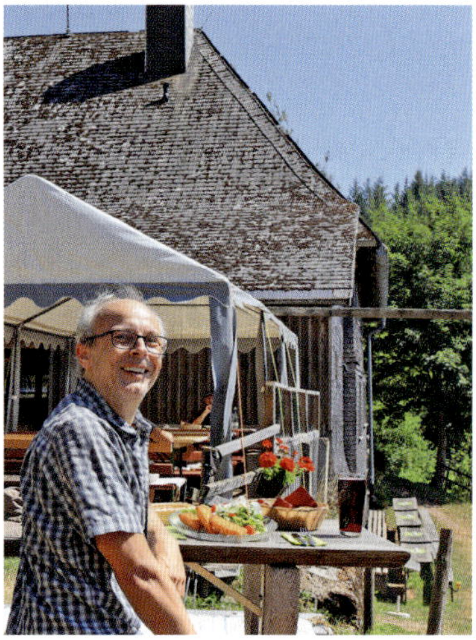

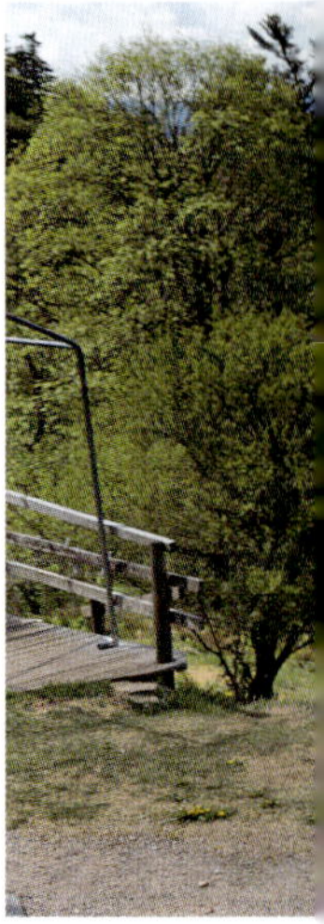

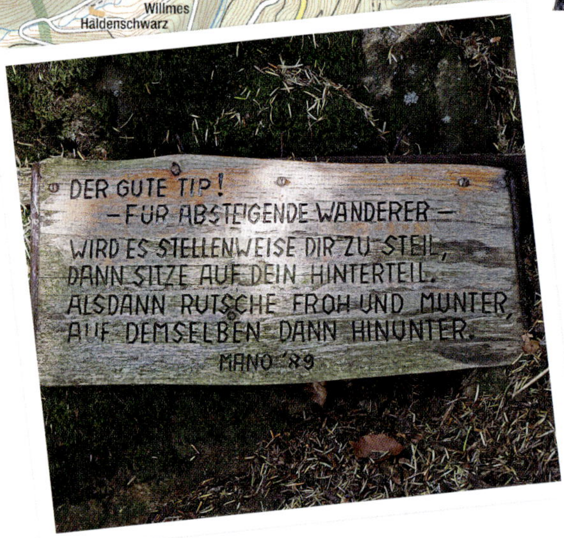

Das Gröbste scheint geschafft. Dann haben wir den Boden einer am Hang gelegenen Senke durchschritten und der Pfad steigt wieder deutlich bergan.

Aussichten zum Wanderheim Hintereck

Nach rund einem Kilometer ab dem Spitzen Stein lohnt der Abstecher zu einem weiteren Aussichtspunkt. Direkt gegenüber fallen einige Windkrafträder und Bauernhöfe oben auf der Platte auf. Im Tal links davon sehen wir eine Lichtung mit dem Bruggerhof. Dazwischen – von hier aus leider verdeckt – rauscht der Zweribach über zwei Hauptkaskaden in die Tiefe. Es handelt sich dabei um einen der schönsten Wasserfälle im Schwarzwald. Zurück auf dem Wildsauweg sind es noch wenige Schritte bis zum **Wanderheim Hintereck**. Durch seine Lage an einem offenen Hang können wir uns auch dort über eine herrliche Aussicht freuen. Damit kommt die

Links: Gut gemeinter Tipp auf dem Wäldersteig

Rechts: Wohl verdiente Rast

Sonnenterrasse wie gerufen für eine erholsame Einkehr. Die Einkehrstube selbst ist aus einem 300 Jahre alten Bauernhof hervorgegangen und wird ab dem 1. Mai bis Ende Oktober bewirtet.

Abstieg auf dem Wäldersteig Für den späteren Abstieg biegen wir beim Brunnen mit dem ZweiTälerSteig rechts auf den Wäldersteig ab. Nach 250 Metern und bereits einigen Kehren trennen sich die Wege. Während der bekannte Fernwanderweg links zur Teichschlucht abbiegt, bleiben wir rechts auf dem Wäldersteig. Dieser bildet fortan einen der steilsten offiziellen Wanderwege des Schwarzwaldvereins. Wie um müde Wanderer aufzumuntern, finden wir am Wegrand gut gemeinte Tipps für einen sicheren Abstieg sowie auch Informationen zu den geologischen Besonderheiten. Auch einige Bäume sind mit Namensschildern versehen. Schließlich aber lichtet sich der Wald und sehen wir unter uns den Wanderparkplatz Herrengarten. Dort spätestens können wir zu Recht mit Stolz auf die vollbrachte Leistung und eine selbst für das ZweiTälerLand ungewöhnliche Runde zurückblicken.

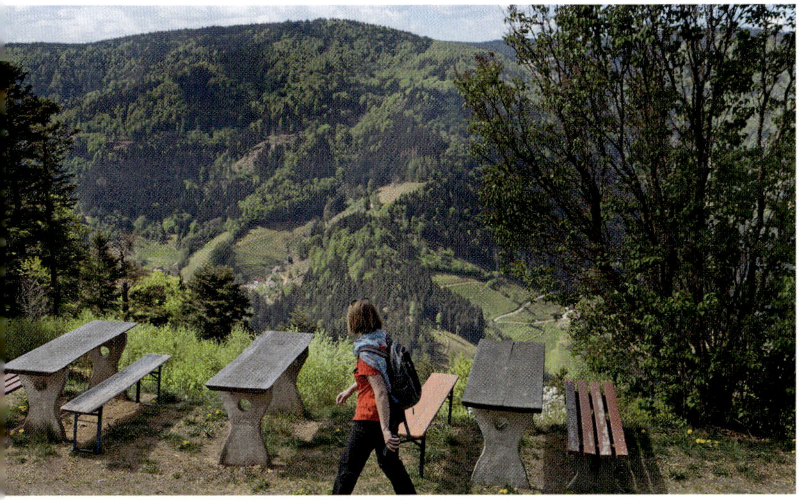

Links: Ankunft bei der Hintereckhütte

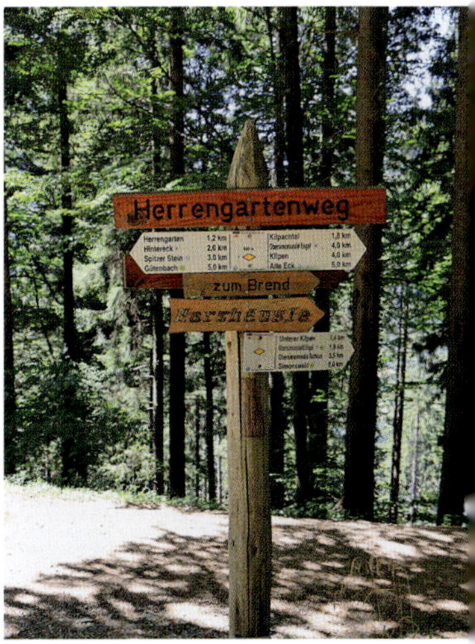

Rechts: Alte und neue Schilder geben Überblick.

Wildbach-Tour

Die Wildbach-Tour verbindet den Kilpenbach mit der Teichschlucht und der Wilden Gutach. Mit 700 Höhenmetern gilt die Tour als herausfordernd, entschädigt fitte Wanderer aber auch mit einer Fülle an Eindrücken dreier ganz unterschiedlicher Wildbäche. Die Wildbach-Tour stellen wir als eine von 33 Touren im Bruckmann-Wanderführer *Wander Dich glücklich Südlicher Schwarzwald* vor.

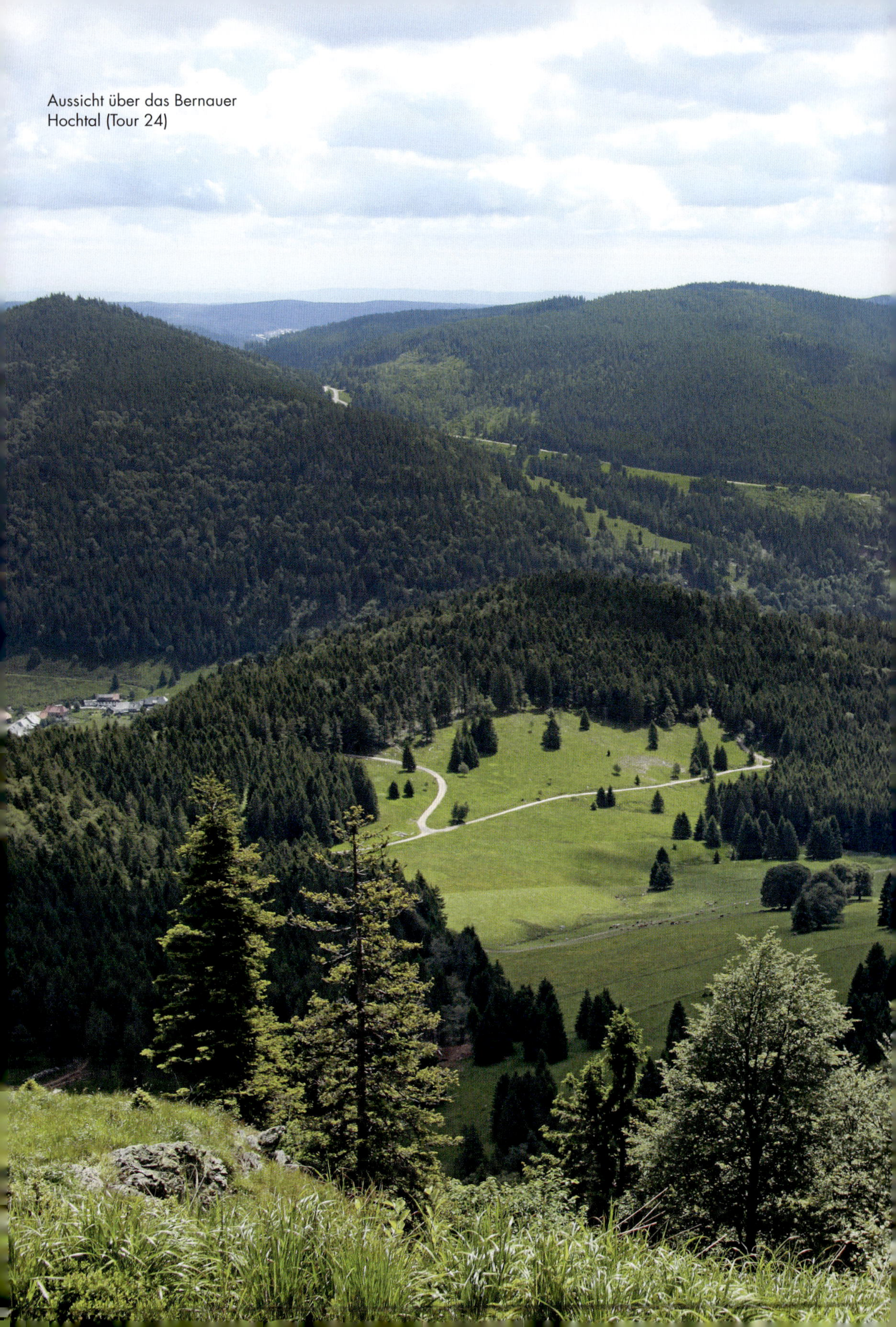

Aussicht über das Bernauer Hochtal (Tour 24)

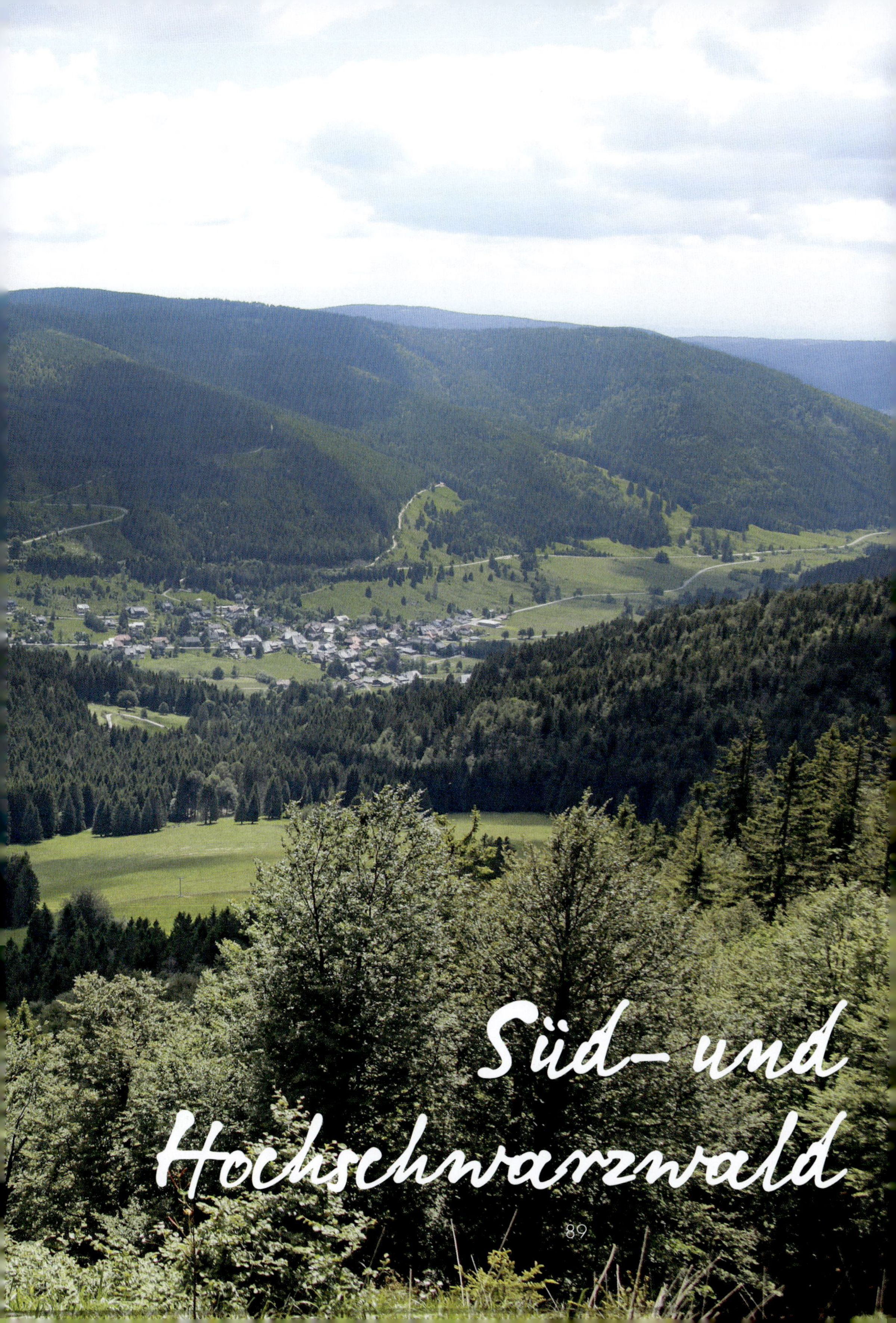
Süd- und
Hochschwarzwald

18 Auf die Fahrenberger Höhe

Hütten-Quartett bei Breitnau

Mittel | 14 km | 350 Hm | 4.15 Std.

Tourencharakter
Oberhalb vom Naturfreundehaus nutzt die Runde einen mit Wurzeln überzogenen Pfad. Ansonsten technisch eher anspruchslose Tour mit einigen reizvollen Aussichten.

Ausgangs-/Endpunkt
Parkplatz oberhalb der Kirche von Breitnau
GPS 47.9397, 8.0787

Anfahrt
Bus & Bahn: Ab Hinterzarten und Kirchzarten zur Bushaltestelle Kirche Breitnau
Auto: Von der B 500 Hinterzarten–Triberg beim Gasthaus Löwen nach Breitnau abbiegen, weiter auf der Dorfstraße und dem Kirchweg bis zum Wanderparkplatz fahren

Einkehr
Gasthaus Zum Löwen, Gasthaus Heiligenbrunnen, Wanderheim Berghäusle, Naturfreundehaus Fahrenberg

Karte
Karte des Schwarzwaldvereins 1:25 000, W258 Titisee-Neustadt

Informationen
Tourist-Information Breitnau, Tel. 07652/12068380, www.hochschwarzwald.de

Touristisch steht Breitnau im Schatten von Hinterzarten und Titisee-Neustadt. Einzig die zur Gemeinde zählende Ravennaschlucht bildet einen touristischen Magneten. Oberhalb davon prägen alte Bauernhöfe und malerische Fernsichten die Hochebene von Breitnau.

Über den Abrahamenhof zum Löwen Diese Runde orientiert sich eng an dem Rundweg Fahrenberger Höhe. Um die schönsten Aussichten zum Ende aufzusparen, laufen wir diese entgegen dem Uhrzeigersinn. So eingestimmt erfolgen die ersten Schritte ab dem **Wanderparkplatz von Breitnau** zwischen der Kirche und der Kultur- und Sporthalle zur Dorfstraße und dem Hotel Kreuz. Dort biegen wir erst links ab, wechseln aber sogleich auf die Straße Im Wiesengrund. Am **Bengelhäusle** vorbei folgen wir der gelben Raute über den **Abrahamenhof** (dort links) zum

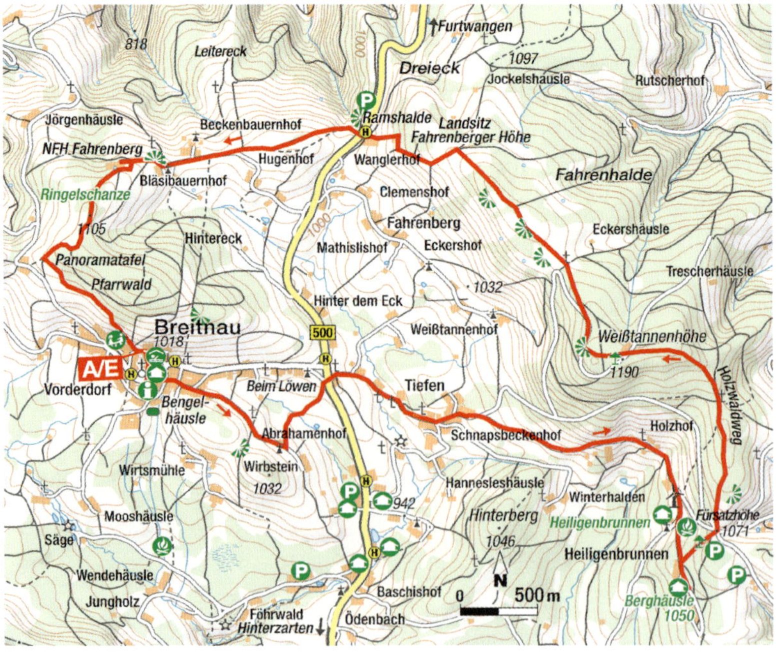

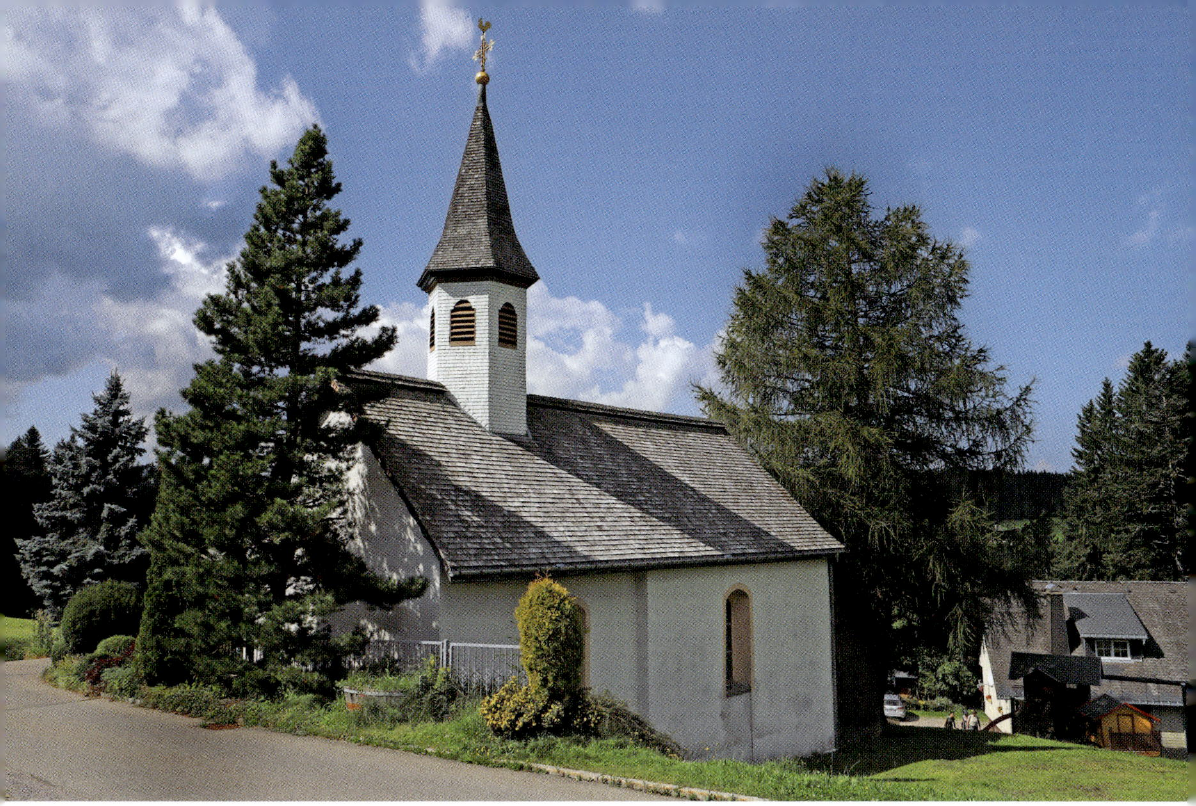

Gasthof Zum Löwen. Der 1872 erbaute Gasthof diente in seiner Anfangszeit als Raststation für Postkutschen. Anfang der 1920er-Jahre wurde hier der Skiclub Breitnau-Steig gegründet.

Die Kapelle Heiligenbrunnen ist in Breitnau einen Besuch wert.

Historischer Grenzstein des Fürstentums Fürstenberg

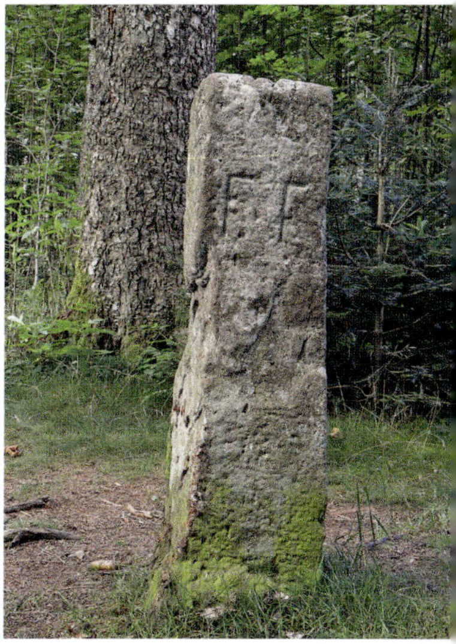

Der Heilige Brunnen der Notburga Beim Gasthof überqueren wir die B500 und folgen der gelben Raute über die Wegweiser Tiefen (dort links) und Weißtannenweg bis zum **Gasthaus Heiligenbrunnen** mit der gleichnamigen Kapelle. Jene kann mit der Jungfrau Maria, der Märtyrerin Margaretha und der Witwe Notburga drei Schutzheilige vorweisen. Bei der Letztgenannten soll es sich um eine schottische Königin handeln. Nach dem Tod ihres Gatten war sie bis ins süddeutsche Bühl geflohen, wo sie in einem einzigen Geburtsakt neun Kinder gebar. Weil es in ihrem Versteck an Wasser mangelte, befahl sie ihrer Dienerin, mit dem Stab gegen einen Stein zu schlagen. Augenblicklich sprudelte eine Quelle aus dem Felsen, sodass sie acht ihrer Kinder baden und taufen konnte. Ein neuntes hatte die Strapazen der Geburt nicht überlebt. Das Wunder lockte bald Pilger zur Quelle. Angesichts des Streits der Menschen um das Wasser soll Notburga bis zu der Stelle weitergezogen sein, wo bis dato der Heilige Brunnen aus der Erde sprudelt.

Berghäusle, Fürsatzhöhe und Weißtannenhöhe

Ab der Verzweigung oberhalb der Kapelle folgen wir der Beschilderung nach Süden zum Westweg und, gleich danach, zum **Berghäusle**. Das als Wanderheim geführte Ausflugslokal besticht mit seinem rustikalen Ambiente und einer ordentlichen Auswahl an Vespertellern und Salaten. Zurück beim letzten Wegweiser folgen wir dem Westweg über die **Fürsatzhöhe** und den Holzwaldweg zum Gedenkstein von Luise und Ida Gersbach. Die beiden Cousinen wurden am 31. Mai 1928 bei einer Wanderung von Thurner nach Titisee Opfer eines Doppelmordes. Im weiteren Verlauf kreuzt der Westweg bei der Weißtannenhöhe-Schutzhütte einen Forstweg und überwindet die **Weißtannenhöhe**. Einen Katzensprung weiter gibt der Wald den **Blick nach Breitnau** frei.

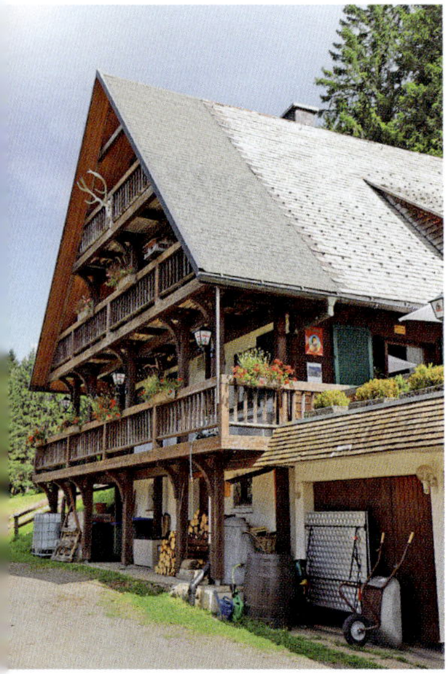

Wanderheim Berghäusle

Über die Fahrenberger Höhe zum Naturfreundehaus

Beim Aussichtspunkt schwenkt der Westweg nach Norden und führt auf wechselnden, gut beschilderten Wegen aus dem Wald heraus zum **Landsitz der Fahrenberger Höhe**. Dort trennen sich die Wege. Während der Westweg zur Kalten Herberge abbiegt, wechseln wir links auf die gelbe Raute. Damit geht es wieder bergab über Ankenbühl und am Gebäude des Deutschen Alpenvereins vorbei zur **Ramshalde**. Dank der Unterführung kommen

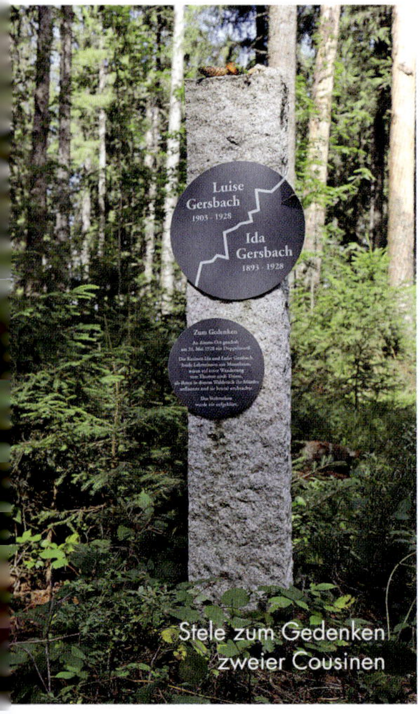

Stele zum Gedenken zweier Cousinen

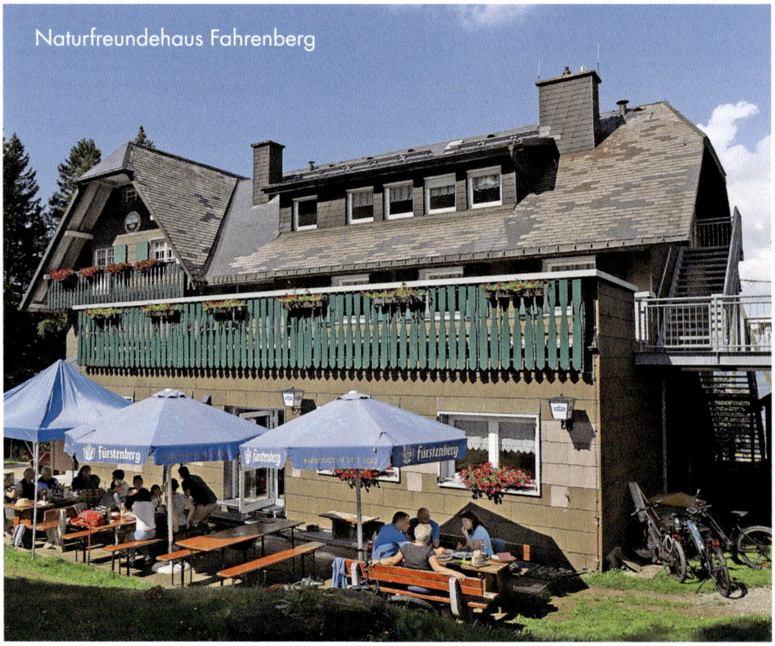

Naturfreundehaus Fahrenberg

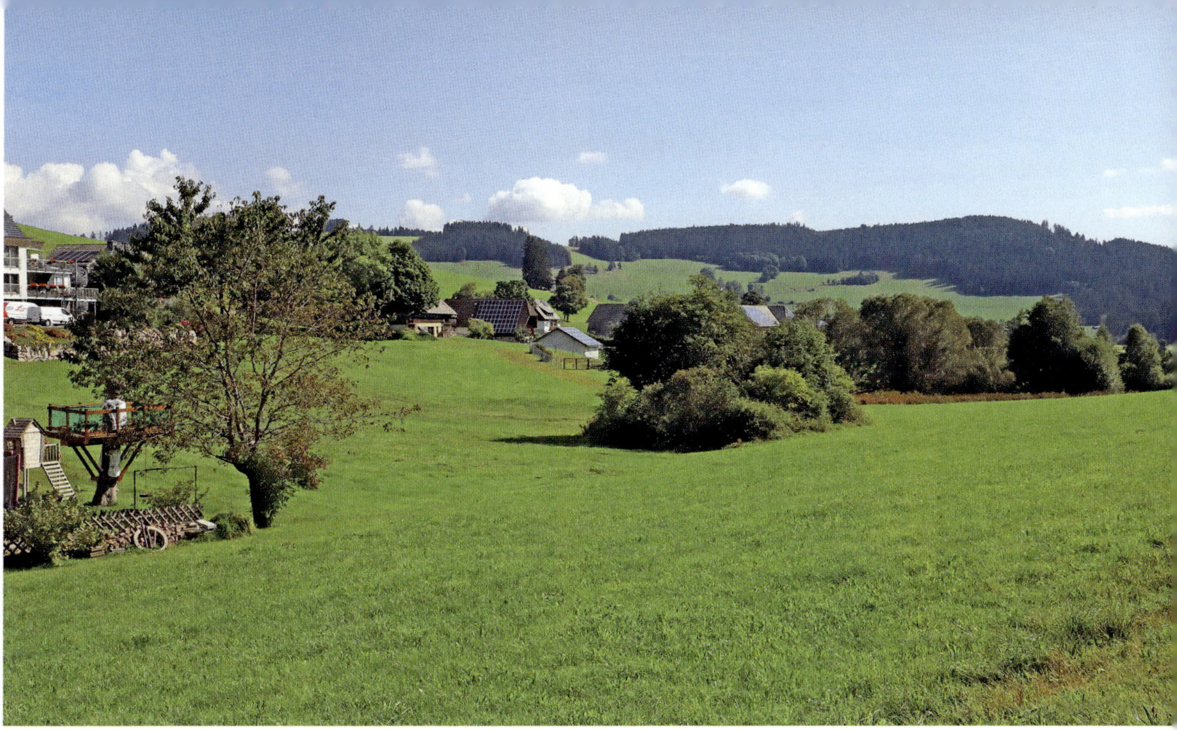

Saftig grüne Wiesen und Weiden prägen die Hochfläche von Breitnau.

wir sicher auf die andere Seite der B500 und über den Oberen Fahrenberg zum **Naturfreundehaus Fahrenberg**.

Ringelschanze und Alpenpanorama Wie bei den Gasthäusern zuvor biegt der Wanderweg auch kurz vor dem Naturfreundehaus links ab und führt in den Wald. Wo wir diesen wieder verlassen, lohnt sich rechts ein Abstecher zur **Ringelschanze**. Die 2022 noch in der Rekonstruktion befindliche Wehranlage soll der zentrale Bestandteil des Türkenlouis-Pfads werden. Für den anschließenden Rückweg folgen wir dem Waldrand in süd- und westlicher Richtung zum Wegweiser Schanz Waldeck. Links kommen wir als Nächstes zu einer **Panoramatafel**. Bei günstiger Witterung sind im Westen die Vogesen mit dem Hohneck und der Hochkönigsburg zu sehen. Wenden wir uns nach Südwesten, so verbirgt sich der Schauinsland hier noch hinter dem Hohwarth. Links davon schließen sich einige Gipfel des Hochschwarzwalds und der Glarner Alpen an. Rund 350 Meter weiter biegen wir beim Wegweiser **Pfarrwald** rechts ab und gelangen über den Wiesenweg zurück nach Breitnau.

Türkenlouis-Pfad

Der Themenweg ist als Rund- und zugleich Panoramaweg konzipiert und soll sieben historische Schanzen miteinander verbinden. Schwerpunkt ist die Geschichte des Barocks und des von Entbehrungen und Frondienst geprägten bäuerlichen Lebens. Infos zum Stand der Arbeiten geben die Seiten www.waelderleben.de und www.schwarzwaldverein-ortsgruppe-hinterzarten-breitnau.de.

19 Zur Rappenecker Hütte

Ab der Holzschlägermatte über den Schauinsland

Mittel | 12,8 km | 600 Hm | 4.30 Std.

Tourencharakter
Für den Aufstieg über Waldwege und Pfade auf den Schauinsland ist eine gute Kondition am Berg von Vorteil. Danach angenehme Höhenwanderung mit herrlichen Fern- und Aussichten vom Eugen-Keidel-Turm und Rappeneck

Ausgangs-/Endpunkt
Parkplatz Holzschlägermatte an der L124
GPS 47.9148, 7.8820

Anfahrt
Bus & Bahn: Bei Nutzung der Schauinslandbahn ab Freiburg Hbf. mit der Straßenbahn 2 nach Günterstal, weiter mit der Buslinie 21 bis zur Talstation der Schauinslandbahn. Der Einstieg erfolgt dann bei der Bergstation.
Auto: Von Todtnau oder Freiburg über die L126 bzw. L124 bis zur Holzschlägermatte direkt an der Landstraße

Einkehr
Rappenecker Hütte, Fr ab 14 Uhr, Sa–So ab 12 Uhr, Tel. 0151/25021420, www.rappenecker-huette.de; bei Variante: Restaurant Die Bergstation, Mi–So ab 9.30 Uhr, Tel. 07602/771, www.diebergstation.de

Karte
Karte des Schwarzwaldvereins 1:25 000, W257 Schönau

Informationen
Tourist-Information Dreisamtal, Tel. 07661/907980, www.dreisamtal.de

Die Wanderung zur Rappenecker Hütte ließe sich auch als »Reise durch die Zeit« betiteln. Denn die im 17. Jahrhundert gebaute Hütte besitzt keinen öffentlichen Stromanschluss. Stattdessen wird sie überwiegend mit Sonnen- und Windenergie versorgt.

Taubenschlag Holzschlägermatte Bei der **Holzschlägermatte** kann es an sonnigen Tagen lebhaft zugehen. Ein Grund hierfür ist die Lage an der Schauinslandstraße beziehungsweise der Landstraße von Freiburg. Durch ihre Vielzahl an Kurven steht die Strecke bei Motorradfahrern hoch im Kurs. Den zweiten Grund liefert das Ausflugslokal Holzschlägermatte, das uns direkt beim Startpunkt eine erste Einkehrmöglichkeit bietet. Für die Wanderung wenden wir der Hütte den Rücken zu, halten uns bei der Gabelung rechts und kommen zum Wegweiser **Hüet-**

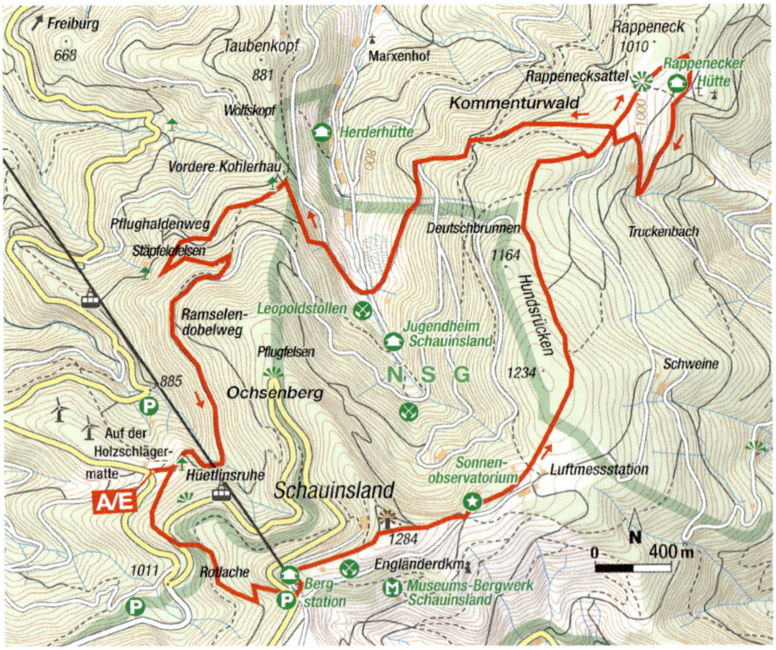

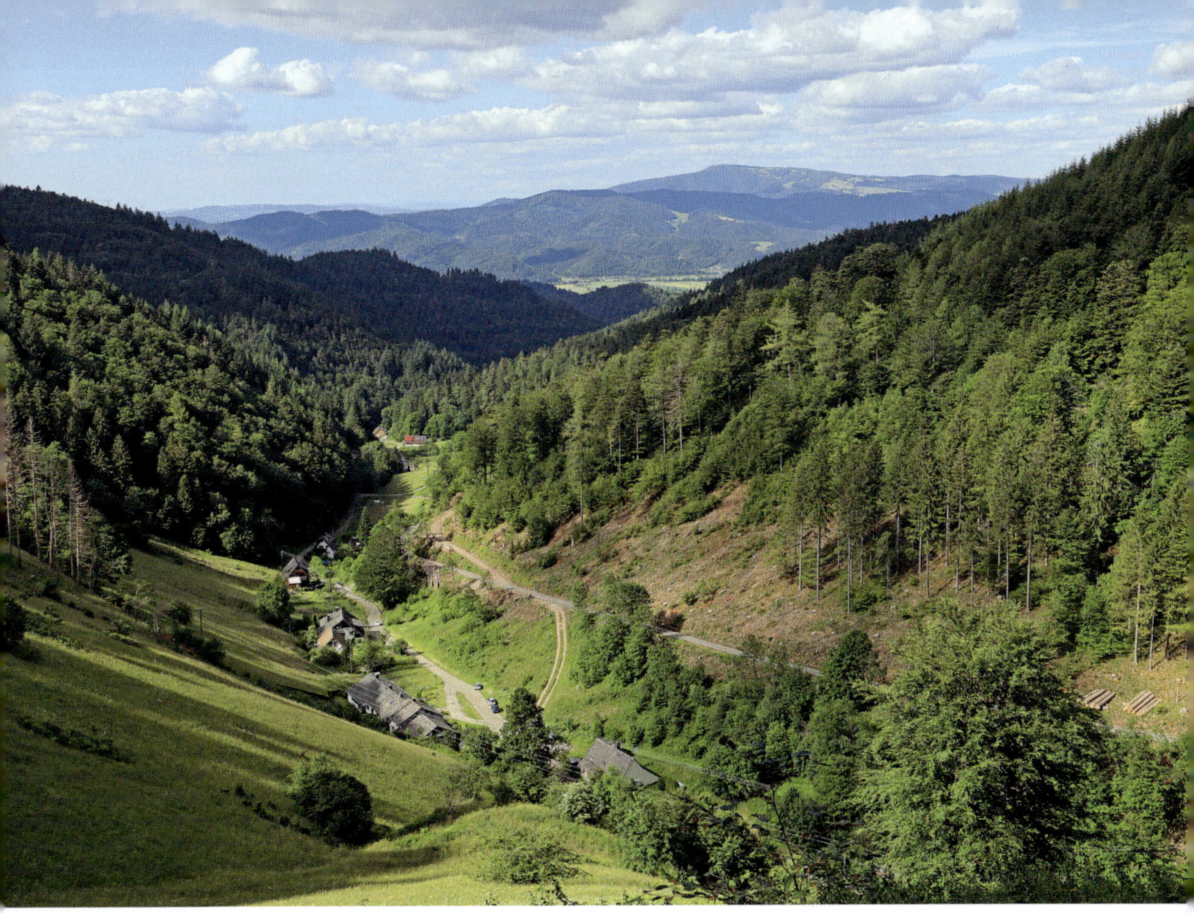

Aussicht über das Reichenbachtal und Dreisamtal bis zum Kandel

linsruhe. Dort biegen wir scharf rechts ab und folgen der gelben Raute auf dem ersten Abschnitt stur bergauf. Der Wanderweg wird auch als Downhill-Strecke für Roller genutzt. Uns selbst sind bei der Begehung zwar keine Roller begegnet, gegenseitige Rücksichtnahme ist aber immer ein feiner Charakterzug.

Über den Sailendobelbach zu den Naturwiesen Nach einer weiten Kurve treffen wir wieder auf die Schauinslandstraße. Jenseits davon verläuft der Weg zunächst ein paar Schritte entlang der Straße, biegt dann aber rechts ab. Immer entgegen der Downhill-Strecke sowie über kreuzende Forstwege hinweg führt der hier breite Schotterweg durch den Wald bis hoch zum Wegweiser Sailendobelbach. Dort verlassen wir links die offiziell ausgewiesene Rollerstrecke, nehmen die Rechtskurve und queren die Landstraße zum Parkplatz. Wer möchte, kann den Umweg über die nahe Bergstation der Schauinslandbahn mitnehmen. Landschaftlich reizvoller ist indes der direkte Weg an einigen stattlichen Weidbuchen vorbei zum Wegweiser **Naturwiesen**.

Bergbaugeschichte zum Anfassen

Das Museums-Bergwerk Schauinsland ist das größte Museumsbergwerk im Schwarzwald. In ihm sind mit den Anfängen des Bergbaus vor 800 Jahren bis zur Einstellung des Betriebs in den 1950er-Jahren alle Phasen des Abbaus zu sehen. Die 90-minütige Führung geht über sechs Leitern hinunter in den Gegentrum-III-Stollen. Die große Führung dauert 2.30 Stunden (www.schauinsland.de/museums-bergwerk).

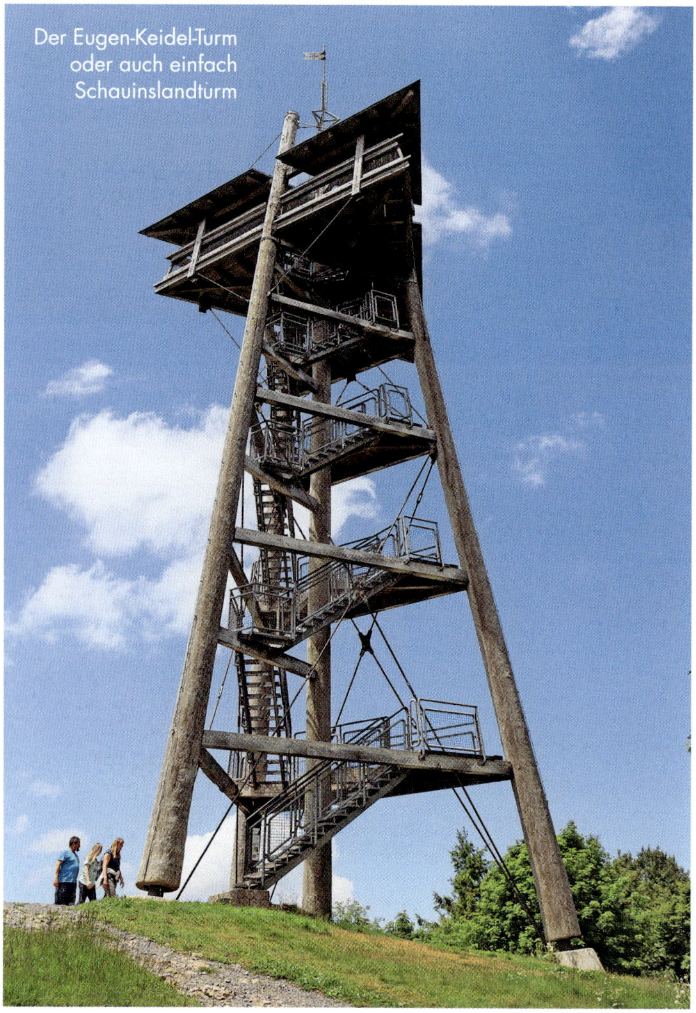

Der Eugen-Keidel-Turm oder auch einfach Schauinslandturm

Eugen-Keidel-Turm auf dem Schauinsland Wenige Minuten weiter zweigt rechts ein Verbindungsweg zum **Schauinslandturm** ab. Der auch als Eugen-Keidel-Turm bekannte Aussichtsturm wurde 1980 errichtet und gilt seitdem als der Besuchermagnet auf dem Schauinsland. Das ist kein Wunder. Denn von der oberen Plattform eröffnet sich einem ein perfektes Panorama mit den Vogesen im Westen und dem Kandel sowie der Hornisgrinde im Norden. Dies änderte sich Anfang Juli 2022. Die Vorbereitung einer umfassenden Sanierung förderte Schäden an einigen Querhölzern zutage. Durch diese soll die luftige Konstruktion eigentlich auch schweren Stürmen trotzen. Nun aber kann die Standsicherheit nicht mehr uneingeschränkt gewährleistet werden. Bis zum Abschluss weiterer Prüfungen und Sicherungsmaßnahmen ist der Zugang gesperrt. Auf eine schöne Fernsicht können wir uns dennoch freuen. Denn von der abgeflachten Kuppe sind im Osten die Gipfel rund um das Feldbergmassiv zu sehen. Wenden wir uns nach Süden, sehen wir am Belchen vorbei zu den Schweizer Alpen mit dem Berner Dreigestirn Eiger, Mönch und Jungfrau.

Über den Hundsrücken Der anschließende Abstieg vom

Schauinsland erfolgt entlang der Kappeler Wand sowie an mehreren Kunstobjekten vorbei bis zum Wegweiser **Sonnenobservatorium**. Rechts ginge es dort zum Besucherbergwerk und – über das Engländerdenkmal – zum Museum Schniederlihof (siehe Tipps). Wir indes nehmen den Weg zur nahen **Luftmessstation**. Gleich danach biegen wir erst links zur freistehenden Messstelle (BfS), dann rechts auf den Wiesenpfad ab. Nachdem nochmals kurz der Blick zum Feldberg frei ist, tauchen wir in den Wald ein. Der Weg führt uns über den **Hundsrücken** hinweg bis zum Wegweiser **Am Oberen Rappeneck**.

Schlaufe zur Rappenecker Hütte Ab dem Eck führen zwei Wege zur Rappenecker Hütte. Für die spätere Orientierung empfehlen wir, zunächst einmal geradeaus weiterzulaufen. Dies entspricht dem offiziellen Wanderweg. Im Bereich des **Rappenecksattels** öffnet sich die Sicht über den Kaiserstuhl zu den Vogesen. Geradeaus weiter gelangen wir dann am Waldrand hinunter zur **Rappenecker Hütte**. Sie ist zwar mit dem Auto erreichbar. Da nur ein Schotterweg hoch in diese idyllische Einsamkeit zwischen dem Schauinsland und dem Dreisamtal führt, ist

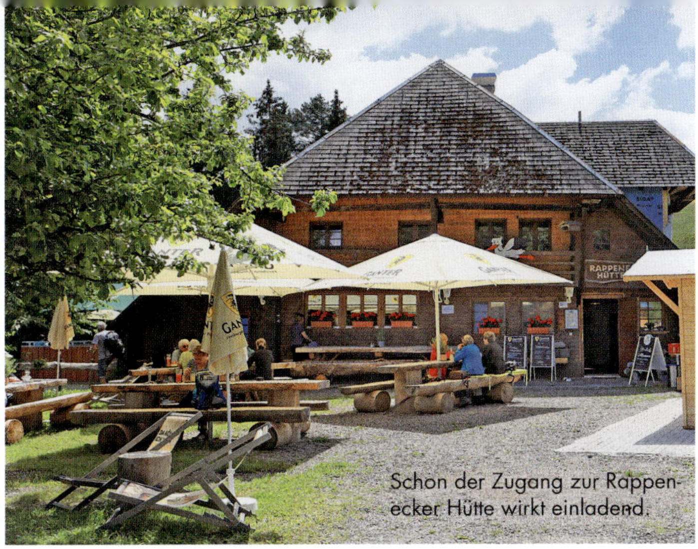

Schon der Zugang zur Rappenecker Hütte wirkt einladend.

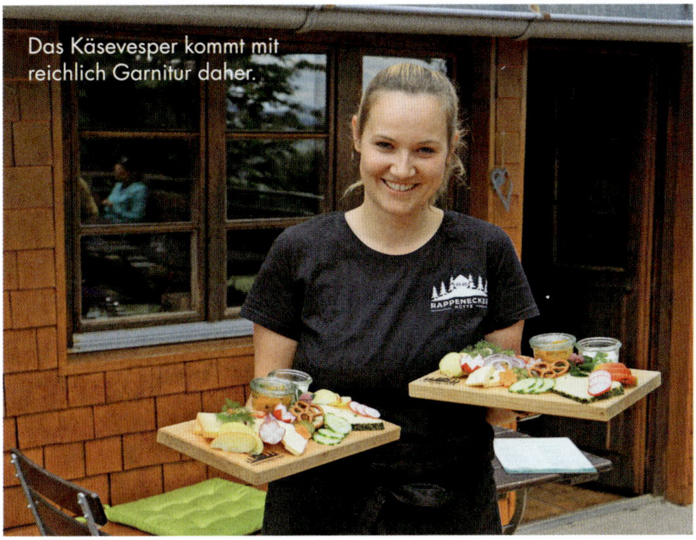

Das Käsevesper kommt mit reichlich Garnitur daher.

Bauernhausmuseum Schniederlihof

Der Schniederlihof wurde 1593 als typisches Schauinslandhaus erbaut. Charakteristisch für diese Bauweise ist die Ausrichtung mit dem First parallel zum Hang und das Fehlen von Nebengebäuden. Bis in die Neuzeit hinein fehlte ein Schornstein. Damals zog der Rauch vom Herd in der Küche hoch in den Dachraum, wo er Speck und Würste räucherte. Der Hof kann von Mai bis Oktober an den Wochenenden besichtigt werden.

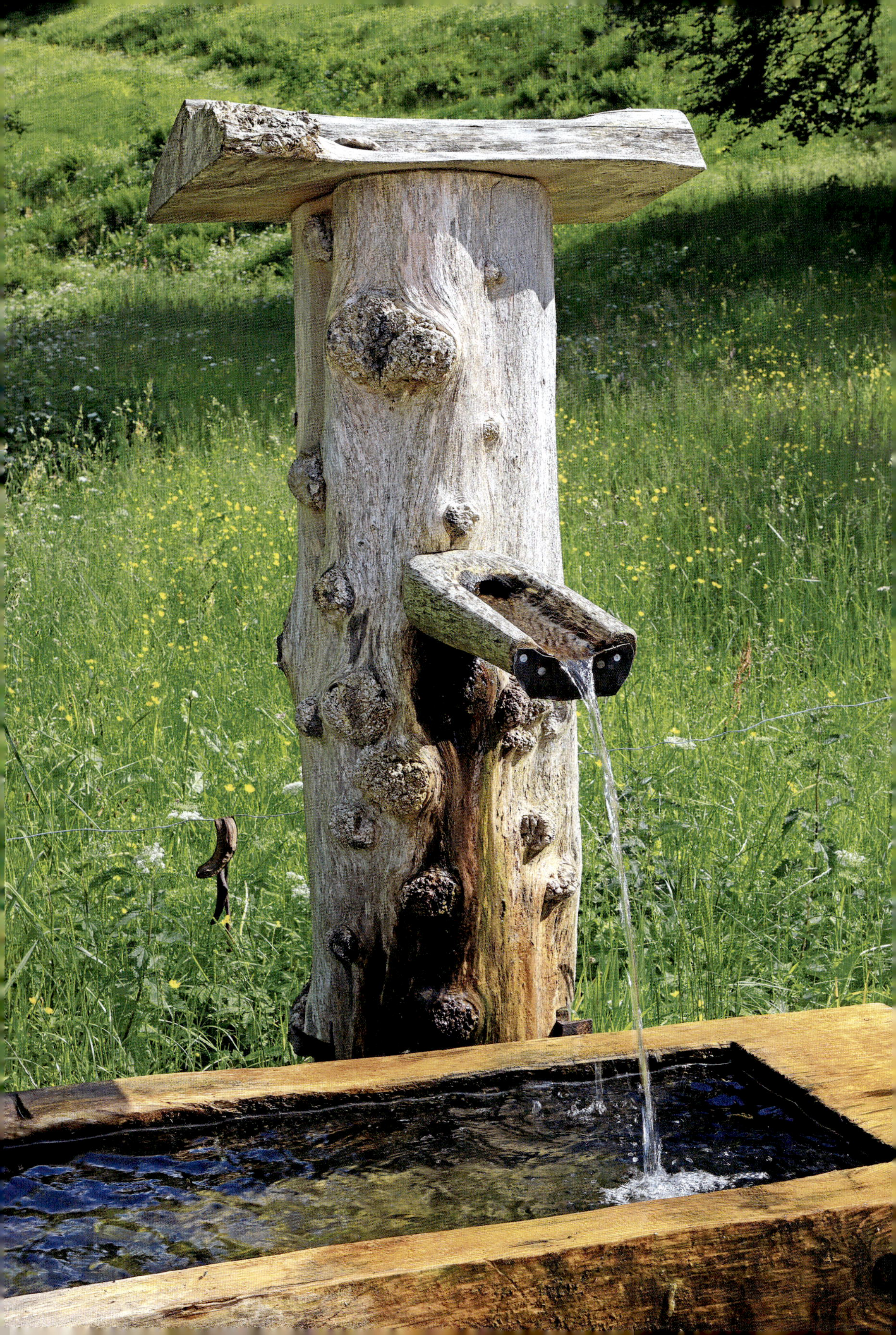

sie jedoch vor allem bei Radfahrern und Wanderern beliebt. Im Außenbereich und auf der erhöhten Terrasse finden wir reichlich Gelegenheit, die Landschaft bei einem herzhaften Hüttenvesper oder auch knackig frischen Salat zu genießen. Die Lieferanten stammen aus der Umgebung. So kommen das Bauernbrot und die Kuchen aus der Backstube vom Steiertbartlehof in Oberried.

Rückweg über Leopoldstollen und Stäpfelefelsen Um nicht später auf demselben Weg zurücklaufen zu müssen, nutzen wir nach der Einkehr den Rappenweg an der Hütte vorbei. Nach einer Passage am Waldrand geht es in den Wald hinein, bis scharf rechts der Linienweg abzweigt. Er führt uns zurück an die Weide sowie um den Wald herum bis zu einem Durchlass. Rechts gelangen wir über den Wiesenpfad zurück zum Oberen Rappeneck. Ab dort folgen wir nun der Beschilderung durch den **Oberen Kommenturwald** zum Mundloch des **Leopoldstollens**. Mit einer Horizontallänge von sieben Kilometern bildet er ein weiteres bemerkenswertes Zeugnis des Bergbaus am Schauinsland, ist von dieser Seite jedoch bislang nicht zugänglich. Wir folgen der gelben Raute noch bis zum **Vorderen Kohlerhau**, dann der blauen Raute über den Wegweiser Pflugshaldeweg zum **Stäpfelefelsen**. Der kantige Felsen ist zugänglich, wenn auch mit Vorsicht zu genießen. Einen Kilometer weiter trennen sich schließlich die Wege. Während es mit der blauen Raute wieder hoch auf den Schauinsland ginge, zweigen wir auf den **Ramselendobelweg** ab (gelbe Raute). Er führt uns über die Hüetlinsruhe zurück zur Holzschlägermatte.

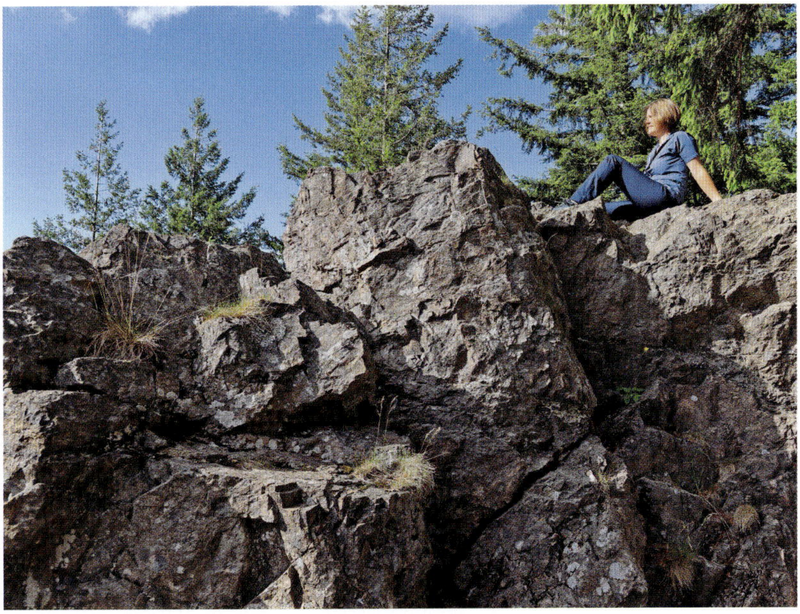

Mit dem nötigen Geschick bildet der Stäpfelefelsen ein dankbares Motiv für Erinnerungen.

Linke Seite: Brunnen beim Mundloch des Leopoldstollens

20 Loge über dem Dreisamtal

Aufstieg zur Höfener Hütte

Mittel/Schwer | 11,7 km | 700 Hm | 4–5 Std.

Tourencharakter
Durch den langen Anstieg vom Zastlertal zum Hinterwaldkopf konditionell anspruchsvolle Runde auf zumeist Waldwegen und Pfaden. Im oberen Teil reizvolle Berglandschaft zur traumhaft gelegenen Höfener Hütte

Ausgangs-/Endpunkt
Sägeplatz Zastlertal, Oberried
GPS 47.9298, 7.9733

Anfahrt
Bus & Bahn: Ab Kirchzarten mit der Buslinie 271 bis Schule Oberried, Umstieg in die Linie 271 zur Haltestelle Zastler Sommerhaldenweg
Auto: Von der L126 Freiburg–Todtnau bei Oberried in Richtung Zastler abbiegen, der Talstraße bis zum Sägeplatz folgen

Einkehr
Höfener Hütte, Di–So ab 10 Uhr, Tel. 07661/3324, www.hoefener-huette.de

Karte
Karte des Schwarzwaldvereins 1:25000, W257 Schönau

Informationen
Tourist-Information Dreisamtal, Tel. 07661/907980, www.dreisamtal.de

Die Höfener Hütte ist aus einer bereits im 17. Jahrhundert genannten Viehhütte hervorgegangen. Sie diente den Herdern der Wald- und Weidegenossenschaft als Unterschlupf. Heute besticht das Ausflugslokal mit seiner herrlichen Lage hoch über der Dreisam und dem Zastlertal.

In der Hauptsache bergauf Der Aufstieg zur Höfener Hütte ist mit Höhenmetern gespickt. Alternativ dazu ist die Hütte ab dem Höllental auch mit dem Auto oder Mountain(-E)-Bike erreichbar. Die Zufahrt erfolgt in dem Fall ab Falkensteig über den Schulterdobel- und Höfenerhüttenweg. Als unerschrockene Bergsteiger starten wir beim Parkplatz **Sägeplatz** im Zastlertal. Nach wenigen Schritten entlang der Straße biegen wir bei der Bushaltestelle rechts in den **Sommerhaldenweg** ein. 140 Meter weiter befindet sich links der Einstieg auf den Wanderweg (gelbe

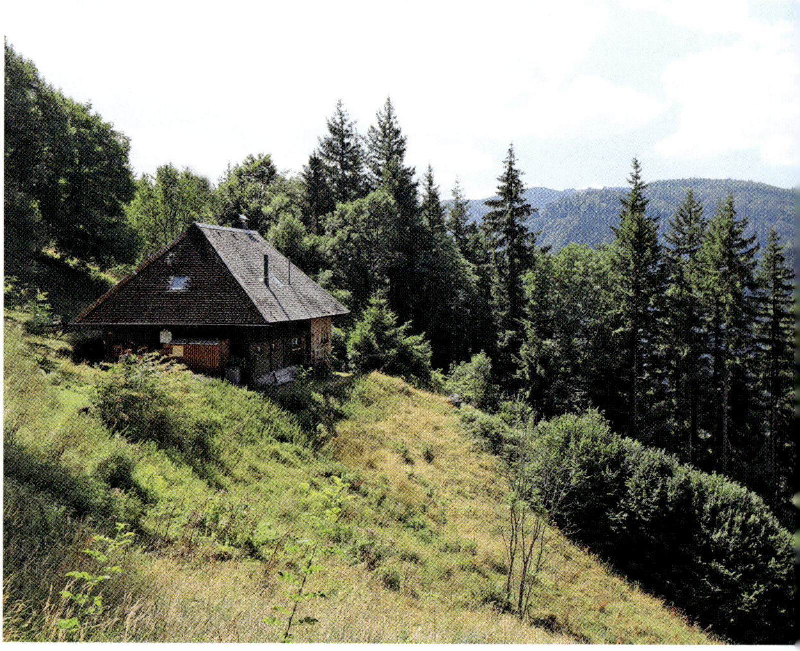

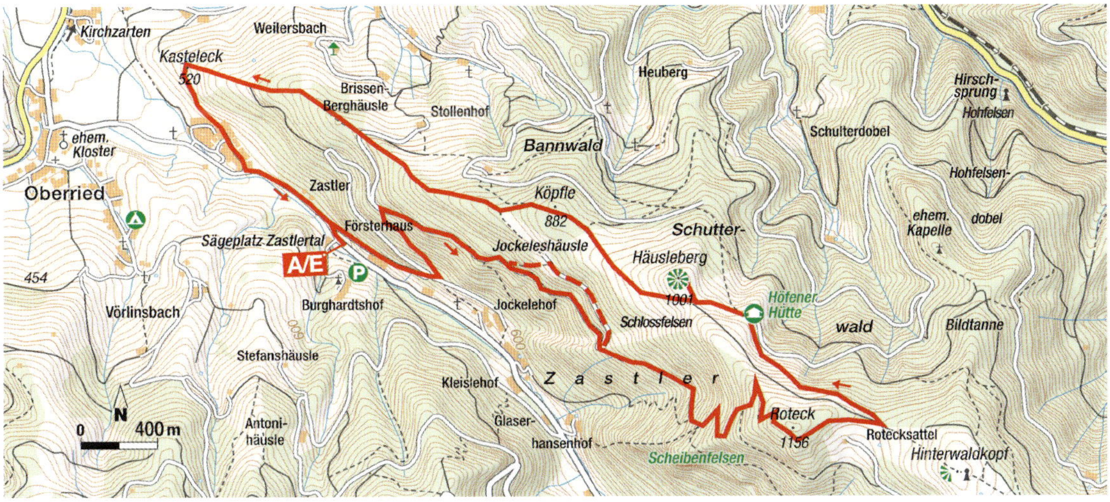

Raute). Der Pfad ist im unteren Bereich schlecht ausgeprägt, im Wald dann deutlich zu erkennen. Nach einer ersten Kehre treffen wir auf die Weilersbachstraße. Hier setzt sich der Pfad nach rechts versetzt fort. Nach einer Linkskehre treffen wir erneut auf die Weilersbachstraße. Dort biegen wir auf den Schlegelsweg ab.

Umweg über das Jockeleshäusle Im weiteren Anstieg zweigt links ein Pfad zum Jockeleshäusle ab. Es wird auf das Jahr 1749 datiert und diente ursprünglich dem Jockeleshof als Berghäusle. Damals waren große Bereiche auf der Sonnenseite des Zastlertals frei von Wald. Nach dem Auszug des letzten Pächters wechselte die Hütte in den Besitz des Schwarzwaldvereins Dreisamtal-Kirchzarten und ist dessen Mitgliedern vorbehalten. Die Lichtung rund um die Hütte aber lohnt auch wegen der Aussicht zum Schauinsland. Anschließend geht es oberhalb der Hütte zurück auf den offiziellen Wanderweg.

Lohn für die Plackerei Der weitere Aufstieg erfolgt auf dem Scheibenfelsenweg, bis wir auf einen Weg mit dem Hinweis »Zastler direkt« treffen. Dort biegen wir scharf links auf den nächsten ansteigenden Pfad ab und folgen der gelben Raute über mehrere Kehren aufs **Roteck**. Der Pfad lässt den locker bewaldeten Gipfel aus, bietet aber reizvolle Aussichten an urig gewachsenen Weißtannen vorbei in die Täler. Auch ein erster Blick zur Höfener Hütte ist uns gegönnt. Um die Südseite vom Roteck herum wird der anstrengende Aufstieg schließlich mit einer tollen

Linke Seite: Beim Jockeleshäusle öffnet sich die Sicht zum Toten Mann.

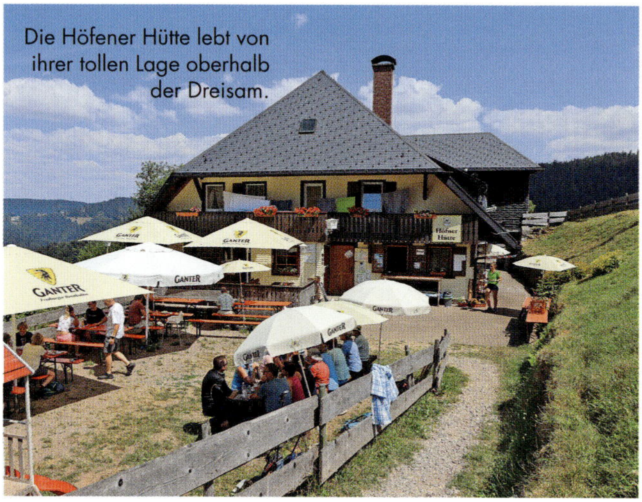

Die Höfener Hütte lebt von ihrer tollen Lage oberhalb der Dreisam.

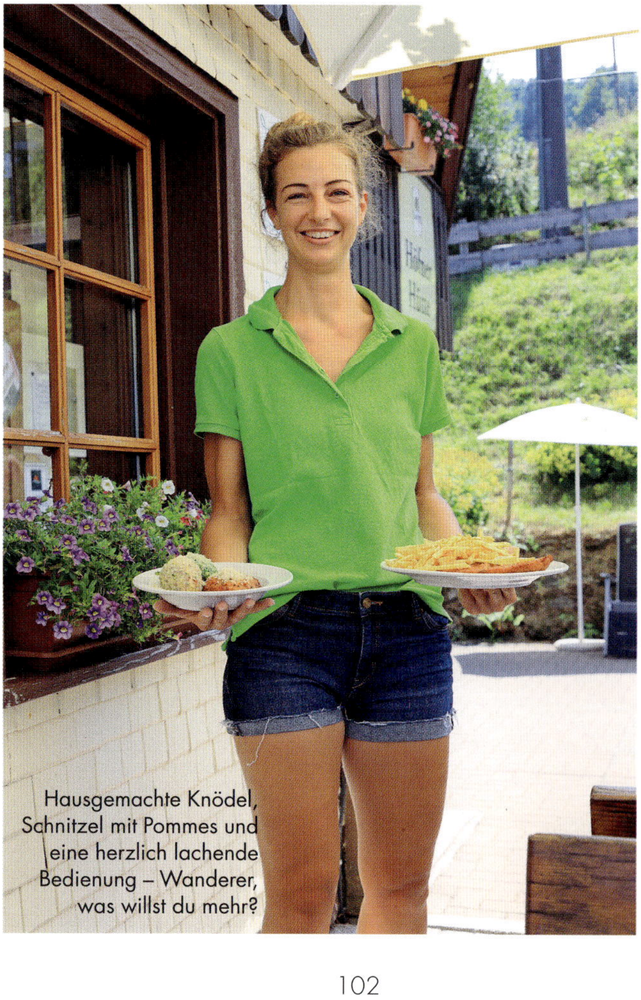

Hausgemachte Knödel, Schnitzel mit Pommes und eine herzlich lachende Bedienung – Wanderer, was willst du mehr?

Sicht über das obere Zastlertal zum Feldbergmassiv entschädigt. Links vom Fernsehsender tritt der Baldenweger Buck in Erscheinung. Mit 1460 Metern bildet er den zweithöchsten Gipfel im Schwarzwald. Anders als der zwölf Meter niedrigere Seebuck wird er durch seine Nähe zum Feldberg jedoch nicht als eigenständiger Berg betrachtet.

Über den Rotecksattel zur Höfener Hütte Östlich vom Roteck bestimmt anschließend der Hinterwaldkopf die Szene. Beim **Rotecksattel** bietet sich ein Abstecher zu diesem Wahrzeichen des Dreisamtals an. Auf der anderen Seite ginge es zur Hinterwaldkopf-Hütte. Für die **Höfener Hütte** biegen wir stattdessen links ab und folgen nun der blauen Raute durch den Wald. Auf den letzten Metern dorthin können wir uns über die nächste klasse Aussicht zu den Bergen jenseits der Dreisam freuen, eh wir es uns auf der Sonnenterrasse bequem machen. Spezialität der Hütte sind verschiedene Knödelgerichte. Doch auch zünftige Vesper mit Schwarzwälder Schinken oder Käse, vegetarische Gerichte und der Küchenklassiker – Schnitzel mit Pommes – machen es leicht, verbrannte Kraftreserven wieder aufzufüllen.

Häusleberg, Köpfle und Kasteleck Für den Rückweg wechseln wir später auf den mit gelber Raute markierten Weg nach Oberried. Nach wenigen Schritten bietet sich ein weiterer Abstecher hoch zu den Weidbuchen auf dem **Häusleberg** an. Danach verläuft der Wanderweg zunächst noch über Weiden, dann durch den Wald über das **Köpfle** bis zu einer Lichtung. Links bestünde eine zweite Verbindung zum Jockeleshäusle. Rechts folgen wir der gelben Raute weiter durch den Wald und über mehrere Forstwege hinweg bis zum **Kasteleck**. Links ab ist bald die Siedlung Winterhalderhof erreicht. Halten wir uns strikt an die gelbe Raute, müssten wir bei den ersten Häusern rechts auf den Treppenweg abbiegen. Angenehmer zu laufen ist der Weg geradeaus durch den Eckweg bis zu seiner Einmündung in die Talstraße. In beiden Fällen geht es auf dieser links zurück zum **Sägeplatz**.

Weidbuchen

Bei Weidbuchen handelt es sich um Rotbuchen, die durch Verbiss in ihrem Wachstum immer wieder gestört wurden. Als Reaktion darauf bildet der Baum immer mehr nach außen gerichtete Zweige, bis die Tiere die inneren und höheren Triebe nicht mehr erreichen. Im Laufe der Jahrhunderte entstehen so mehrere Stämme, welche die Buche als Weidbuche auszeichnen.

Aussicht vom Roteck zum Feldberg mit dem vorspringenden Baldenweger Buck

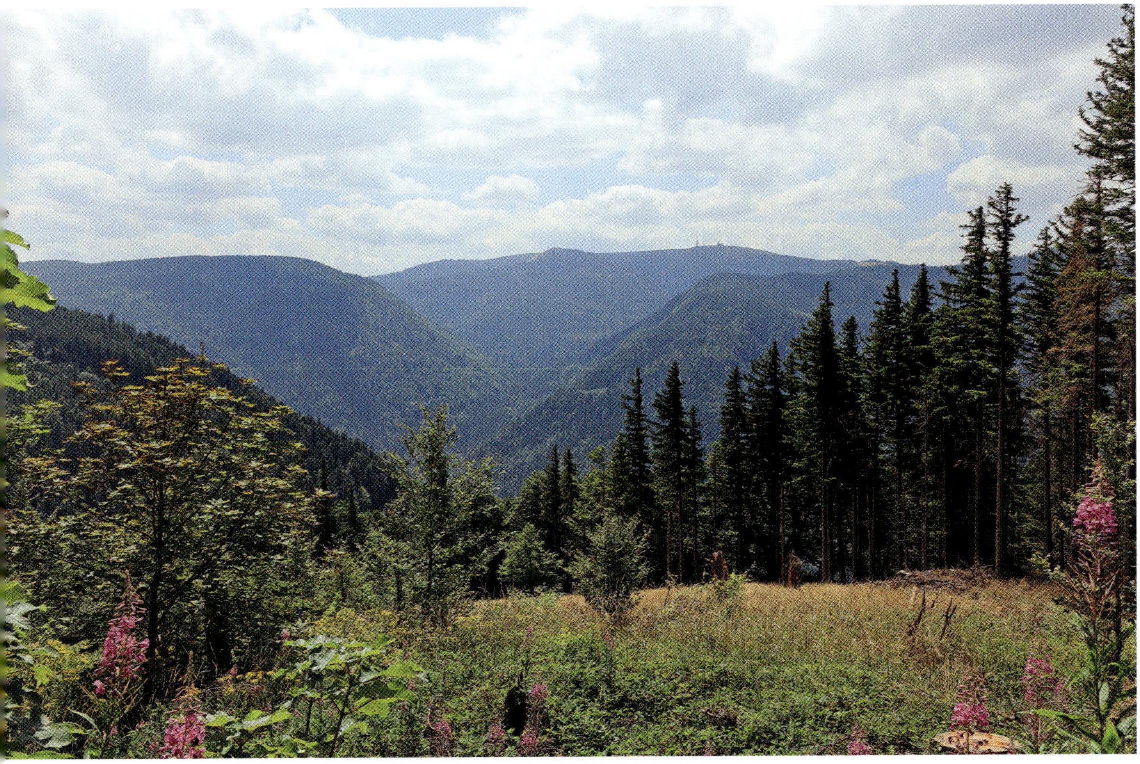

21 Vom Rinken zur Hinterwaldkopf-Hütte

Variante über die Zastler Eislöcher

Mittel	12,7 km	500 Hm	4 Std.

Tourencharakter
Die Runde nutzt durchweg stille Forst- und Waldwege sowie Pfade mit zunächst starkem Gefälle bis zu den Zastler Eislöchern. Der Abstecher auf den Hinterwaldkopf ist 600 m lang, wobei 70 Höhenmeter mehr zu leisten sind.

Ausgangs-/Endpunkt
Parkplatz Rinken bei Hinterzarten
GPS 47.8868, 8.0289

Anfahrt
Bus & Bahn: Nimm-mich-mit-Häusle am Beginn der Alpersbacher Straße in Hinterzarten
Auto: Von der B31 bei Hinterzarten abfahren, nach der Bahnunterführung rechts in die Alpersbacher Straße abbiegen, der Beschilderung über Alpersbach bis Rinken folgen

Einkehr
Hinterwaldkopf-Hütte, Mi–So ab 10 Uhr, Tel. 07661/3314, www.hinterwaldkopf-huette.de

Karte
Karte des Schwarzwaldvereins 1:25000, W257 Schönau

Informationen
Tourist-Information Hinterzarten, Tel. 07652/12068200, www.hochschwarzwald.de

Nördlich vom Feldberg erstreckt sich zwischen dem Rinken und dem Hinterwaldkopf ein herrliches Wandergebiet. Die Route entlang des Zastlerbachs sollten wir uns für heiße Sommertage merken. Denn schon vor der Einkehr erwartet uns eine eisige Erfrischung.

Über den Rinkensattel zum Rehbühl Ab dem **Wanderparkplatz Rinken** – die Schattenplätze befinden sich nachmittags auf der rechten Seite – folgen wir der Zufahrt an der Schranke vorbei. Der Weg führt uns am Jägerheim vorbei zum Spielplatz am **Rinkensattel**. Für die leichte Variante muss man bereits hier rechts abbiegen. In etwa geradeaus geht es über den Rehbühl zu den Zastler Eislöchern. Im Internet kursieren außerdem GPS-Daten, die über einen Pfad zum Zastlerbach abkürzen. Im Einstiegsbereich ist dieser von Brennnesseln zugewuchert. Nichtsdestotrotz

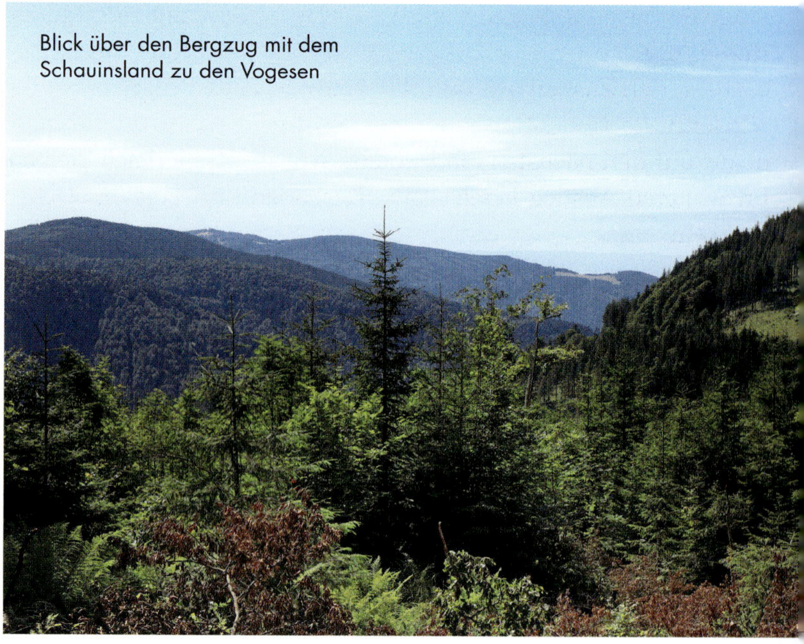

Blick über den Bergzug mit dem Schauinsland zu den Vogesen

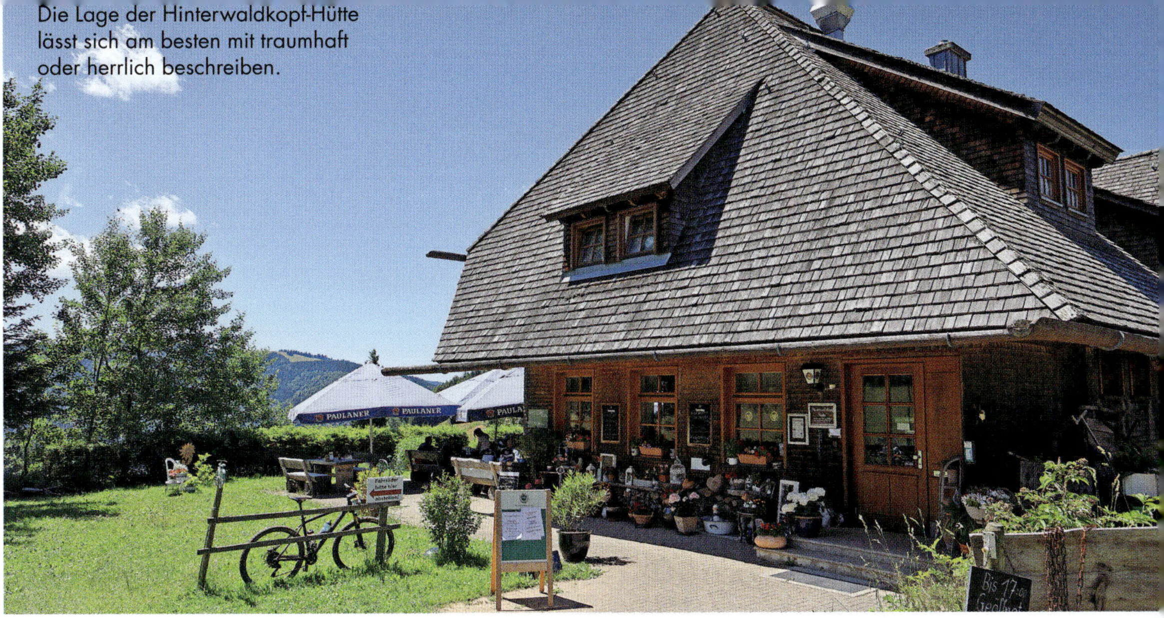

Die Lage der Hinterwaldkopf-Hütte lässt sich am besten mit traumhaft oder herrlich beschreiben.

ist uns eine Gruppe begegnet, die sich vom Wald her durchs Dickicht geschlagen hatte, um oben von dem aufgelassenen Pfad abzuraten. Besser also, wir nehmen den Umweg über die mit gelber Raute markierte Rinkenstraße bis zum **Rehbühl**.

Abstieg am Zastlerbach … Beim Rehbühl biegen wir scharf rechts auf den Pfad ab. Dieser führt zunächst in östlicher Richtung über mehrere Quellbäche des Spritzbachs hinweg ans untere Ende des aufgelassenen Pfads, dann nach Norden zurück auf die Rinkenstraße. Auf breitem Forstweg sind bald die Mündung des Spritzbachs in den Zastlerbach und der Abzweig zum Grillplatz bei der **Klusenhütte** erreicht. In der folgenden Kurve wechseln wir geradeaus auf den nächsten Pfad, sodass wir am Zastlerbach bleiben. Im weiteren Abstieg laden kleine Kaskaden und Wasserrutschen dazu ein, innezuhalten und die erfrischende Natur zu genießen.

… zu den Eislöchern Wo wir weiter unten wieder auf die Rinkenstraße treffen, lohnen sich rechts die wenigen Schritte zu den **Zastler Eislöchern**. Das eher unscheinbare Naturphänomen entstand durch den Einsturz von Felsen und dabei gebildeten Hohlräumen. Weil sich darin neben Schnee und Eis auch abfließende Kaltluft sammelt, halten sich Eisreste selbst bei bereits sommerlichen Temperaturen bis in den Juni hinein. Sobald man einem dieser Löcher zu nahe tritt, ist ein kühlerer Luftzug zu spüren. Besonders deutlich macht sich dies nahe dem Zastlerbach bemerkbar. Doch auch entlang der Rinkenstraße sind kühlere Luftströme wahrnehmbar.

Unten: Rund um die Hütte finden wir reichlich Dekoration und Blumenschmuck.

Ganz unten: Ob Alpler-Makkaroni oder Krustenbraten – beides lecker

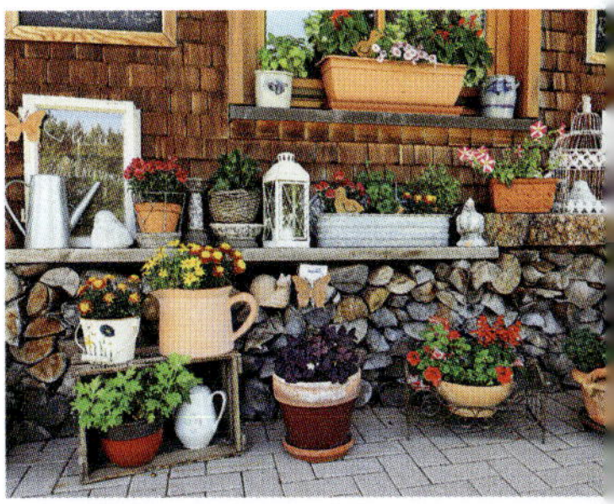

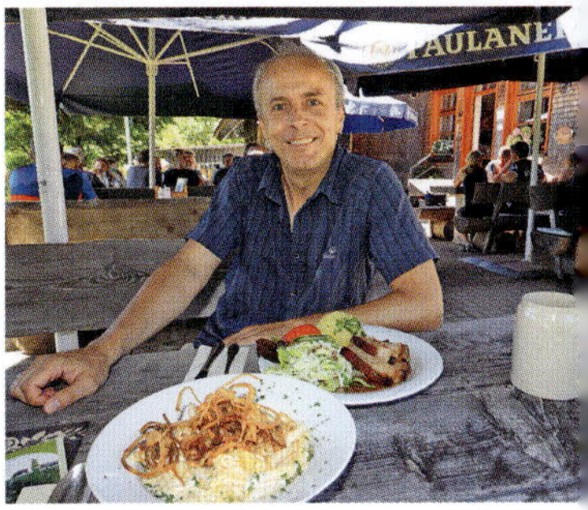

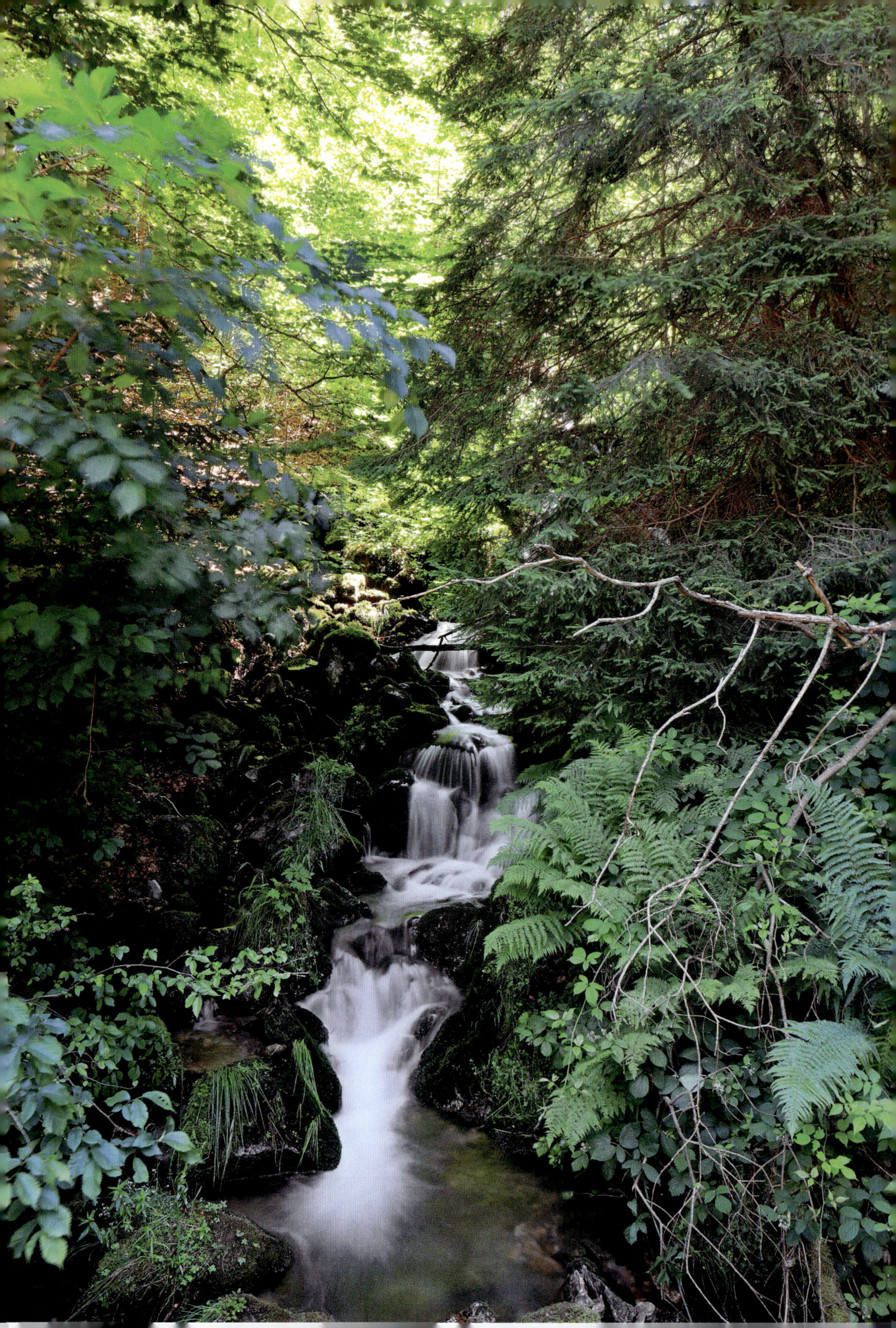

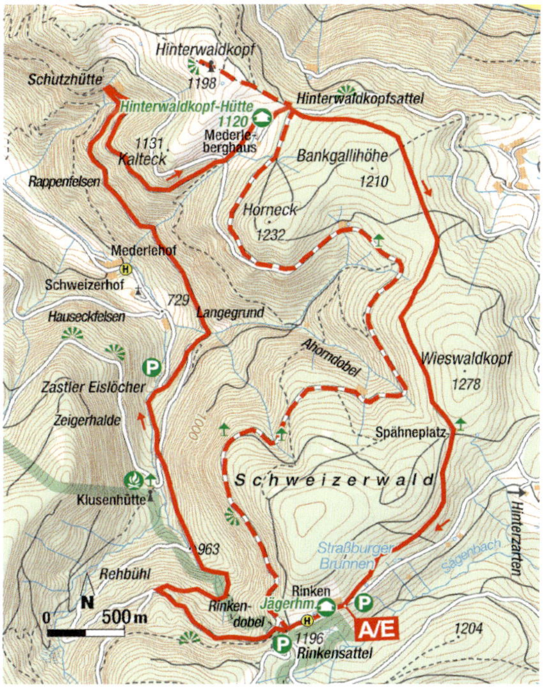

Aufstieg zum Hinterwaldkopf Ab dem tiefsten Punkt der Runde nutzen wir erneut die Rinkenstraße. Nun allerdings bergan bis zur nächsten Rechtskurve, wo wir geradeaus auf den ebenfalls breiten Hinterwaldweg wechseln und 150 Meter weiter den Ahorndobel kreuzen. Danach können wir es ruhig angehen. Nutzen wir die Steigung für kurze Pausen, um den Blick über das immer tiefer unter uns liegende Tal zum Feldberg und – rechts davon – zum Immisberg schweifen zu lassen. Nach einer scharfen Rechtskurve um eine **Schutzhütte** herum wird das Sichtfeld zunehmend weiter, womit nun auch der Baldenweger Buck links vom Feldberg deutlich in Erscheinung tritt. Anderthalb Kilometer nach der Schutzhütte beschreibt der Hinterwaldweg eine weitere markante Rechtskurve. Außerdem mündet von links der Roteckweg in unseren Weg ein. Mit der gelben Raute ginge es hier rechts über den Wegweiser **Am Horneck** zur Hinterwaldkopf-Hütte. Für Wanderer gibt es jedoch geradeaus einen leicht zu übersehenden Durchlass auf eine Weide. Auf einem teils nur schwach ausgeprägten Wiesenpfad können wir abkürzen.

Leichte Variante und Gipfel

Die leichte Variante führt ab dem Rinkensattel auf dem auch von Rädern genutzten Dr.-Ganter-Weg über den Wegweiser Am Horneck zum Hinterwaldkopfsattel. Gegenüber der Route über die Eislöcher lassen sich so 1,5 km und 300 Höhenmeter einsparen. Für den Abstecher zum Gipfel muss man mit 1,2 km (hin und zurück) und 70 Höhenmetern rechnen.

Wohlfühlen in der Hinterwaldkopf-Hütte Sowie wir das Mederleberghaus passieren, rückt die traumhaft gelegene **Hinterwaldkopf-Hütte** ins Bild. Die Hütte selbst ist mit allerlei Zierrat und Blumen verspielt geschmückt, während einige Schirme Schatten auf der Außenterrasse spenden. Heiß begehrt an Sonn- und Feiertagen sind die krustigen Schweinebraten mit hausgemachten Knödeln. Aber auch über vegetarische Gerichte wie die Alpler-Makkaroni können wir uns freuen. Gut gestärkt wechseln wir anschließend beim **Hinterwaldkopfsattel** auf den mit blauer Raute markierten Weg über die Bankgallihöhe und den **Spähneplatz** zurück zum Parkplatz Rinken.

Linke Seite: Munter talwärts plätschernder Seitenbach des Zastlerbachs

22 Zur Fischerhütte am Nonnenmattweiher

Variante über den Heideckfelsen

Mittel | 10,2 km | 450 Hm | 3.30 Std.

Tourencharakter
Im Bereich des Heideckfelsens führen alpin anmutende Pfade abwärts durch eine Weide. Ansonsten gut zu begehende Runde mit schönen Ausblicken über das Kleine Wiesental und reizvollen Rastplätzen

Ausgangs-/Endpunkt
Parkplatz Im Mond nahe Haldenhof
GPS 47.8048, 7.7957

Anfahrt
Bus & Bahn: Es bestehen Busverbindungen ab Schopfheim zur Haltestelle Neuenweg Haldenhof, Kleines Wiesental.
Auto: Von der A5 bei Ausfahrt 65 nach Müllheim abfahren, weiter über die L131 Richtung Schönau bis zum Wanderparkplatz oberhalb der Landstraße fahren. Von Osten über die B317 bis Wembach, dort auf die L131 abbiegen

Einkehr
Fischerhütte, Mi–So ab 11 Uhr, Tel. 0162/8667212, www.fischerhuette-nonnenmattweiher.de

Karte
Karte des Schwarzwaldvereins 1:25000, W257 Schönau

Informationen
Kleines Wiesental, Tel. 07629/91100, www.tourismus.kleines-wiesental.eu

Der Nonnenmattweiher zählt zu den von Menschen reaktivierten Karseen. Nachdem er im 18. Jahrhundert aufgestaut wurde, löste sich der vermoorte Boden. Während dieser Fischen ein sicheres Versteck bietet, bildet unweit davon die Fischerhütte ein beliebtes Ausflugsziel.

Vom Mond zur Strohmeyerkapelle Ab dem Heubronner Eck und dem **Wanderparkplatz Im Mond** folgen wir zunächst dem Westweg in Richtung Belchen. Der erste Abschnitt verläuft damit auf dem Unteren Stuhlskopfweg. Nach einem ersten Waldstück eröffnet sich uns eine malerische Aussicht über die Seitentäler der Kleinen Wiese. Nach diesem schönen Eindruck lohnt sich links der Abstecher hoch zur **Willibald-Strohmeyer-Kapelle**. Der Pfarrer wurde aus unbekannten Gründen am 22. April 1945 von der sogenannten Schutzstaffel (SS) hierher geschleppt und

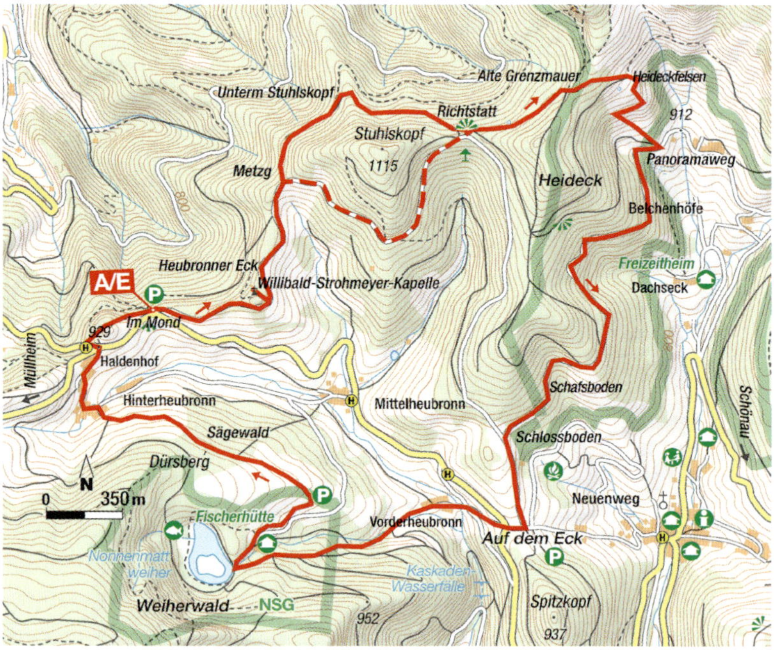

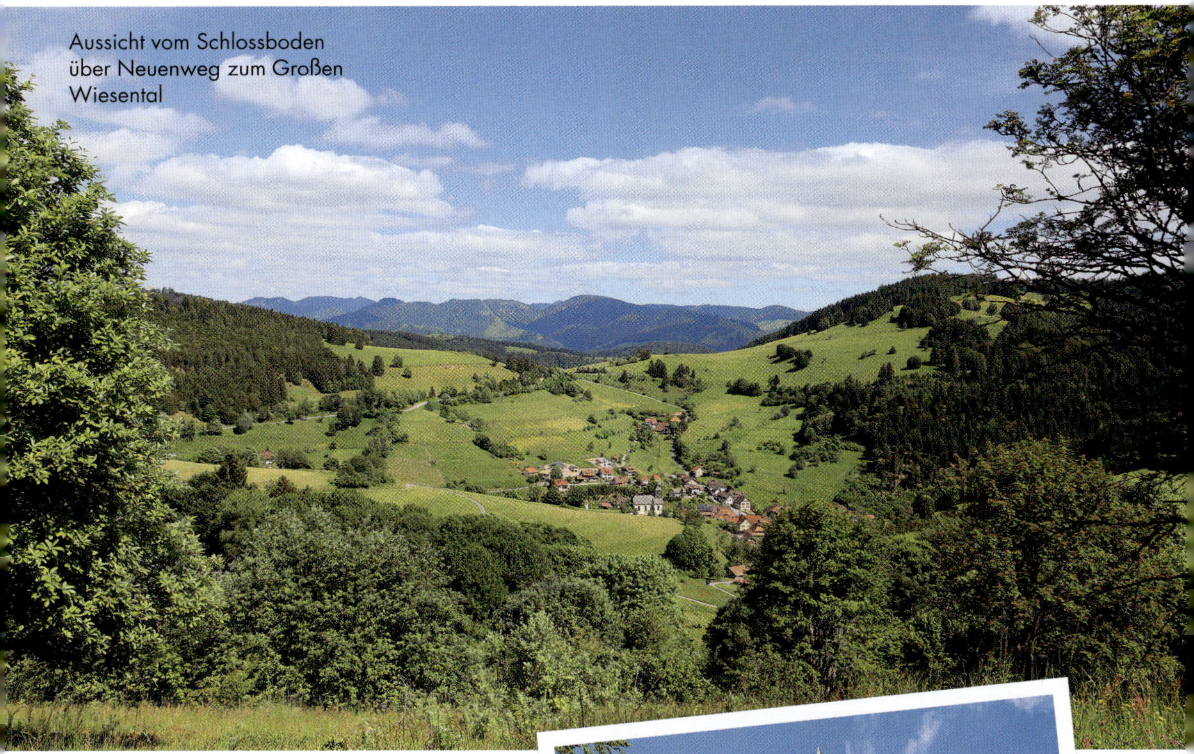

Aussicht vom Schlossboden über Neuenweg zum Großen Wiesental

mit Genickschüssen ermordet. Erst zwei Wochen später – am Kriegsende – fand man seine Leiche nahe der heutigen Kapelle. Heute finden wir hier einen ruhigen Ort, der zur Rast und inneren Einkehr einlädt. Auf der Anhöhe gibt außerdem eine Schneise den Blick über die Rheinebene bis zu den Vogesen frei.

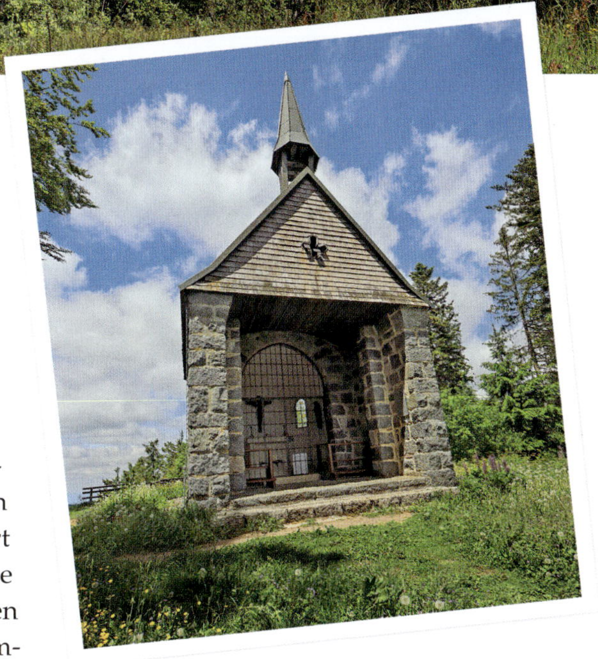

Willibald-Strohmeyer-Kapelle

Um den Stuhlskopf Zurück auf dem Unteren Stuhlskopfweg kommen wir über den **Spänplatz** zum Wegweiser **Metzg**. Dort haben wir die Wahl: Wer leichtere Wege bevorzugt, kann auf dem Westweg bleiben und den Stuhlskopf auf seiner Südseite umwandern. Gerechter werden wir dem Untertitel dieses Buchs, wenn wir links auf den Grundwald abzweigen. In dem Fall folgen wir der gelben Raute über den Wegweiser **Unterm Stuhlskopf** über die Nordflanke

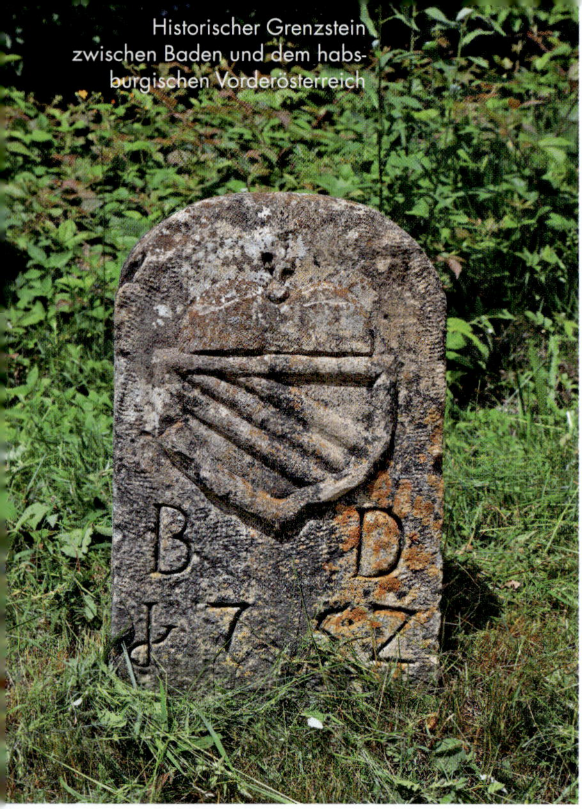

Historischer Grenzstein zwischen Baden und dem habsburgischen Vorderösterreich

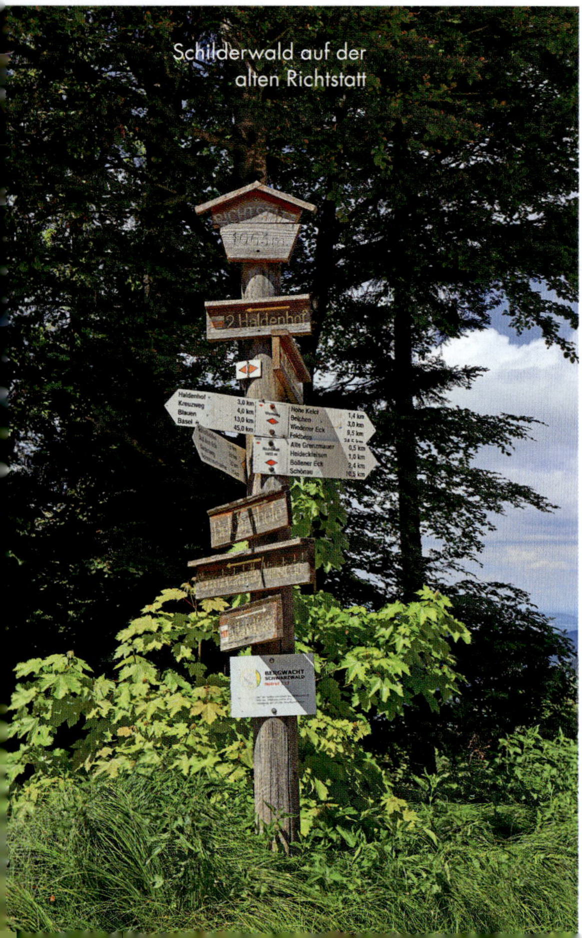

Schilderwald auf der alten Richtstatt

des Stuhlskopfs. Diese weniger begangene Variante ist knapp 100 Meter kürzer und entsprechend steiler. Bei der **Richtstatt** treffen beide Wege wieder zusammen.

Abstieg über den Heideckfelsen Nach einem weiteren Abschnitt auf dem Westweg biegen wir bei der **Alten Grenzmauer** rechts ab, sodass wir erneut mit der gelben Raute zum **Heideckfelsen** kommen. Auch hier lohnt es, innezuhalten und den Blick über die Täler und Kuppen des Kleinen und Großen Wiesentals schweifen zu lassen. Wenden wir uns nach Norden, so rücken der Rapsfelsen und der baumfreie Gipfelbereich des Belchen ins Bild. Der anschließende Abstieg vom Heideckfelsen erfolgt über alpin anmutende Pfade durch eine Rinderweide. Bei unserer Begehung war die Beschilderung lückig. Im Prinzip aber geht es – über mehrere Kehren – stets bergab Richtung Kleines Wiesental und Neuenweg. Am unteren Ende der Weide finden wir mit dem Wegweiser **Panoramaweg** wieder einen verlässlichen Orientierungspunkt.

Aussichtsloser Panoramaweg Nach einem Zwischenanstieg erfolgt der weitere Abstieg bis zum Schlossboden auf dem Panoramaweg. Entgegen der Erwartung verläuft dieser – abgesehen von kleineren Ausblicken – weitgehend im Wald. Erst nach zwei Kilometern öffnet sich beim **Schlossboden** die Sicht über das tief im Tal gelegene Neuenweg zum Haupass; und über die Passhöhe hinweg zu den Bergketten östlich der Großen Wiese. Beim Wegweiser **Auf dem Eck** ist dann auch der Belchengipfel zu sehen. Die Anhöhe markiert den Übergang von Neuenweg nach Vorderheubronn und bietet uns mit dem Wanderparkplatz (GPS: 47.7959, 7.8180) einen alternativen Startpunkt für diese Runde.

Zum Nonnenmattweiher Weiter geht es mit der blauen Raute über die L131 hinweg bergab zu den wenigen Häusern von Vorderheubronn. An einem Bauerngarten vorbei schwenkt der Weg an den Weiherbach. Sowie wir diesen in der Linkskurve überquert haben, biegen wir rechts ab und folgen weiterhin der blauen Raute – nach 400 Metern erneut rechts – flussaufwärts bis zum **Nonnenmattweiher**. Um das idyllische Gewässer herum ermöglicht der Uferweg mehrere reizvolle Blickwinkel.

Durch den Sägewald zum Haldenhof Anschließend sind es noch wenige Schritte bis zur **Fischerhütte**. Stolz ist man dort auf die natürlich immer frisch geräucherten Saiblinge und zünftigen Bauernvesper. Daneben können wir uns über Salate und hausgemachte Kuchen freuen. Der spätere Rückweg erfolgt erneut mit der gelben Raute. Wo der Fahrweg zum Parkplatz der Hütte abzweigt, halten wir uns links. Bald schwenkt dieser Weg nach Westen, führt durch den **Sägewald** nach Hinterheubronn. Über die Ortsstraße gelangen wir zum **Haldenhof**. Ab dem 1874 errichteten Berggasthof gelangen wir schließlich auf dem Westweg zurück zum **Wanderparkplatz Im Mond**.

Legendärer Nonnenmattweiher

Einer Sage nach soll einst ein Kloster im Nonnenmattweiher versunken sein. Der Name stammt jedoch von den Mastkühen, den Nunnen, die in früheren Zeiten auf den Weiden rund um den See grasten.

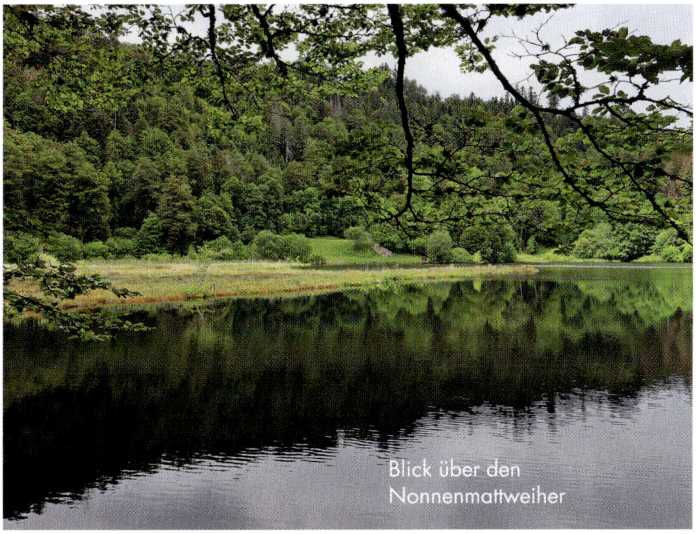

Blick über den Nonnenmattweiher

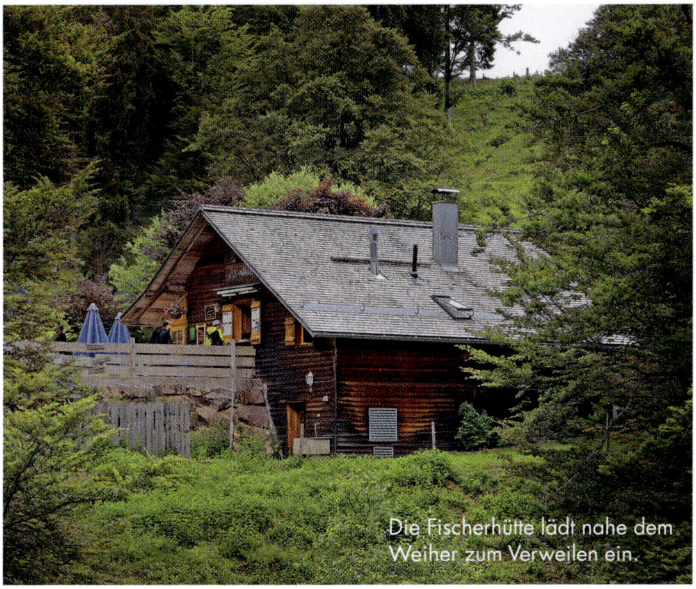

Die Fischerhütte lädt nahe dem Weiher zum Verweilen ein.

23 Emporkömmling im Wiedener Tal

Von Wieden zum Knöpflesbrunnen

Mittel | 11,6 km | 400 Hm | 3.45 Std.

Tourencharakter
Reizvolle Bergwanderung auf zumeist breiten und gut zu gehenden Wegen sowie auch wenig befahrenen Zufahrten. Vorsicht bei Weidebetrieb mit Mutterkuhhaltung

Ausgangs-/Endpunkt
Kurverwaltung in Wieden
GPS 47.8414, 7.8809

Anfahrt
Bus & Bahn: Ab Schopfheim und Todtnau mit der Linie 7300 bis Wiese bzw. Abzweig Aitern, Utzenfeld, weiter mit der Linie 7306 bis zur Haltestelle Hirschen Wieden
Auto: Von der B317 Schopfheim–Todtnau bei Utzenfeld abfahren, der L123 bis nach Wieden folgen. Alternativ ist die Anfahrt ab Bad Krozingen möglich.

Einkehr
Almgasthaus Knöpflesbrunnen, Do–Mo ab 11 Uhr, Tel. 01520/6003551, https://knoepflesbrunnen.de

Karte
Karte des Schwarzwaldvereins 1:25000, W257 Schönau

Informationen
Tourist-Information Wieden, Tel. 07673/303, www.schwarzwaldregion-belchen.de

Als »Knöpflin« verspottete man Emporkömmlinge, die dem Bergbau ihren Aufstieg verdankten. Zu erkennen waren sie an reichen Gewändern mit silbernen Knöpfen. Hieraus leitet sich der 1718 erstmals erwähnte »Knöpflins Brunnen« ab – heute ein herrliches Ausflugsziel.

Auf dem Bergbaupfad zum Spitztobel Ab der **Touristinfo Wieden** führen der mit gelber Raute markierte Wanderweg sowie auch der Bergbaupfad entlang der Ortsstraße in Richtung Spitztobel. Schöner ist der Schlenker durch den Park. Hierfür wechseln wir vor dem Rathaus auf den Fußweg. Anschließend halten wir uns links, sodass wir beim Kindergarten wieder auf die Straße treffen. Jenseits geht es durch die Straße Erbsengarten in die freie Landschaft. Nach einer ersten schönen Sicht über Wieden halten wir uns beim Abzweig zum Friedhof rechts. Knapp 300 Meter weiter

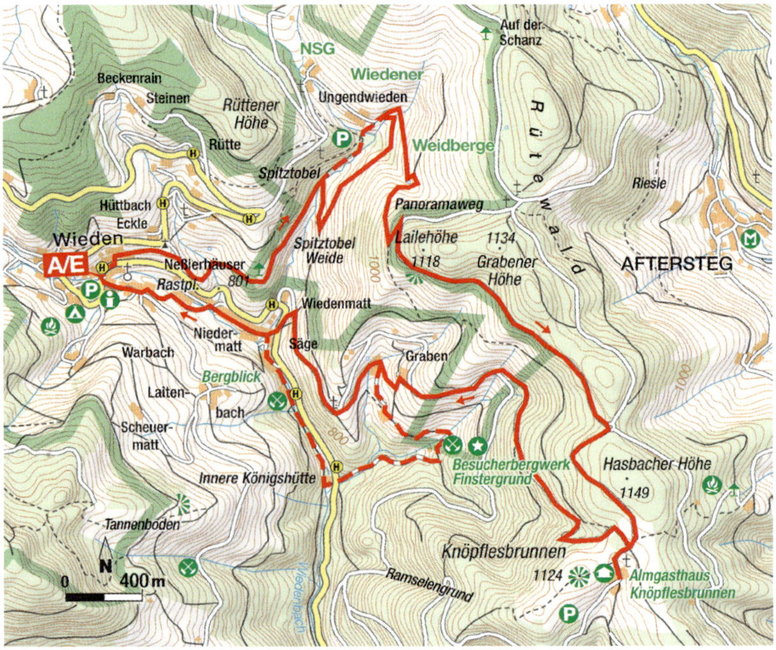

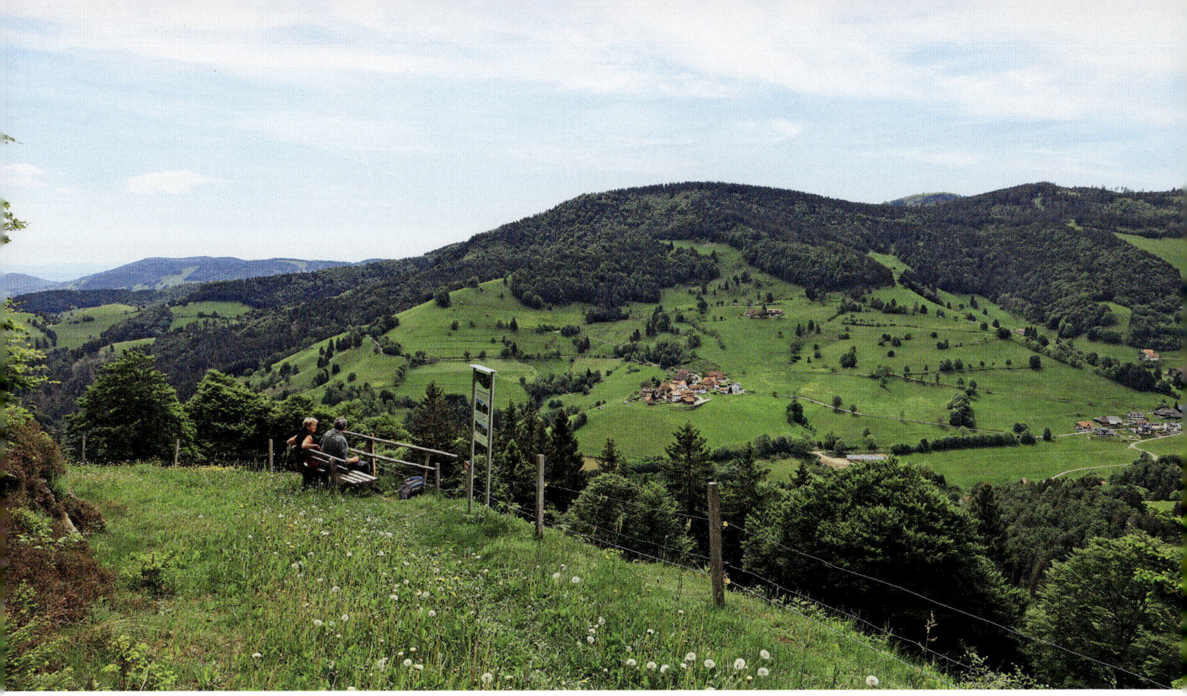

passieren wir in der Linkskurve einen **Rastplatz**, um anschließend den Hüttbach zu queren. Nach weiteren Aussichten über das Wiedener Tal und der Station 2 des Bergbaupfads schwenkt der Wanderweg am Waldrand nach Norden zum **Spitztobel**.

Aussicht von der Lailehöhe über das Wiedener Tal bis zum Belchen

Durch die Weide oder am Bach Beim Tobel haben wir die Wahl: Der mit gelber Raute markierte Wanderweg führt in südlicher Richtung zum Wegweiser **Spitztobel Weide**. Dort biegen wir scharf links ab und verlassen somit den Bergbaupfad. Nach einem angenehm zu laufenden Schotterweg führt die gelbe Raute durch eine Weide mit Hinterwälder-Rindern und Schottischen Hochlandrindern. Letztere sind eng mit den bekannteren Galloways verwandt, unterscheiden sich jedoch durch die langen Hörner. Wem dies nicht ganz geheuer ist, empfehlen wir die Variante auf dem Spitzdobelrundweg. In diesem Fall erfolgt der Aufstieg durch den Wald bis zu einer Wassertretanlage. Oberhalb davon treffen beide Routen beim Wegweiser **Ungendwieden** wieder zusammen.

Hochlandrinder zeichnen sich durch ihre markanten Hörner aus.

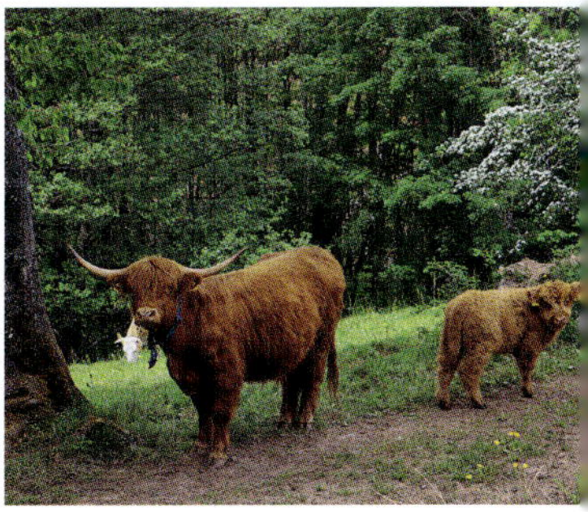

Über die Lailehöhe und Hasbacher Höhe … Weiter geht es mit der gelben Raute durch die Wiedener Weidberge zur Lailehöhe. Der Weg führt erst nach Osten, wo wir ein letztes Mal den Spitzdobelbach kreuzen, dann in südlicher Richtung bis zu einer scharfen Linkskurve. Direkt danach biegen wir rechts ab

und folgen der gelben Raute weiter bis zum Aussichtspunkt unterhalb der **Lailehöhe**. Ab dort geht es scharf links hoch zum gleichnamigen Wegweiser, wo wir rechts auf den **Panoramaweg** einbiegen. Nach einer Passage im Wald macht dieser seinem Namen alle Ehre, sodass wir uns über weitere malerische Ausblicke über das Wiedener Tal freuen können. Zurück im Wald biegen wir schließlich beim Wegweiser **Hasbacher Höhe** rechts auf den mit blauer Raute gekennzeichneten Forstweg ab.

Maultaschen in der klassischen und vegetarischen Variante

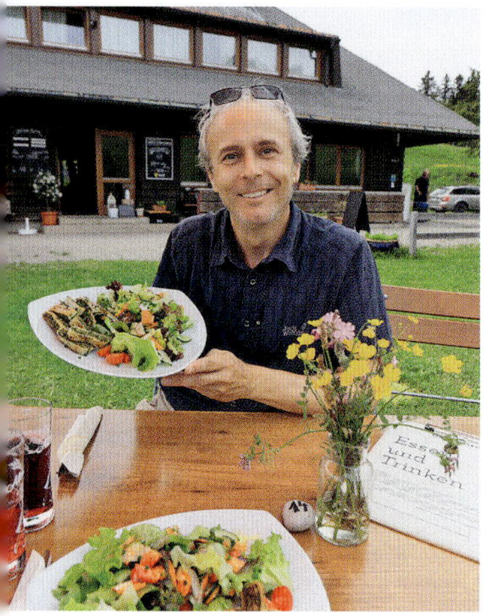

… zum Knöpflesbrunnen Sowie wir den Wald wieder verlassen, öffnet sich vor uns eine idyllische Lichtung. Mit diesem schönen Eindruck kommen wir als Nächstes zum Wegweiser Knöpflesbrunnen. Rechts erfolgt der Rückweg nach Wieden. Zuvor aber laufen wir geradeaus weiter bis zum **Almgasthaus Knöpflesbrunnen**. Auf der Seite des Wanderheims heißt es: »Der Knöpflesbrunnen soll ein Ort sein, an dem sich die Menschen wohlfühlen.« Und genau das ist er auch. Umgeben von ruhigen Almwiesen und Bergwäldern eröffnet uns die Sonnenterrasse einen herrlichen Blick über das Wiesental zu den Schweizer Alpen. Dazu können wir uns über regionale Spezialitäten wie das Schindelmacher Vesperbrett, den Knöpfle-Burger mit Schäufele

Malerischer Blick zum Almgasthaus Knöpflesbrunnen

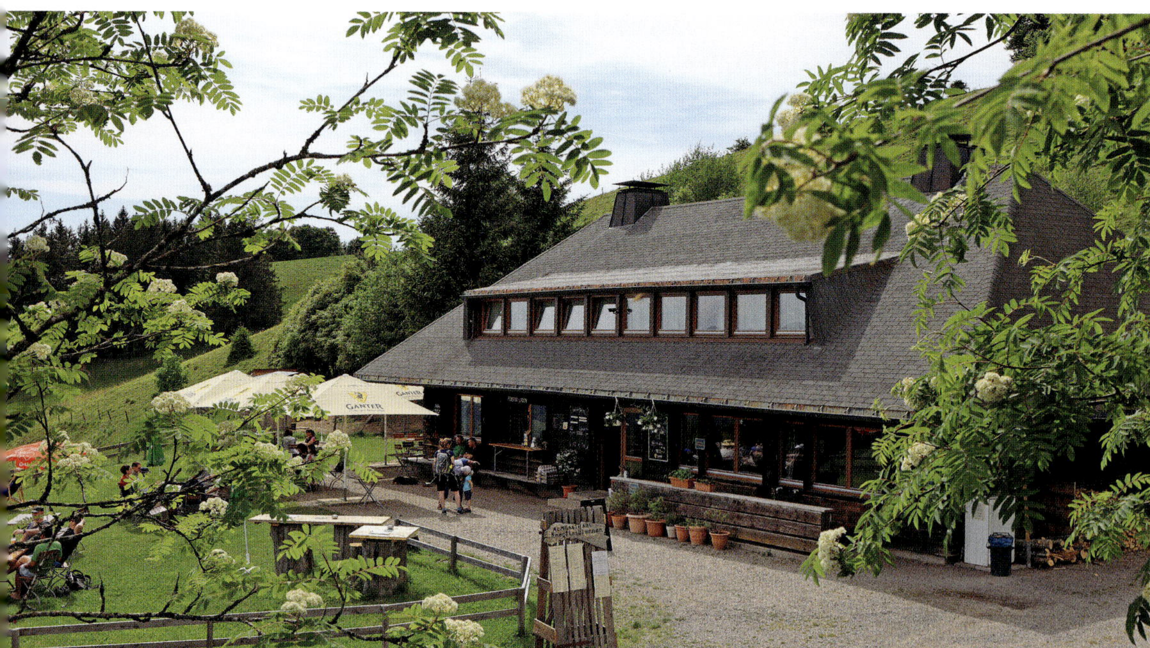

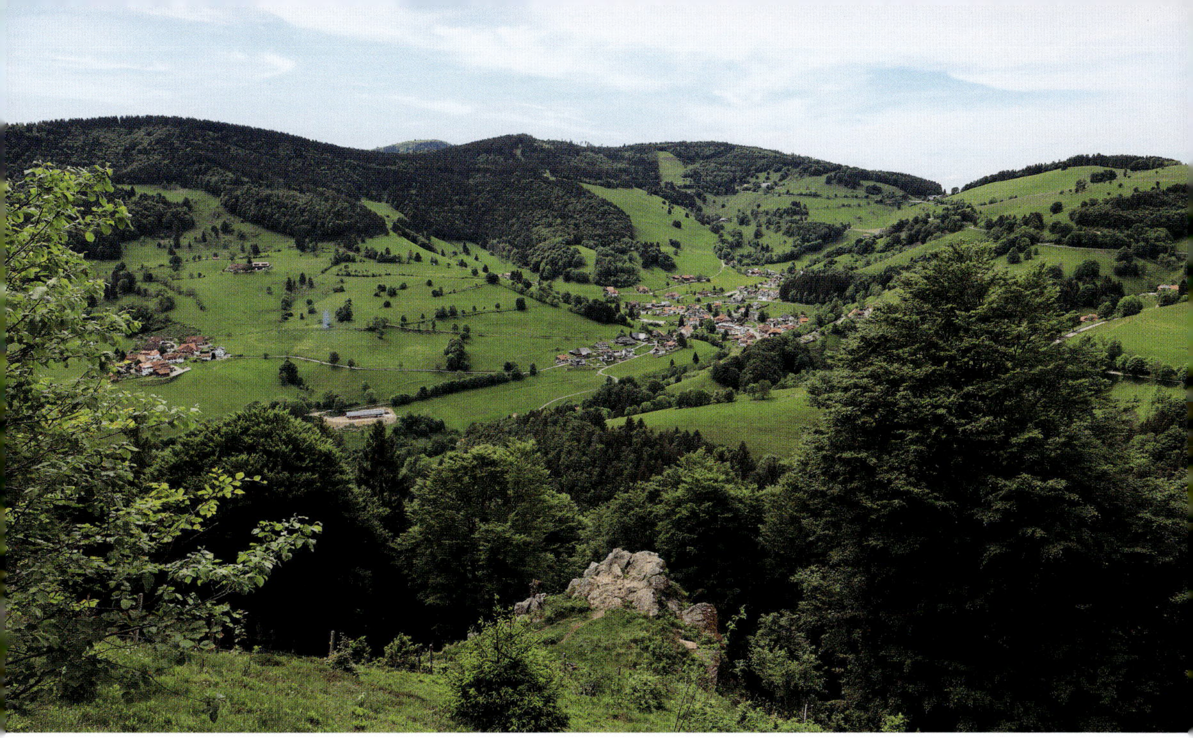

oder auch die Käsknöpfle freuen. Uns selbst haben die hausgemachten Maultaschen in der Fleisch- sowie auch vegetarischen Version mit reichlich Salat besonders geschmeckt.

Sicht über das Wiedener Tal zum Belchen sowie zum Wiedener Eck

Rückweg mit Option Für den späteren Rückweg kehren wir zum Wegweiser Knöpflesbrunnen zurück. Links ab geht es mit der blauen Raute hinunter nach **Graben**. Dort treffen wir wieder auf den Bergbaupfad, auf dem es links zum Besucherbergwerk Finstergrund ginge. Wer das ebenfalls lohnende Ausflugsziel in die Runde einbauen möchte, kann anschließend mit der gelben Raute über die Innere Königshütte nach Niedermatt wandern. Alle anderen folgen weiter der blauen Raute über die Straße bis zu einem Rastplatz mit Christuskreuz (**Rastplatz Kreuz**). Weiter mit der blauen Raute nutzen wir nach 700 Metern die Verbindung über die Landstraße nach Niedermatt. Ab dort erfolgt der letzte Abschnitt immer dem Wiedenbach entgegen zurück nach Wieden.

Besucherbergwerk Finstergrund

Ab dem 13. Jahrhundert ist der Bergbau im Wiedener Tal belegt. Die Grube Finstergrund zählt dabei zu den bedeutendsten historischen Bergwerken für den Abbau von Fluss- und Schwerspat. Praktisch mit der Betriebsschließung im Jahr 1974 entstand die Idee, hier ein Besucherbergwerk einzurichten. Als Besonderheit blieb dadurch die Grubenbahn erhalten, mit der die Besucher in den Berg einfahren (www.finstergrund.de).

24 Bernauer-Hochtal-Steig

Bilderbuchrunde auf die Krunkelbachhütte

Mittel | 15,6 km | 685 Hm | 6 Std.

Tourencharakter
Die konditionell anspruchsvolle Runde verwöhnt mit herrlichen Aussichten über das Bernauer Hochtal und zu den umliegenden Bergen. Die Bergpfade erfordern Trittsicherheit.

Ausgangs-/Endpunkt
Wanderparkplatz Ankenbühl (Hochtal-Steig)
GPS 47.7955, 8.0710

Anfahrt
Bus & Bahn: Es bestehen Busverbindungen ab St. Blasien zur Haltestelle Bernau Weierle. Auto: Von der B 500 Waldshut–Titisee in Häusern im Kreisverkehr oder der B 317 Lörrach–Todtnau bei Geschwend nach St. Blasien abbiegen. Der L 149 nach Bernau folgen. Die Zufahrt zum Wanderparkplatz liegt gegenüber dem Ortsteil Weierle.

Einkehr
Krunkelbachhütte, täglich ab 10 Uhr, Tel. 07675/338, www.krunkelbach.de

Karte
Karte des Schwarzwaldvereins 1:25 000, W258 Titisee-Neustadt

Informationen
Tourist-Information Bernau im Schwarzwald,
Tel. 07675/160030,
www.bernau-schwarzwald.de

Als Genießerpfade sind im Schwarzwald einige Wege beschrieben, die sonst im Schatten benachbarter Orte liegen. Hierzu zählt der Hochtal-Steig von Bernau. Im Aufstieg eröffnet er herrliche Aussichten über das Hochtal und die Krunkelbachalm zum Herzogenhorn sowie zu den Alpen.

In der Hauptsache bergauf

Als Startpunkt haben wir den **Wanderparkplatz Ankenbühl** gewählt. Außerdem laufen wir die Runde entgegen dem Uhrzeigersinn. Damit geht es zunächst leicht bergab über eine Weide, dann aufwärts zum Holzmättle. Scharf links folgen wir der blauen Raute über felsige Wurzelpfade durch den Wald auf den **Hohfelsen**. Bei der markanten Felsformation öffnet sich die Sicht über das Hochtal mit den Ortsteilen Weierle und Oberlehen. Nach einer flacheren Passage zum **Kaisereck** passieren wir den Kaiserfelsen und wandern entlang

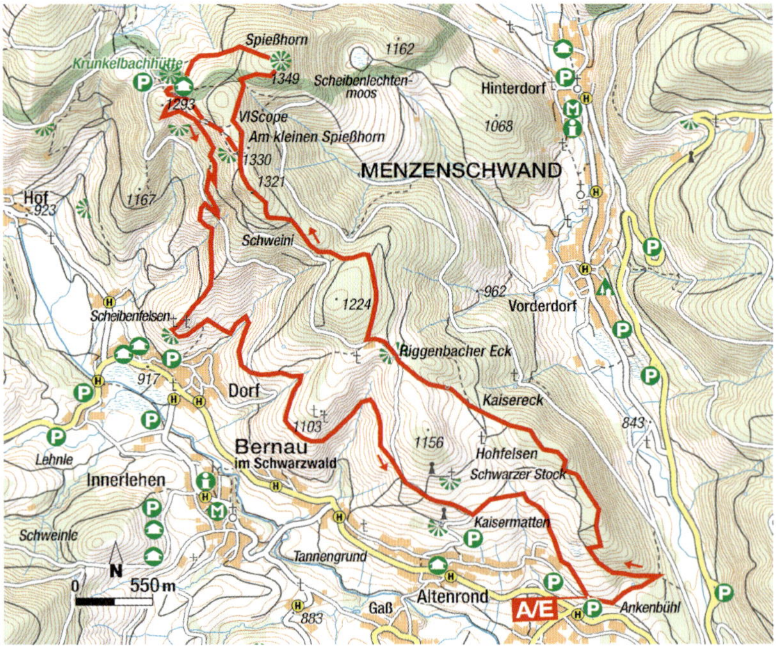

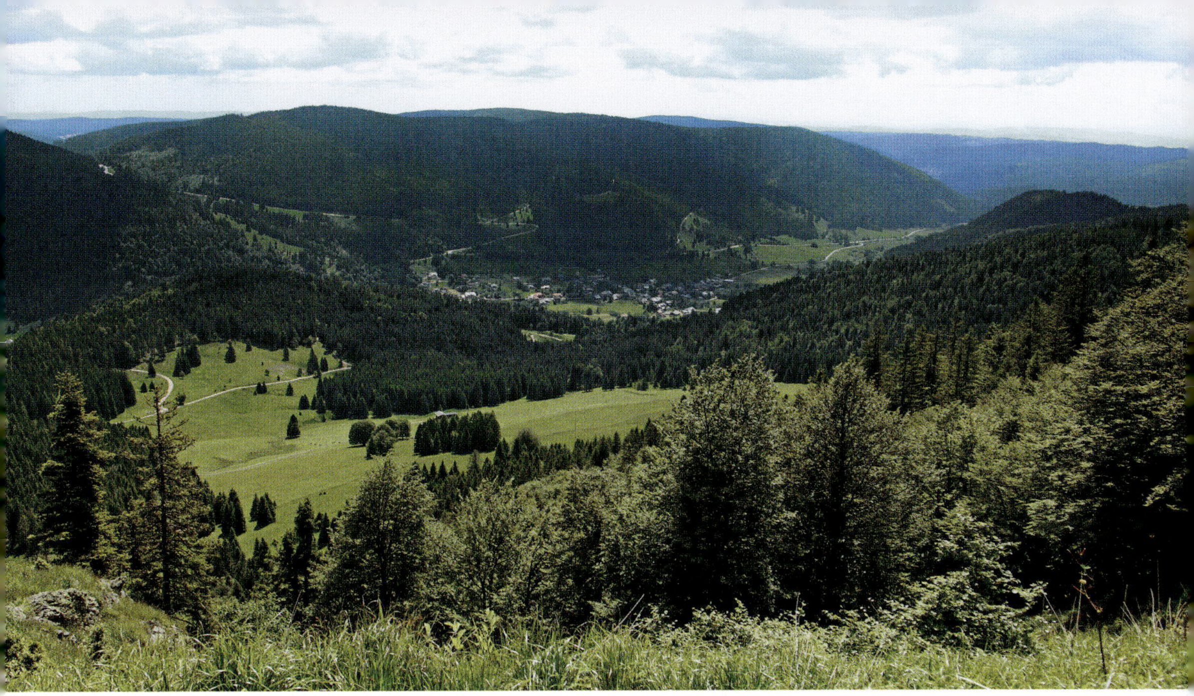

Aussicht vom Großen Spießhorn über das Menzenschwander Albtal bis nach St. Blasien

artenreicher Bergwiesen bis zum **Riggenbacher Eck**. Dort können wir zufrieden auf die ersten 250 Höhenmeter zurückblicken. Am besten geht dies in einer der bereitgestellten Himmelsliegen.

Aussichten so weit das Auge reicht Nach der Sicht über das Tal zum Spitzenberg und Blößling taucht der Steig in den Wald ein und führt weiter bergan zum Podest am **Kleinen Spießhorn**. Die Lichtung unterhalb des bewaldeten Kleinen Spießhorns wird von der Gemeinde Bernau als Logenplatz bezeichnet. Das ist zutreffend. Während nordwestlich von uns mit dem Herzogenhorn der dritthöchste Schwarzwaldgipfel das Bild bestimmt, hebt sich im Westen mit dem Belchen der vierthöchste Gipfel von den niedrigeren Bergketten ab. Bei klarer Luft sind im Süden die Schweizer Alpen zu sehen. Vor Ort hilft ein VIScope, die zahlreichen Gipfel treffsicher zu bestimmen.

Direkt oder mit dem Steig … Anschließend haben wir die Wahl. Wer abkürzen möchte, kann ab dem letzten Wegweiser direkt zur Krunkelbachhütte spazieren. Alle anderen folgen dem Steig zurück in den Wald. Dort geht es über den schwach ausgeprägten Sattel beim Hirschbad zum (Großen) **Spießhorn**. Am höchsten Punkt dieser Wanderung fällt das Gelände jäh nach Osten ab. Zugleich öffnet sich die Sicht über das Menzenschwander Albtal nach St. Blasien mit der grünen Kuppel des Doms.

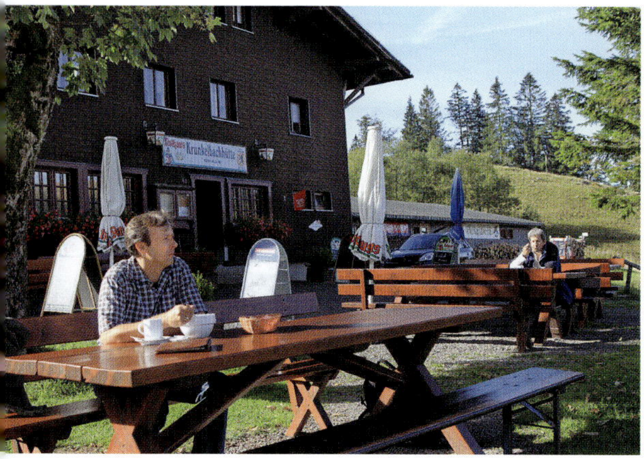

Rast bei der Krunkelbachhütte

Selbstversorger finden mit der Spießhornhütte ein geschütztes Plätzchen, um auf den erfolgreichen Aufstieg anzustoßen.

... zur Krunkelbachhütte Von dem überraschenden Aussichtspunkt geht es mit der blauen Raute durch einen Nadelwald und über einen Wurzelpfad hinunter zur Krunkelbachhütte. Gleich nach der ersten Kurve überrascht der Pfad mit einer schönen Sicht auf das gestreckte Feldbergmassiv mit dem Seebuck und dem Feldberggipfel. Damit sind alle Berge im Schwarzwald mit Höhen über 1400 Meter komplett. Der weitere Weg zur **Krunkelbachhütte** erfolgt über ein Weidfeld und durch das Quellgebiet des Krunkelbachs. Das Berggasthaus selbst ist für seine reiche Vesperkarte mit Schinken und Bergkäse sowie hausgemachte Brote und Eintöpfe bekannt. Wer die Tour gerne auf zwei Tage verteilen möchte, kann hier übernachten, sollte dies aber frühzeitig anmelden. Die Zimmer haben eine Größe von zwei bis acht Betten.

Hans-Thoma-Weg und Panoramaweg Ab der Hütte folgt der Hochtal-Steig dem älteren Hans-Thoma-Weg über schmale Pfade und einige Serpentinen talwärts. Durch einen Bergbuchenwald hindurch kommen wir über Bergwiesen und Weiden zum **Scheibenfelsen**, einem weiteren Aussichtspunkt von Bernau. Der Blick geht diesmal über Goldbach westlich und Bernau-Dorf südlich von uns. Unterhalb des Scheibenfelsens wechselt der Steig bei Bernau-Dorf auf den Bernauer Panoramaweg. Er führt uns nacheinander durch die schwach ausgeprägten Täler von Nettenbach, Schindelbächle und Riggenbächle. Trotz des steten Auf und Ab sind auf diesem letzten Abschnitt kaum noch Höhenmeter zu bewältigen. Dafür laden am Wegrand weitere Himmelsliegen zum Verweilen und Landschaftgenießen ein. Sowie wir den nun über uns thronenden Kaiserfelsen ein zweites Mal passiert haben, können wir dann die letzten Meter zurück zum Wanderparkplatz Ankenbühl zum lockeren Auslaufen nutzen.

Scheibenfelsen

Am Ende der Fastenzeit katapultieren die Talbewohner vom Scheibenfelsen aus kleine glühende Holzscheiben ins Tal. Neben Wünschen für Freunde und Verwandte verbinden sie damit die Vorfreude auf den Frühling. Der 1000 Jahre alte alemannische Brauch wird in Bernau bis heute in allen sieben Ortsteilen mit Leidenschaft gepflegt.

Auf zum Neuen Hotz

Über Engelschwand zum Gugelturm

25

Der Aussichtsturm auf dem Gugel zählt zu den Wahrzeichen des Hotzenwalds. Für die luftige Konstruktion sollte man schwindelfrei sein. Dann aber eröffnet sie einem eine schöne Rundumsicht. Den bodenständigen Kontrast dazu bildet das Gugelstüble.

Auf dem Hotzenwald-Querweg Als Startpunkt für unseren letzten Hütten-Geheimtipp haben wir den Parkplatz bei **Strittmatt-Wenni** an der Kreisstraße von Strittmatt nach Engelschwand gewählt. Vor Ort ermöglicht eine Wandertafel eine erste Orientierung. Auch der Gugelturm ist im Westen bereits zu sehen. So eingestimmt folgen wir dem Hotzenwald-Querweg in Richtung Engelschwand. Nach 250 Metern entlang der Kreisstraße wechselt dieser erst rechts, dann bei der Gabelung links auf einen parallel zur Straße verlaufenden Waldweg. Nahe dem Wegweiser Wenni gelangen wir zurück auf die Kreisstraße und haben in **Vorder-Engelschwand** die Wahl. Für eine kurze Runde können

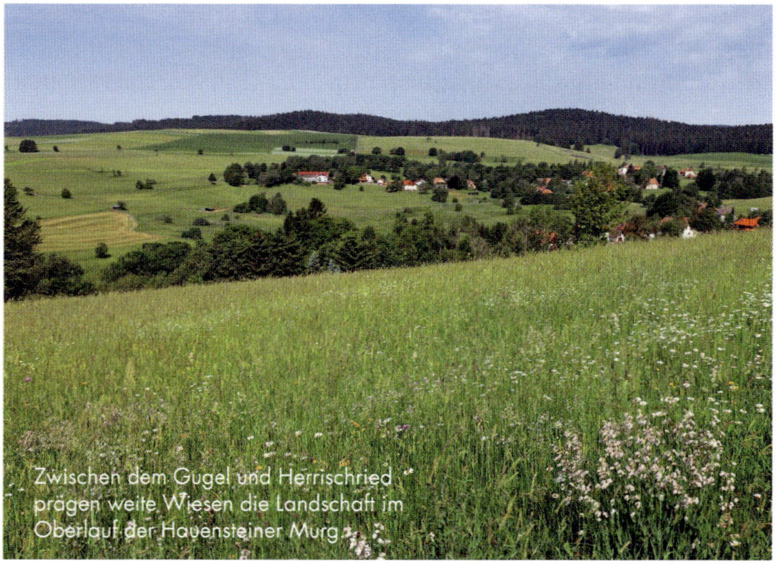

Zwischen dem Gugel und Herrischried prägen weite Wiesen die Landschaft im Oberlauf der Hauensteiner Murg.

Leicht | 9,9 km | 220 Hm | 3.15 Std.

Tourencharakter
Gemütliche Höhenwanderung über das Hügelplateau rund um Engelschwand auf Waldwegen und Wirtschaftsstraßen; einige tolle Aussichten über den Hotzenwald und zu den Alpen

Ausgangs-/Endpunkt
Parkplatz Wenni zwischen Strittmatt und Engelschwand GPS 47.6724, 8.0422

Anfahrt
Bus & Bahn: Ab St. Blasien, Görwihl und Albbruck bestehen Busverbindungen zur Haltestelle Strittmatt Schule, Görwihl. Ab dort sind es 500 m bis zum Wanderweg.
Auto: Von der B 34 in Albbruck oder bei Laufenburg nach Görwihl abbiegen und der Beschilderung über Görwihl nach Strittmatt folgen. Dort nach Engelschwand abbiegen. Die Anfahrt ist auch ab Wehr und Todtmoos möglich.

Einkehr
Gugelstüble, Sa und So ab 10 Uhr, Tel. 0174/6687195, www.schwarzwaldverein-herrischried.de

Karte
Karte des Schwarzwaldvereins 1:25 000, W265 Lörrach

Informationen
Hotzenwald Tourismus, Tel. 07764/920040, www.hotzenwald-schwarzwald.de

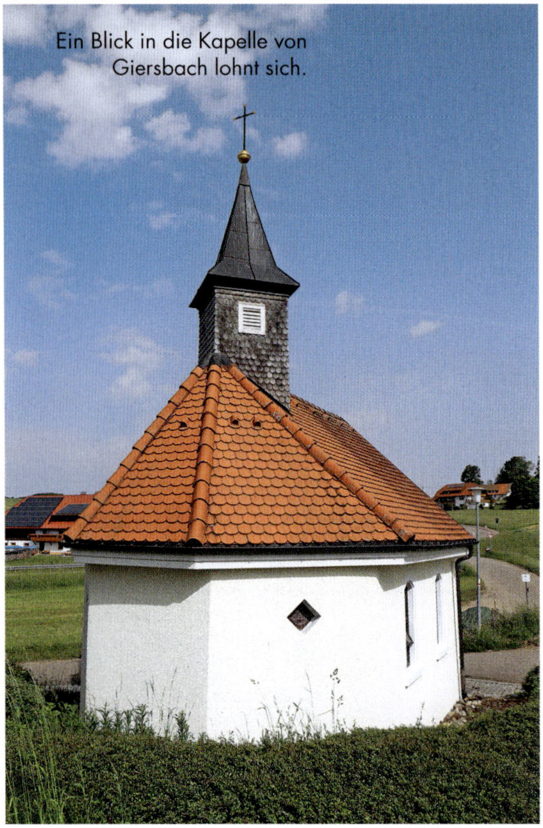

Ein Blick in die Kapelle von Giersbach lohnt sich.

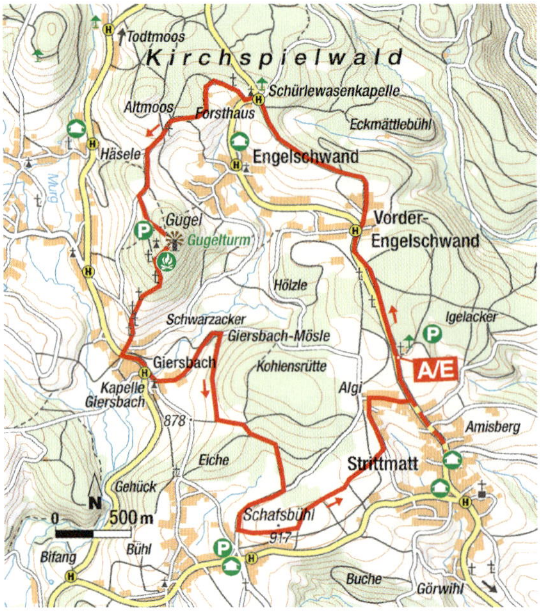

wir links den direkten Weg zum Gugelturm nehmen.

Umweg über die Schürlewasenkapelle Schöner wird die Runde, wenn wir halb rechts abbiegen und der Beschilderung Richtung Gletschermühle und Steinernes Kreuz folgen. Vorbei an einem kleineren Christuskreuz lassen wir die oberen Häuser von Engelschwand hinter uns und erreichen den Waldrand. Hier geht die Straße in den Traufweg über. Nachdem wir auf diesem einen Wasserhochbehälter passiert haben, tauchen wir in den Wald ein. Wo wir diesen wieder verlassen, treffen wir abermals auf die Kreisstraße, die wir beim Wegweiser Engelschwand Forsthaus zur **Schürlewasenkapelle** überqueren. Besonders schön ist dieser Bereich, wenn im Juni und Juli zahlreiche Lupinen die Wiese vor der Kapelle in ein Blütenmeer verwandeln. Wann und zu welchem Anlass die Kapelle entstand, war nicht in Erfahrung zu bringen. Lediglich vor Ort versicherte uns ein Anwohner, dass diese schon immer dort stand. Ein Blick ins Innere des Gebäudes aber lohnt.

Aufstieg auf den Gugel Anschließend wenden wir uns nochmals kurz Engelschwand zu, folgen dann aber der gelben Raute entlang dem Waldrand. Mit schönem Blick über das Quellgebiet des Giersbachs rüber zum Gugel laden entlang des Wegs mehrere Bänke ein. Bei **Altmoos** halten wir uns links, passieren ein weiteres Christuskreuz und folgen der Beschilderung über **Häsele** hoch zum **Gugelturm**. Auf dem Weg dorthin treffen wir bei Gugeln wieder auf den Hotzenwald-Querweg. Der Aufstieg auf den auch als der Neue Hotz bekannten Turm belohnt uns mit einer fantastischen Rundumsicht. Im Norden sind über den

Höhen des Hotzenwalds hinweg der Feldberg und das Herzogenhorn zu sehen. Im Südwesten blicken wir zum Schweizer Jura. Und bei guten Bedingungen sind im Westen die Hochvogesen zu erkennen. Komplettiert wird das Panorama im Südosten und Süden durch die Glarner und Urner Alpen sowie die Gipfel des Berner Oberlands bis hin zum Montblanc im französisch-italienischen Grenzgebiet.

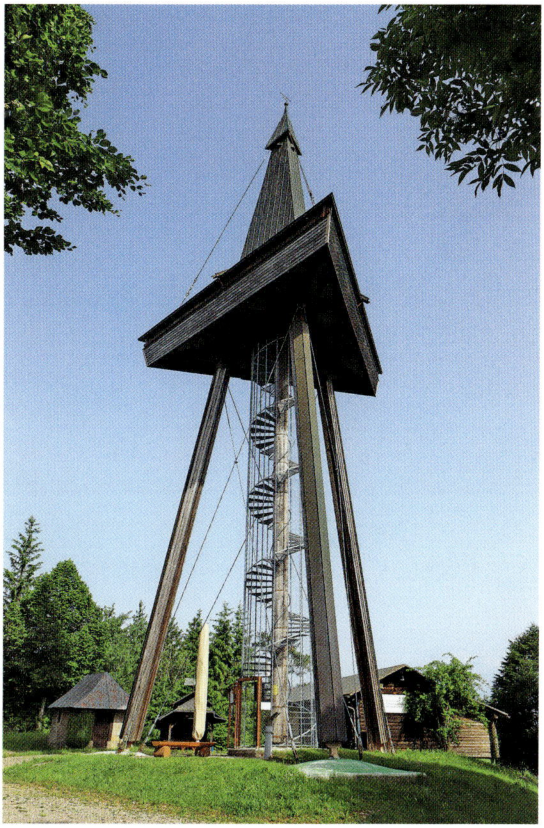

Der Neue Hotz auf dem Gugel

Ehrenamtlich und moderat Rund um den Turm laden die bereits im 19. Jahrhundert gebaute Kapelle und das **Gugelstüble** zum Verweilen ein. An wie vielen Tagen dieses geöffnet ist, hängt stark vom Engagement der Bürger ab. Denn bis heute erfolgt der Wirtschaftsbetrieb ausschließlich mit ehrenamtlichen Helfern. Umso mehr können wir uns im günstigen Fall auf selbst gebackene Kuchen, herzhafte Suppen und Bauernschüblinge sowie auch Bratwürste und Grillsteaks zu moderaten Preisen freuen. Gut gestärkt nutzen wir den Hotzenwald-Querweg noch bis **Giersbach**. Dort biegen wir erst links in die Landstraße, dann bei der **Kapelle** ab und steigen auf dem Mösleweg in den Wald.

Aussicht vom Schafbühl Beim Wegweiser **Giersbach-Mösle** besteht eine Verbindung zu unserem Ausgangspunkt bei Wenni. Für eine weitere Aussicht biegen wir jedoch rechts ab und folgen der gelben Raute auf wechselnden Wegen über den Tanzwasen und ab dort auf den Panoramaweg Segeten-Strittmatt auf den **Schafbühl**. Nach einer weiteren eindrucksvollen Fernsicht mit Eiger, Mönch und Jungfrau geht es erst noch auf dem Panoramaweg bis zum Bolzplatz, dann wieder allein mit der gelben Raute über **Algi** zurück nach Wenni, wo unsere letzte Tour der Hütten-Geheimtipps endet.

Türme auf dem Gugel

Der erste Gugelturm entstand 1929/30 in Form einer Glocke. 1971 wurde dieser durch britische Pioniere gesprengt. Zusammen mit Pionieren des Bundesgrenzschutzes und der Bundeswehr errichteten sie bis 1974 den zweiten Gugelturm. 1992 mussten die drei tragenden Douglasienstämme wegen Pilzbefall und Fäulnis durch Leimbinder ersetzt werden.

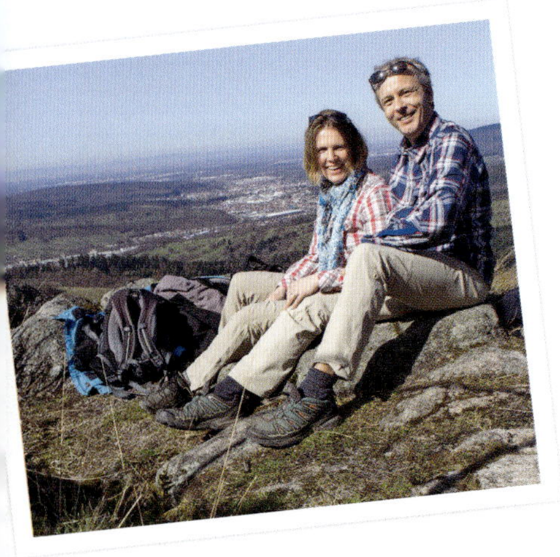

Annette und Lars Freudenthal

Zugabe

Ein wesentliches Merkmal *von Geheimtipps ist, dass sie bestenfalls unter vorgehaltener Hand und auch nur im engsten Bekanntenkreis weitergegeben werden. Tatsächlich lebt im Schwarzwald manch ein Ausflugslokal von der Mund-zu-Mund-Propaganda. Wer auf Dauer bestehen will, braucht neben einer gute Küche, einer tollen Lage oder auch einer gemütlichen Stube aber vor allem eins: Gäste.*

Tatsächlich *kennen wir durch unsere Touren inzwischen einige Gasthäuser, die an sich zwar ein tolles Ausflugsziel sind, die aber seit Jahren geschlossen und dem Verfall preisgegeben sind. Ein Ort, an dem man sich wohlfühlt und wo einem genau die Gastlichkeit begegnet, die man sich wünscht, darf also ruhig weitergegeben werden.*

Auf überfüllte Biergärten *mit liebloser Kantinenküche können wir trotzdem gut und gerne verzichten. Am ehesten gelingt dies, wenn wir die touristischen Hauptorte und Routen meiden. So sind die Wirtschaften und Kioske entlang der Schwarzwaldhochstraße oder nahe der Großparkplätze im Hochschwarzwald zwar auch für größere Besuchermassen gewappnet. Ein ruhiges Fleckchen aber werden wir dort allenfalls außerhalb der Ferien und unter der Woche finden.*

Als Wanderer profitieren *wir von unserer Beweglichkeit. Hier gilt: Je schwerer eine Hütte oder ein Berggasthaus mit dem Auto zu erreichen ist, desto stiller wird es auf dem Weg dorthin. So sind mehrere Hütten bei Oberried nur über steile Schotterstraßen – wenn überhaupt – zu erreichen und ist die Zufahrt zur traumhaft gelegenen Krunkelbachhütte an den Wochenenden gesperrt. Bei der Hintereckhütte schließlich garantieren uns durchweg steile Pfade eine ruhige Einkehr. Herrscht dann noch optimales Wanderwetter, dürfen wir uns zufrieden auf die eigene Schulter klopfen: Alles richtig gemacht.*

Herzlichst

Annette Freudenthal   Lars Freudenthal

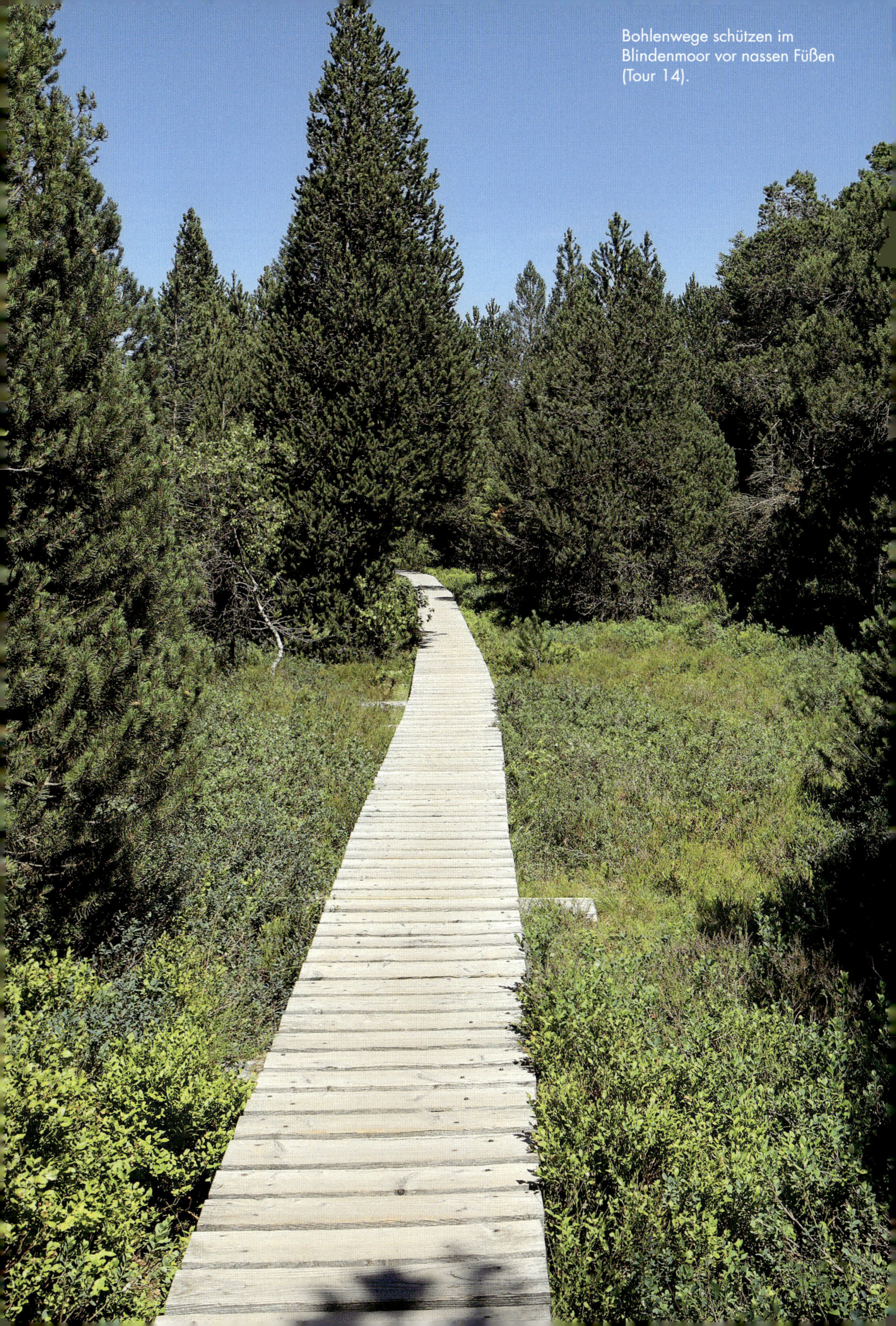

Bohlenwege schützen im Blindenmoor vor nassen Füßen (Tour 14).

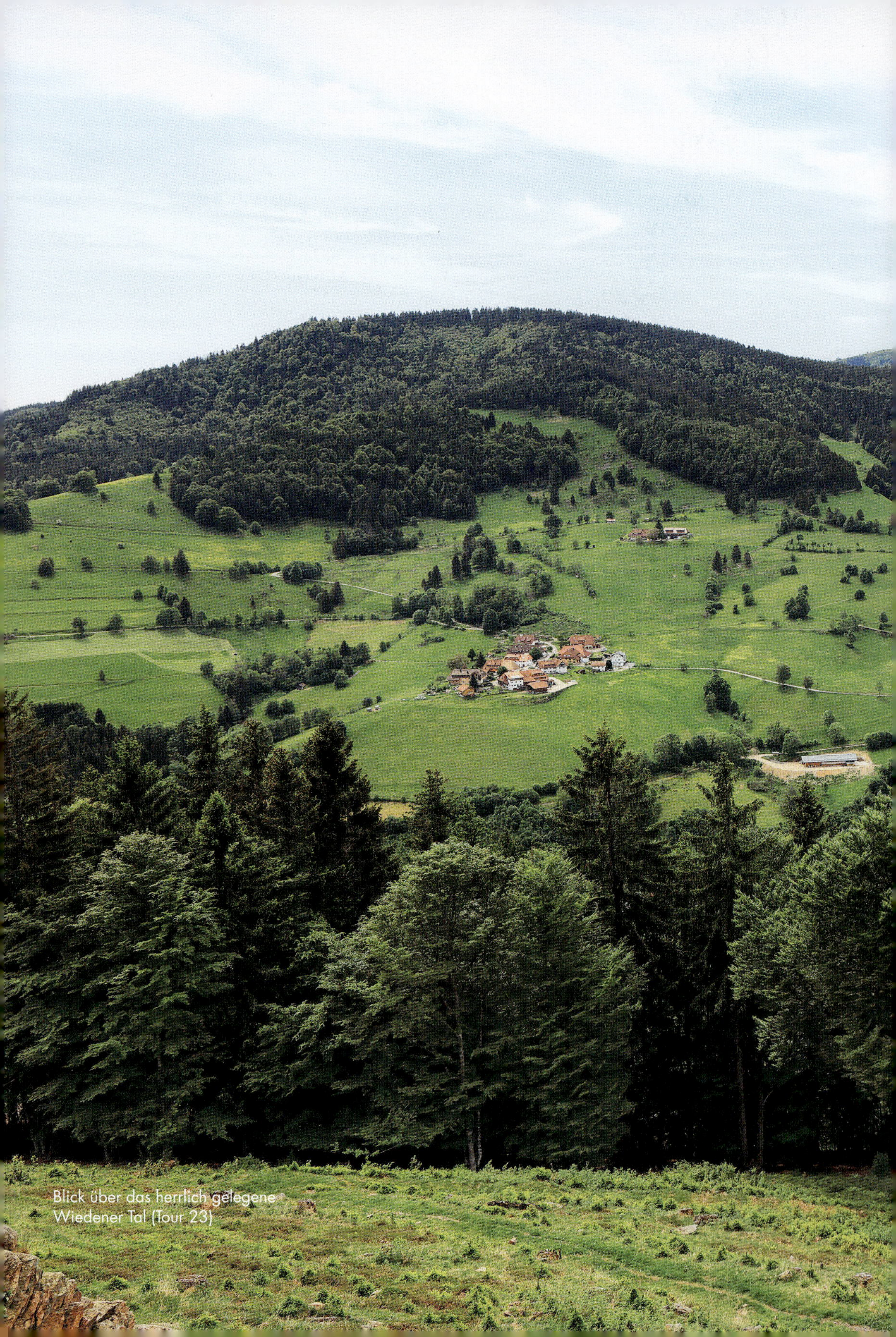

Blick über das herrlich gelegene Wiedener Tal (Tour 23)

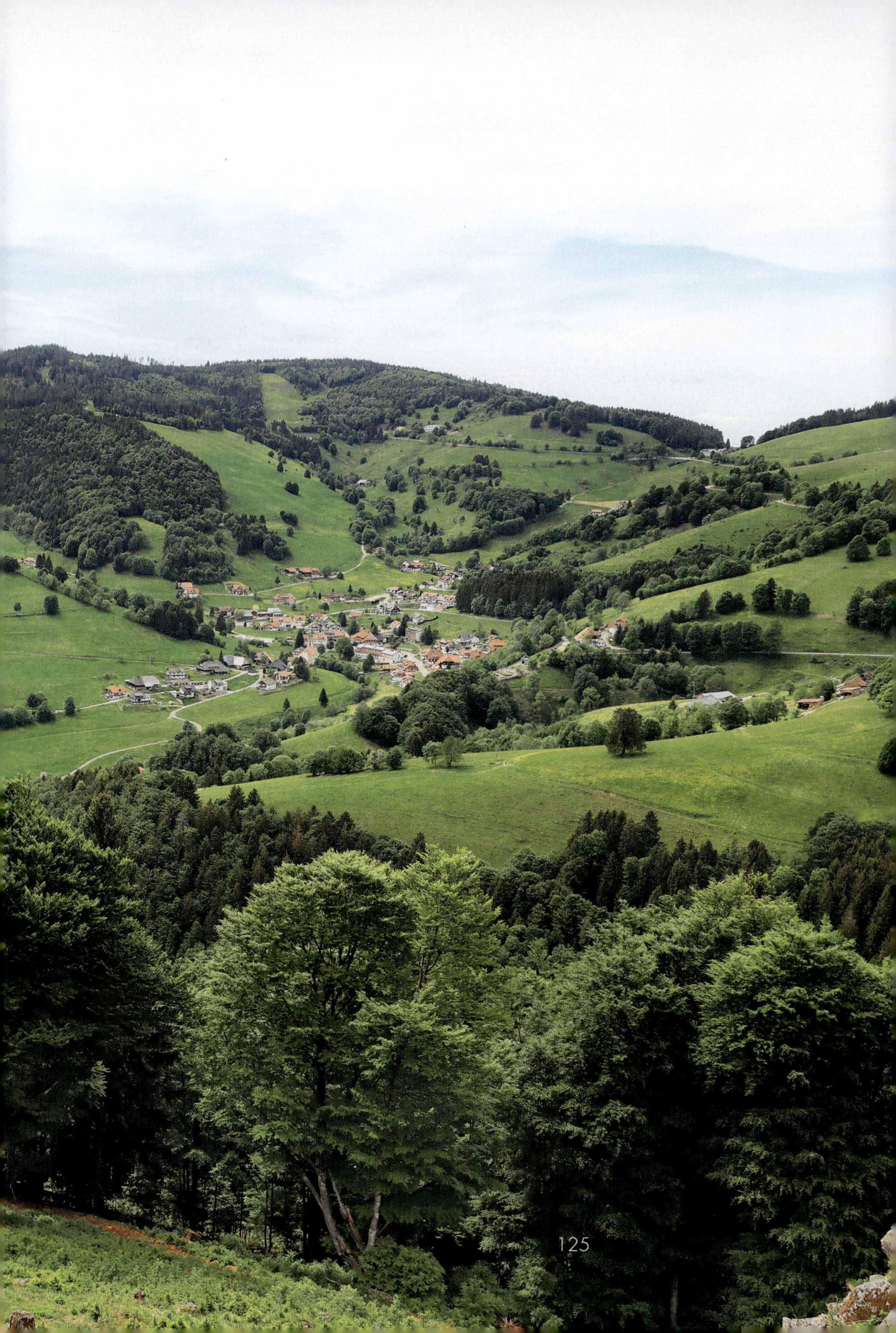

Register

Impressum

Verantwortlich: Sabine Klingan
Redaktion und Layout: mcp concept GmbH, Kolbermoor
Repro: LUDWIG:media
Kartografie: Bruckmann Verlag, Heidi Schmalfuß
Herstellung: Bettina Schippel
Printed in Poland by CGS Printing sp. O.o.

★★★★★

Sind Sie mit diesem Titel zufrieden? Dann würden wir uns über Ihre Weiterempfehlung freuen. Erzählen Sie es im Freundeskreis, berichten Sie Ihrem Buchhändler, oder bewerten Sie bei Onlinekauf. Und wenn Sie Kritik, Korrekturen, Aktualisierungen haben, freuen wir uns über Ihre Nachricht an J. Berg Verlag, Postfach 40 02 09, D-80702 München oder per E-Mail an lektorat@verlagshaus.de.

Unser komplettes Programm finden Sie unter www.j-berg-verlag.de

Alle Angaben dieses Werks wurden von den Autoren sorgfältig recherchiert und auf den neuesten Stand gebracht sowie vom Verlag geprüft. Für die Richtigkeit der Angaben kann jedoch keine Haftung übernommen werden, weshalb die Nutzung auf eigene Gefahr erfolgt. Insbesondere bei GPS-Daten können Abweichungen nicht ausgeschlossen werden. Sollte dieses Werk Links auf Webseiten Dritter enthalten, so machen wir uns die Inhalte nicht zu eigen und übernehmen für die Inhalte keine Haftung.

In diesem Buch wird aus Gründen der besseren Lesbarkeit das generische Maskulinum verwendet. Weibliche und anderweitige Geschlechteridentitäten sind dabei ausdrücklich mitgemeint, soweit es für die Aussage erforderlich ist.

Empfehlung der Redaktion
Sie sind auf der Suche nach weiterführender Literatur? Dann empfehlen wir Ihnen unseren Titel *Wander-Geheimtipps Südlicher Schwarzwald*. Oder Sie werfen einen Blick in die Zeitschrift *BERGSTEIGER*. Hier werden Sie bestimmt fündig.

Bildnachweis: Alle Bilder stammen von den Autoren.
Umschlagvorderseite: Gartenstüble Dobelberg (Tour 13)
Umschlagrückseite: Aussicht vom Schlossboden zum Großen Wiesental (Tour 22)

Die Deutsche Nationalbibliothek verzeichnet diese Publikation in der Deutschen Nationalbibliografie; detaillierte bibliografische Daten sind im Internet über http://dnb.d-nb.de abrufbar.

ISBN 978-3-86246-831-7